Jorge Barudy
Maryorie Dantagnan

Los desafíos invisibles de ser madre o padre

El libro *Los desafíos invisibles de ser madre o padre* se completa con «FICHAS DE TRABAJO».

Los 43 cuestionarios que complementan la Guía y que permiten al profesional ponerla en práctica se pueden adquirir en formato electrónico a través de nuestra página www.gedisa.com y en las mejores librerías virtuales.

Colección
Psicología

Otros títulos de interés

La educación de los hijos como los pimientos de Padrón
Emilio Pinto

La hipótesis de la felicidad
La búsqueda de verdades modernas en la sabiduría antigua
Jonathan Haidt

Psicología del potencial humano
Cuestiones fundamentales y normas para una psicología positiva
L. G. Aspinwall y N. M. Staundinger (eds.)

La resiliencia en el mundo de hoy
Cómo superar las adversidades
Edith Henderson Grotberg (comp.)

Los buenos tratos a la infancia
Parentalidad, apego y resiliencia
Jorge Barudy y Maryorie Dantagnan

Los patitos feos
La resiliencia: una infancia infeliz no determina la vida
Boris Cyrulnik

De cuerpo y alma
Neuronas y afectos: la conquista del bienestar
Boris Cyrulnik

El amor que nos cura
Boris Cyrulnik

La resiliencia: resistir y rehacerse
Michel Manciaux (comp.)

Los desafíos invisibles de ser madre o padre

Manual de evaluación de las competencias y la resiliencia parental

Jorge Barudy
Maryorie Dantagnan

Con la colaboración de Emilia Comas

© Jorge Barudy y Maryorie Dantagnan, 2010

Diseño de cubierta: Taller de maquetación Editorial Gedisa

Primera edición: Mayo 2010, Barcelona

Derechos reservados para todas las ediciones

© Editorial Gedisa, S.A.
Avda. Tibidabo, 12, 3.º
08022 Barcelona, España
Tel. 93 253 09 04
Fax 93 253 09 05
Correo electrónico: gedisa@gedisa.com
http://www.gedisa.com

ISBN: 978-84-9784-487-1

Depósito legal: B. 11.153-2010

Impreso por Sagrafic
Pza. Urquinaona, 14
08010 Barcelona, España

Impreso en España
Printed in Spain

Queda prohibida la reproducción total o parcial por cualquier medio de impresión, en forma idéntica, extractada o modificada, en castellano o en cualquier otro idioma.

A nuestra hija Carmenluna, cuya alegría nutre nuestro compromiso con la infancia.

A todos los hijos e hijas que permiten a las madres y los padres, sean biológicos, acogedores o adoptivos, sentir la alegría de la infancia y superar el dolor del pasado.

Índice

Agradecimientos 15

Prólogo 17

Introducción. 21

Primera parte

1. **Parentalidad, buenos tratos y competencias parentales** .. 31
   Parentalidad biológica y parentalidad social:
   las competencias parentales 34
   Las finalidades de la parentalidad. 37
   Los componentes de la parentalidad social 49

2. **La importancia de la parentalidad para el desarrollo
   del cerebro y la mente infantiles** 53
   Las hormonas del buen trato 68
   Las posibilidades cuidadoras y bientratantes de
   los padres 72
   El impacto de los malos tratos en el desarrollo del cerebro
   y la mente infantiles. 74
   Las diferentes manifestaciones como consecuencia de la
   desorganización cerebral producida por los malos tratos
   infantiles 78

3. **Las capacidades parentales fundamentales: apego y empatía**........................ 87
   1. El apego: la necesidad vital de los niños de apegarse a sus padres y la capacidad de éstos de vincularse con sus hijos e hijas 88
      Evaluación de la parentalidad a través de la evaluación del apego........................ 105
         I) La evaluación del apego adulto: los sistemas de apego de los progenitores................ 109
            La parentalidad según los estilos de apego adulto 117
            El impacto de la salud mental de los padres y las madres en el apego y las relaciones con sus hijos e hijas........................ 161
         II) La evaluación del apego de los hijos y las hijas a sus padres 163
      Relación entre el tipo de apego infantil con el resultado de la entrevista del apego de sus progenitores 177
   2. La capacidad empática de los padres o la empatía parental........................ 181
      Los componentes de la empatía parental........... 199

4. **Necesidades infantiles y habilidades parentales: modelos de crianza y participación en redes sociales** 209
   Las necesidades infantiles........................ 209
   Modelos de crianza o las aptitudes relacionales parentales 224
   La capacidad de las madres y los padres para participar en redes sociales........................ 238

5. **Parentalidad y resiliencia** 241
   Competencias parentales y resiliencia 247
   La resiliencia parental secundaria en situaciones extremas 260

Segunda parte
GUÍA DE EVALUACIÓN DE LAS COMPETENCIAS
Y LA RESILIENCIA PARENTALES

Introducción a la Guía................................. 269

Nivel I: Capacidades parentales fundamentales

Unidad de evaluación 1: Evaluación del apego 295
1.1. Evaluación del modelo de apego adulto............. 296
    1.1.A. Valoración de las narrativas de los padres sobre los acontecimientos de sus historias infantiles y familiares que influyen en las competencias parentales................................ 296
    1.1.B. Valoración de la salud mental de los padres y los problemas personales que pueden afectar positiva o negativamente la relación con sus hijos o hijas.............................. 304
1.2. Evaluación del apego de los hijos a sus padres a través de la observación participante.............. 308
    1.2.A. Valoración de la calidad de las relaciones de los bebés de cero a doce meses con sus padres o cuidadores............................. 315
    1.2.B. Valoración de la calidad de las relaciones de los niños de edades comprendidas entre uno y dos años y medio con sus padres o cuidadores 316
    1.2.C. Valoración de la calidad de las relaciones de los niños de edades comprendidas entre dos años y medio y siete años con sus padres o cuidadores............................. 320
    1.2.D. Valoración de la calidad de las relaciones de los niños mayores de siete años con sus padres o cuidadores. Valoración de las relaciones familiares 324

Unidad de evaluación 2: Evaluación de la empatía 331
  2.1. Análisis de la vivencia del evaluador o evaluadora en su interacción con los padres.................... 336
  2.2. Evaluación de las capacidades empáticas del adulto por medio del examen de sus niveles de impulsividad y autocontrol..................................... 338
  2.3. Evaluación de las capacidades empáticas por medio de la observación participante (adaptación del IRI)... 340
  2.4. Evaluación de las capacidades de los padres para aceptar la responsabilidad en lo que acontece a sus hijos.. 343

NIVEL II: HABILIDADES PARENTALES

Unidad de evaluación 3: Modelos actuales de crianza 349
  3.1. Evaluación de las habilidades parentales actuales con bebés y niños menores de dos años................. 351
  3.2. Evaluación de las habilidades parentales con niños mayores de dos años 356
  3.3. Evaluación de las habilidades parentales actuales para satisfacer las necesidades intelectuales y educativas de niños mayores de dos años 358

Unidad de evaluación 4: Recursos y apoyos de las redes familiares y sociales.................................... 359
  4.1. Evaluación de las características de las relaciones sociales de los padres con su comunidad: habilidades para funcionar en redes sociales 361
  4.2. Evaluación de la habilidad de los padres para solicitar y beneficiarse de los servicios y de la ayuda profesional 363

Nivel III. Impacto de las incompetencias parentales en los hijos y las hijas

Unidad de evaluación 5: El impacto de las incompetencias parentales en los hijos y las hijas 367
    5.1. Los trastornos del apego, consecuencia de las incompetencias parentales 369
    5.2. El impacto en los hijos y las hijas de los procesos traumáticos, consecuencia de los malos tratos. 369
    5.3. Los trastornos del desarrollo, consecuencia de las incompetencias parentales 370
    5.4. Síntesis de la evaluación del impacto de las competencias parentales en los hijos y en las hijas 372

Nivel IV. Factores contextuales que influencian las competencias parentales

Unidad de evaluación 6: Evaluación del impacto de la inmigración en el ejercicio de la parentalidad social. 375

Unidad de evaluación 7: Evaluación del impacto de los factores de estrés provenientes del entorno social en la parentalidad 377

Unidad de evaluación 8: Evaluación del impacto de los factores de estrés intrafamiliar en la parentalidad. 381
    Presentación de los resultados de la evaluación de las competencias parentales 382

Bibliografía 393

Agradecimientos

Este libro es el resultado de una caminata que comenzó hace muchos años, nos invitaron a hacerla los niños y niñas que atendíamos en nuestros programas. Son hijos e hijas de madres y padres que, como ellos, no habían conocido los cuidados, la protección y la educación a la que tenían derecho. En nuestros encuentros terapéuticos aprendimos que sus madres y padres no podían hacerlo mejor porque nadie les había enseñado, porque –a su vez– no recibieron el amor necesario para aprender a amar, los cuidados para cuidar y la educación para educar. El punto de partida de nuestra caminata fue esta constatación, quizá tan evidente que por ello no la habíamos percibido.

Para conocer y evaluar de una manera constructiva las consecuencias de esta injusticia, nos adentramos en el complejo pero interesante mundo de la marentalidad y la parentalidad, del apego y la empatía, de la crianza y de las redes sociales. La finalidad de esta caminata creció a medida que avanzábamos; por lo tanto, ya no sólo se trata de poder evaluar las competencias de los padres y de las madres para ofrecer el mejor medio de vida a los hijos e hijas, sino que la evaluación en sí ha sido el primer gran paso para diseñar programas destinados a promover, apoyar y rehabilitar las competencias parentales. En esta caminata son muchas personas las que nos han estimulado, apoyado y ayudado, a todas ellas nuestro agradecimiento.

Los primeros de la lista son los niños y las niñas y sus madres y padres que hemos acompañado en nuestros programas, tanto en nuestro Centro EXIL de España, como en el de Bruselas y, más recientemente, en el Centro EXIL de Chile. Luego están las y los profesionales de nuestros equipos, de una manera especial las terapeutas del Centro EXIL de España, que han hecho posible la aplicación de la Guía de Evaluación de las Competencias y la Resiliencia Parentales y el desarrollo de los programas en los que nos hemos inspirado para la fundamentación vivencial del contenido de este libro. En este mismo sentido, agradecemos también a los profesionales de los equipos de infancia del Cabildo de Tenerife, del País Vasco y de Mallorca que han aplicado y enriquecido la Guía. De una manera especial a José M. Lezana, psicólogo del Servicio de Protección a la Infancia de la Diputación de Guipúzcoa, a Serafín Carballo, jefe de Servicio de Intervención Familiar del Consell de Mallorca, a Vicenç Rosselló y Antonio Garijo, psicólogos de los Servicios de Infancia del Consell de Mallorca, y a María Gorrochategui, directora de la Asociación de Educadores de Guipúzcoa, País Vasco. Va también nuestro reconocimiento a las y los profesionales chilenos que han depositado en nosotros su confianza y en particular a nuestra querida amiga Ana María Arón, profesora de Psicología y directora del Centro de Estudios y Promoción del Buen Trato de la Escuela de Psicología de la Pontificia Universidad Católica de Chile.

Por último, queremos reconocer y agradecer al profesor Dr. Franz Baro y al profesor Dr. Boris Cyrulnik.

Al profesor Dr. Franz Baro, presidente de la ONG EXIL por su apoyo incondicional a nuestro trabajo y sus aportes teórico-prácticos permanentes, resultado de toda una vida como profesor de psiquiatría y consultor de la Organización Mundial de la Salud (OMS).

Al profesor Dr. Boris Cyrulnik, por sus aportes teóricos, contenidos en sus libros y en nuestras conversaciones, que nos han permitido salvar escollos y dilemas en nuestro modelo, así como confirmar con realismo, pero con esperanza, las capacidades resilientes que pueden desarrollar los seres humanos en general, en particular, los niños, niñas, madres y padres, cuando encuentran en sus medios de vida, otros seres humanos que les transmiten el valor terapéutico de la solidaridad.

Los autores

Prólogo

Los desafíos invisibles de ser madre o padre de Jorge Barudy y Maryorie Dantagnan es un libro para leer, releer y reflexionar. No creo que me sea posible escribir un prólogo que haga justicia a un libro de esta envergadura. Constituye para mí un privilegio y una responsabilidad que sus autores, de los que tanto he aprendido en lo profesional y en lo humano, me hayan escogido para presentar esta obra que sin duda se transformará en un texto clásico en la materia y en un referente para quienes trabajan con familias, como ya sucedió con su libro *Buenos tratos a la infancia* (2005).

La importancia que se da a la educación y cuidado de los niños y de las niñas da cuenta, sin duda, del nivel de evolución de una sociedad. En la medida que los padres son los primeros educadores, el tema de cómo educar a las personas para ser buenos padres debiera estar en la agenda pública como una tarea que compete a todos, a las autoridades, a los medios y a los profesionales de la salud y de la educación. Para realizar esta misión, es necesario definir qué son las competencias, cómo desarrollarlas y cómo evaluarlas. Y éste es el desafío que han enfrentado con éxito los autores, entregar un manual de evaluación de las competencias y la resiliencia parental.

Inspirados por el largo tiempo dedicado a la atención de niños y personas que han sido víctimas de maltrato –en los centros médicos psicosociales para víctimas de violencia, de violaciones de los derechos humanos y de la tortura EXIL– y en una actitud generosa y activa de generar y compartir conocimientos que permitan reparar los daños sufridos, se han planteado la necesidad de evaluar las competencias parentales y su resiliencia, a través de una pauta basada en un modelo cuyas raíces se encuentran en la teoría del apego y la resiliencia.

El tema de las competencias parentales está tratado en el marco teórico a partir de una revisión bibliográfica actualizada y extensa que analiza y valora los aportes de autores tan significativos como Cyrulnik, Main, Fonagy y Bowlby, entre otros, pero agregando una mirada que es fruto de una reflexión personal y de muchas horas de trabajo. Sostienen que en la base de la parentalidad competente está el apego seguro que los padres entregan a sus hijos al sintonizarse con sus necesidades y estar emocionalmente disponibles; esta capacidad está a su vez influenciada por la historia infantil personal de los padres. La incompetencia parental, desde una mirada humanizadora y basada en un paradigma de parentalidad social, está descrita como una carencia en la propia socialización familiar, a raíz de la cual no han desarrollado la capacidad de apego ni la capacidad de empatizar, que constituyen las bases de una parentalidad bien tratante.

Los casos clínicos que aparecen en el texto, extraídos de su experiencia como terapeutas, están redactados con respeto, humanidad y con una belleza propia de un texto literario. Ellas atraviesan el texto dándole validación, humanidad y fuerza a los conceptos.

La importancia del buen trato expuesta en uno de los capítulos, específicamente orientado a recoger los aportes desde la neurociencia y a exponer evidencia acerca de cómo la estimulación, los cuidados y el buen trato moldean las estructuras y el funcionamiento cerebral, especialmente en los primeros años de vida, y cómo su opuesto, es decir, las carencias derivadas de negligencia parental, la desprotección, la falta de afecto y el maltrato, tienen un impacto negativo que atrofia el desarrollo cerebral con graves consecuencias para el desarrollo infantil. El buen trato y el maltrato tienen un claro efecto sobre la biología, lo que obliga a actuar tempranamente en la protección de los niños y las niñas. Es así como las competencias parentales apropiadas, concluyen los autores, se encuentran «en haber crecido en contextos familiares y sociales donde fueron suficientemente bien tratados».

El objetivo central, desde la perspectiva de los autores, lo constituye el diseño de un instrumento orientado a evaluar las competencias parentales, que proporciona orientaciones definidas para intervenir. Éstas incluyen, entre otros, programas de apoyo a la parentalidad, así como formas de procurar acogimiento terapéutico con las familias y con los niños. El instrumento está planteado desde una ética de la evaluación, en que se mide para favorecer y para proteger, y desde allí introducir en las familia formas de relación que sean más vinculantes y que favorezcan el apego.

Trabajar con familias en la promoción de las competencias parentales tiene una lógica social, ya que al desarrollar los niños un apego seguro y transformarse en personas resilientes, les permitirá ser mejores padres, mejores parejas, mejores ciudadanos, porque su capacidad de vinculación estará orientada por una lógica del buen trato y el cuidado de los otros.

En la pauta de evaluación de las competencias parentales se incluye la semiestructurada Entrevista de Apego Adulto (EVA) de la investigadora Mary Main, quien entregó evidencia del importante efecto predictor de la narrativa que los adultos tienen de su propia infancia en el tipo de apego que tendrían a sus hijos. Especialmente significativa resulta la excelente revisión de los conceptos de Main y de Grise, desde la metodología para evaluar los temas de apego, que permiten analizar desde la calidad y la estructura del relato, la coherencia y la capacidad de entregar detalles de la propia historia familiar, aportando información acerca de cómo los relatos inconexos, breves o incompletos serían indicadores de apegos inseguros o desorganizados.

Especialmente enriquecedor, dada la ligazón entre incompetencias parentales con el fenómeno del maltrato infantil, es el desarrollo del concepto de resiliencia secundaria, que entrega un enfoque esperanzador a quienes tienen que trabajar cotidianamente en contextos en que el abuso y el maltrato son frecuentes. Este enfoque posibilita el diseño y la aplicación de intervenciones orientadas a evitar la transmisión transgeneracional del maltrato infantil.

Gracias Jorge y Maryorie por el enorme aporte que representa este nuevo libro para ayudar a las familias en la compleja tarea que es la construcción de la parentalidad, por una fundamentación teórica que es iluminadora para todos aquellos que están interesados en que los padres y las madres, sean biológicos o adoptivos, puedan desarrollar una parentalidad bientratante. Gracias también por brindarnos esta completa y fundamentada pauta que permitirá, a todos los que trabajan en temas de infancia, contar con un instrumento que permite evaluar las competencias parentales desde la perspectiva del apego y de la resiliencia de una manera válida.

Profesora Dra. Neva Milicic

Introducción

Las investigaciones científicas de las últimas décadas han mostrado de una manera irrefutable la importancia que tiene para el desarrollo sano, físico y mental de los niños y las niñas, no sólo una alimentación adecuada, sino el hecho de que sean criados y educados en un ambiente de aceptación, respeto, afectividad y estimulación. En general, se cree que los padres biológicos, en particular la madre, por el hecho de haber concebido a sus hijos serán capaces de proporcionarles los cuidados, la protección o la educación que requieren. La realidad desmiente esta creencia: son muchos los padres y las madres biológicos que, por sus historias de vida y los contextos sociales, familiares o económicos en que viven, no cuentan con las capacidades para asegurar la crianza, el desarrollo y el bienestar de sus hijos e hijas. Por otra parte, hay numerosos ejemplos en que personas que no son padres o madres biológicos, han criado y educado adecuadamente a niños y niñas que no concibieron, pero que trataron como si fueran sus propios hijos ayudándolos, incluso, a desarrollar esta capacidad que hoy día se conoce como resiliencia, que significa la capacidad de superar las consecuencias de experiencias difíciles, e incluso traumáticas, para seguir desarrollándose adecuadamente. Lo señalado nos permite distinguir y aceptar la existencia de dos formas de parentalidad: *la biológica,* que tiene que ver con la procreación y la gestación de un niño o una niña, y *la parentalidad social*, que tiene que ver con la existencia de capacidades para cuidar, proteger, educar y socializar a los hijos. A diferencia de la parentalidad biológica, regida fundamentalmente por la organicidad, las capacidades que permiten el ejercicio de una parentalidad social sana y adecuada se adquieren principalmente en las familias de origen de los padres y a través de sus historias de relación, en especial, con sus propios progenitores.

La adopción, el acogimiento familiar o el trabajo de las cuidadoras o educadoras de hogares infantiles, pueden ser considerados como una forma singular de parentalidad social (Barudy y Dantagnan, 2006).

Este libro pretende entregar elementos para comprender esta realidad, a partir de las experiencias de los autores, tanto personales como profesionales, así como de las informaciones científicas en las cuales se basan sus prácticas; al mismo tiempo, compartir un manual y una guía que permita evaluar los diferentes niveles de competencias de adultos para criar a los niños y a las niñas. A estas competencias les hemos dado el nombre genérico de *competencias parentales*.

Por ello este libro está compuesto de dos partes. La primera propone un acercamiento teórico para abordar el fenómeno de la parentalidad, destinado a comprender por qué existen madres o padres que tienen las capacidades necesarias para cuidar, criar y educar a sus hijos e hijas y otros no las tienen. En este último grupo se incluyen desde los padres y las madres que pueden cumplir con estas tareas parcialmente y que tienen posibilidades de mejorar, hasta los que, por sus incompetencias parentales graves y severas, pueden dañar irreversiblemente a sus hijos, tanto en el nivel físico como el mental y que, en la mayoría de los casos, esas incompetencias son irreversibles. La segunda parte del libro está destinada a la presentación de una Guía de Evaluación de las Competencias y la Resiliencia Parentales, que contiene los diferentes parámetros para realizar esta evaluación presentados a través de las diferentes fichas, así como las instrucciones para aplicarlas y la metodología para interpretar los resultados.

La nueva ciencia del cerebro ha transformado en pocos años las concepciones sobre el origen de la mente infantil, la organización y el funcionamiento del cerebro, así como su desarrollo. Lo que es más relevante es que esas investigaciones, sobre todo las realizadas en las últimas décadas, han demostrado que los cuidados, la estimulación y los buenos tratos, que los adultos proporcionan a los niños y a las niñas, desempeñan un papel fundamental en la organización, la maduración, el funcionamiento del cerebro y del sistema nervioso. En la actualidad, no hay ninguna duda de que la salud, y, en particular, la salud mental de los niños, adolescentes y adultos, está condicionada por la calidad de las relaciones interpersonales que los contextos humanos les proporcionan desde el período en que crecen en el útero de sus madres.

Antes, los científicos que intentaban explicar el funcionamiento del cerebro y de la mente sólo podían hacerlo estudiando los cerebros de cadáveres o la singularidad del funcionamiento de personas con daño cerebral. Ahora, gracias a los avances de la genética y la tecnología de imagen del cerebro no invasiva, asistimos a una verdadera revolución en la teoría y las investigaciones neurocientíficas. Las nuevas herramientas, como la resonancia magnética funcional (IRMf) o la tomografía de emisión de positrones (PET), permiten observar el funcionamiento del cerebro en tiempo real, por ejemplo, mientras un bebé advierte las expresiones faciales de su madre, percibe estímulos sonoros del entorno, se vincula emocionalmente, reacciona frente al estrés proveniente del entorno, siente miedo, dolor o ansiedad (Moffett, 2007).

Hoy en día existen suficientes datos científicos para afirmar que el funcionamiento de la mente humana depende de la organización y funcionamiento del cerebro. A su vez, el buen o mal funcionamiento del cerebro y, por ende, de la mente depende en gran parte de la calidad de las relaciones interpersonales que las madres y los padres u otros cuidadores fueron capaces de ofrecer a los niños y a las niñas, sobre todo durante su gestación y los tres primeros años de vida. Por lo tanto, la mente infantil emerge de la interfaz entre las experiencias relacionales de un niño o de una niña con sus progenitores u otros cuidadores con la estructura y funcionamiento de su cerebro modelado por su genética (Siegel, 2007). En otras palabras, la mente infantil y luego la adulta emergen de la actividad cerebral, cuya estructura y función están directamente modeladas por las experiencias interpersonales.

Por lo tanto, un niño o una niña, mentalmente sano, nace como un proyecto que se concretiza poco a poco, siempre que el entorno humano en el que le ha tocado nacer pueda asegurarle, ya desde su gestación en el útero materno, los cuidados, la estimulación, la protección y la educación, es decir, los buenos tratos indispensables para asegurar su desarrollo. De este entorno humano, la madre y el padre serán las figuras centrales, siempre y cuando hayan conocido contextos sociales y familiares favorables y hayan podido desarrollar en sus propios procesos históricos los recursos personales y las competencias para ejercer la función parental.

No obstante, los buenos tratos a los hijos no sólo corresponden a lo que las madres y padres son capaces de ofrecer; éstos resultan también de los recursos económicos y los servicios que una sociedad pone a disposición de las familias. Los niños necesitan ser cuidados, estimulados, educados, socializados y protegidos por lo menos por un adulto competente, de preferencia su madre o padre biológico, pero cada sociedad debería a través del Estado, garantizar la satisfacción de sus necesidades y el respeto de sus derechos. Además, debería desarrollar políticas públicas adecuadas para apoyar y favorecer el desarrollo de competencias parentales en todos los futuros padres. El bienestar infantil, por lo tanto, los buenos tratos a los hijos y a las hijas deben ser una tarea prioritaria de los padres y las madres, pero también una responsabilidad fundamental del conjunto de la sociedad.

En el caso de aquellos padres y madres que dañan a sus hijos porque no pudieron desarrollar competencias, tiene que ser una tarea prioritaria de la sociedad, no sólo proporcionar protección a estos niños y niñas, sino financiar e impulsar programas para rehabilitar sus competencias parentales. Conjuntamente, hacer todo lo necesario para reparar el daño sufrido por estos niños, para que se desarrollen plenamente como personas y tengan la posibilidad de conocer e integrar modelos alternativos de cuidados a los niños, y así asegurar que, cuando sean adultos, no presenten el mismo problema que sus padres.

En esta dirección, la Guía de Evaluación de las Competencias y la Resiliencia Parentales, que proponemos en este libro, es una contribución para esa doble tarea. Es un instrumento para evaluar las competencias de los padres y de las madres con dos finalidades:

a) determinar el grado de incompetencia de los padres y su recuperabilidad, para organizar de una manera adecuada y coherente las intervenciones a fin de proteger y apoyar terapéuticamente a los hijos víctimas de malos tratos o prisioneros de un conflicto entre sus padres en situaciones de divorcio; b) facilitar la organización de un programa de apoyo y de rehabilitación de las incompetencias parentales, cuando existen las condiciones para ello.

Lamentablemente, la sociedad y la cultura en la que vivimos no han integrado la idea de que el bienestar infantil debe ser prioritario y atravesar todas las políticas públicas. Nuestras sociedades, tanto en su estructura como en su funcionamiento, producen contextos, instituciones y creencias que, lejos de facilitar los buenos tratos a los niños, promueven la violencia y los malos tratos. Resulta fundamental hacer esta aclaración previa a fin de no olvidar que la responsabilidad del origen de los malos tratos infantiles no es únicamente atribuible a la familia, sino que, además, existen factores culturales y económicos en nuestra sociedad que fomentan, fortalecen y mantienen también este fenómeno. El modelo económico dominante no ha resuelto la injusticia de las desigualdades sociales y la pobreza que excluyen a un número significativo de familias de los beneficios y recursos materiales necesarios para asegurar el buen cuidado de sus hijos y de sus hijas. Son demasiadas las familias cuyos progenitores no cuentan con las condiciones sociales y económicas mínimas que les permitan ejercer de manera sana y adecuada su parentalidad, sea por la falta o malas condiciones laborales, falta de vivienda, contextos de estrés e inseguridad.

La diferencia entre un niño feliz, mentalmente sano, sin problemas de conducta, altruista y constructivo, de otro que es todo lo contrario reside, casi seguro, en que el primero creció en un ambiente donde los adultos lo han cuidado y educado suficientemente bien, es decir, lo han tratado bien; en cambio, el segundo seguramente creció en un contexto relacional caracterizado total o parcialmente por experiencias de malos tratos. En ese sentido, existen pruebas científicas irrefutables sobre el carácter nocivo de los contextos familiares, institucionales y sociales productores de malos tratos infantiles, para el desarrollo de la personalidad de un niño o de una niña (Barudy, 1998, 2001; Barudy y Dantagnan, 2005; Van der Kolk, 1996; Garbarino y col., 1986; Van Ijzendoorn y Barkersmans-Kranenburg, 2003). Las experiencias intrafamiliares y extrafamiliares que contribuyen al desarrollo de la resiliencia infantil pueden facilitar la emergencia de conductas y formas de ser positivas, pero no hacen desaparecer el daño traumático de los malos tratos. La forma de ser de los niños, sus capacidades afectivas, cognitivas y sociales dependen en gran parte de los contextos en que les ha tocado vivir y crecer. Las competencias o incompetencias parentales son una parte fundamental de estos contextos.

Cualquier persona puede comprobar por sí misma esta realidad: sólo tiene que interesarse por relacionar las características de un niño o una niña con las características de su entorno familiar, sobre todo en lo que se refiere a sus padres y el entorno social. Esta realidad se transformó paulatinamente en una evidencia a medida que transcurría nuestro desempeño profesional y apoyábamos terapéuticamente a niñas y niños que nacían en familias cuyos padres, por sus propias historias infantiles, no habían tenido las posibilidades de desarrollar competencias parentales y maltrataban a sus hijos. Al comparar estos niños con los hijos de nuestros amigos, o con nuestros propios hijos, la diferencia no permitió ninguna duda. Los niños y las niñas maltratados, que atendemos en nuestros programas, son víctimas de esa profunda injusticia de haber nacido de madres y padres que no tuvieron la oportunidad de aprender el «oficio» de madre o padre. Eso, porque ellos mismos fueron hijos o hijas de otros padres que tampoco tuvieron la oportunidad de aprenderlo. Tanto la primera como la segunda generación tienen en común el haber crecido en familias deficientes en este sentido, pero, además, tanto padres como abuelos fueron víctimas de una injusticia social. Nacieron, crecieron y llegaron a adultos en una comunidad o sociedad que no hizo nada o muy poco para apoyarlos como padres para que aprendieran a tratar bien a sus hijos, ni tampoco para proteger a los hijos y evitar así que se dañaran como personas y tuvieran la oportunidad de aprender a ser padres adecuados en otros ámbitos familiares.

En el marco de nuestro trabajo como formadores de profesionales o en la animación de los talleres para madres y padres, cuando preguntamos dónde y cómo se aprende a ser padre, nadie tiene la más mínima duda en contestar, aunque nunca se habían planteado la pregunta, que esto se aprende en las familias donde cada uno ha crecido. Cuando ampliamos el trabajo de exploración y entonces preguntamos cómo y qué aprenden las personas que crecieron en familias con progenitores incompetentes, o que desde muy pequeños vivieron en internados o en instituciones, la respuesta tampoco se deja esperar: sencillamente no han aprendido o han aprendido formas incorrectas de relacionarse con los hijos y las hijas.

Todo lo anterior sirve para explicar nuestro interés por estudiar el origen de la parentalidad, sus componentes, su ontogénesis o historia de cambios a lo largo del tiempo. De este interés se desprende nuestro esfuerzo para diseñar una Guía de Evaluación de las Competencias y la Resiliencia Parentales, así como diseñar un programa destinado a promover, apoyar y a rehabilitar la función parental a los padres y las madres que lo requieran. Este programa será objeto de otra publicación.

Utilizando la Guía propuesta en este manual[1] se puede determinar, con criterios científicos, la existencia o no de las capacidades necesarias para asegurar la crianza y el desarrollo sano de los niños. En el caso de la existencia de incapacidades, permite determinar cuáles son y la gravedad de éstas, con el objetivo de tomar las mejores medidas para ofrecer a esos hijos y esas hijas los cuidados que sus padres biológicos no les pueden ofrecer, protegerles de los malos tratos y, sobre todo, prevenir los daños irreversibles, principalmente en el nivel de la organización cerebral y el desarrollo de la mente. Los resultados de la aplicación de esta Guía permiten, a su vez, ofrecer a las madres, padres u otros cuidadores, el programa de intervención más adecuado con el fin de adquirir –si su daño como persona no es severo– las capacidades para atender adecuadamente

---

1. La Guía constituye la segunda parte de este volumen. Sin embargo, las fichas (los formularios del cuestionario) no aparecen impresas por razones de formato y espacio. Es posible adquirir la versión impresa de estas fichas, como también es posible descargarla libremente, en formato pdf, en la siguiente dirección electrónica: www.gedisa.com/descargas/.

a sus hijos y la rehabilitación como padres, en el caso que sus actuaciones les hayan dañado.

Esta Guía ha sido aplicada con éxito de una forma experimental durante casi diez años. Ha permitido determinar las capacidades parentales de adultos, sean éstos madres y padres biológicos de hijos e hijas con indicadores de malos tratos, o miembros de la familia extensa de niños y niñas necesitados de un acogimiento familiar debido a la incompetencia de sus padres biológicos, o padres y madres en conflicto por la custodia de sus hijos en situaciones de separación y de divorcio. Asimismo, se ha aplicado a hombres y mujeres candidatos a acoger niños y niñas en el marco de programas de acogimiento familiar y para determinar la idoneidad de futuros padres adoptivos. En el último período de la aplicación experimental de esta Guía, se ha aplicado para evaluar las capacidades «parentales» de cuidadoras, cuidadores, así como de educadores de hogares para niños, niñas y adolescentes.

Primera parte

1. Parentalidad, buenos tratos y competencias parentales

De todas las especies mamíferas, los bebés humanos son los que nacen más inmaduros y necesitan que sus madres y sus padres se ocupen de ellos durante largos períodos. Si éstos no tienen las capacidades necesarias, sólo el cuidado de otros animales de la manada, de la tribu o de la comunidad en el caso de los humanos, puede evitar el deterioro del bebé o incluso la muerte.

Éste es, quizá, el precio que la especie humana tuvo que pagar cuando el proceso evolutivo permitió el desarrollo de la corteza cerebral, esa parte del cerebro que no tienen los otros mamíferos y que es responsable del salto cualitativo de la que se desprende la capacidad humana de representarse la realidad a través del pensamiento simbólico. Desde otro punto de vista, este proceso tiene como consecuencia un aumento considerable de la circunferencia craneana del feto. Si el desarrollo del cerebro humano se completara en el interior del útero, como pasa con los otros mamíferos, cuando terminara el período de gestación, la cabeza llegaría a alcanzar tal tamaño que el bebé humano tendría que vivir el resto de sus días en el vientre materno. Dicho de otra manera, si el parto se produjera en el momento en que el cerebro hubiera alcanzado un desarrollo que permitiera más autonomía al bebé, por ejemplo, los dos años, éste nacería con un cerebro más maduro, pero el parto sería inviable.

En resumen, nacer con un cerebro inmaduro es el precio que el bebé tiene que pagar por pertenecer a la especie humana. Es importante insistir en que es esta inmadurez la que determina la extrema dependencia de los bebés a la calidad, cantidad y permanencia de los cuidados y la protección de los adultos, en particular, de sus progenitores. Estos cuidados son totalmente necesarios para sobrevivir, crecer y desarrollarse. Desde esta perspectiva, los bebés necesitan que por lo menos un adulto, generalmente su madre, tenga las competencias para cuidarlo, estimularlo, protegerlo y educarlo. Todo esto para asegurar que se desarrolle como un niño o una niña sanos.

Un recién nacido tiene, hasta las primeras semanas de vida, capacidades muy limitadas. Puede, por ejemplo, comunicar a través del llanto sus estados internos y sus necesidades, mamar del pecho de su madre o de un biberón y responder a contados estímulos del entorno. Si este recién nacido es bien cuidado y estimulado, a los tres o seis primeros meses o al año, habrá experimentado una transformación espectacular. De ser un bebé casi inactivo pasará a ser una *personita* que puede comunicarse activamente, explorar con curiosidad su entorno y desplazarse a medida que pasan los meses, ganando progresivamente más autonomía. Este proceso alcanza su apogeo cuando, aproximadamente a los dieciocho meses de vida, comienza progresivamente a expresar su mundo interno y lo que observa, utilizando las palabras. A través de estas palabras, el niño o la niña entrarán en el maravilloso, pero complejo mundo de la representación simbólica, de su experiencia y de la realidad que lo rodea. Esta posibilidad emerge también gracias a los estímulos del entorno, en especial, de los padres, si tienen la competencia necesaria para *reconocer* a sus hijos como sujetos de comunicación y hablan con ellos regularmente. El logro de la capacidad de hablar es mucho más que el resultado de un proceso de mimetismo, es el resultado de la calidad de las interacciones entre los padres y sus hijos. Los niños y las niñas queridos y tratados como personas, a los cuales se les reconoce capacidades para comprender e interactuar, hablarán mucho antes y mejor que aquellos que no reciban afecto o consideración en relación con sus capacidades.

Al conjunto de competencias que hacen posible el «milagro» del desarrollo infantil lo denominaremos con el nombre genérico de «parentalidad». Pero para reconocer el hecho social e histórico de que han sido las madres las que la gran mayoría de las veces siguen asumiendo este trabajo, también utilizaremos el término de «marentalidad».

El desafío fundamental de la parentalidad o marentalidad es contribuir al bienestar infantil a través de la producción de buenos tratos para los hijos y las hijas. Los buenos tratos infantiles, así como los malos tratos, son una producción social (Barudy, 1998, 2000; Barudy y Dantagnan, 2005). En el caso de los buenos tratos, los diferentes niveles interactúan para favorecer el desarrollo sano de todos los niños y las niñas de una comunidad por la satisfacción de sus necesidades y el respeto de sus derechos. El bienestar infantil es, sobre todo, la consecuencia de los esfuerzos y recursos coordinados que una comunidad pone al servicio del desarrollo integral de todos sus niños y niñas. El aporte de los padres o de sus sustitutos es fundamental, pero sólo es una parte de las dinámicas que lo hacen posible. Por lo tanto, el bienestar infantil es la consecuencia del predominio de experiencias de buen trato que un niño o una niña tiene el derecho de conocer para desarrollarse sana y felizmente. El bienestar infantil es producto del buen trato que el niño recibe y éste, a su vez, es el resultado de la disposición de unas competencias parentales que permiten a los adultos responsables responder adecuadamente a sus necesidades. Para que esto pueda producirse deben existir, además, recursos comunitarios que ayuden a cubrir las necesidades de los adultos y de los niños. En nuestro modelo, el bienestar infantil es, por lo tanto, una responsabilidad del conjunto de la comunidad.

En lo que se refiere a los padres, nos interesa recalcar la relación existente entre competencias parentales y necesidades infantiles en dos niveles:

a) El desafío de la función parental implica poder satisfacer las múltiples necesidades de sus hijos (alimentación, cuidados corporales, protección, necesidades cognitivas, emocionales, socioculturales, etcétera). Pero debido a que estas necesidades son evolutivas, los padres deben poseer una plasticidad estructural que les permita adaptarse a los cambios de las necesidades de sus hijos. Es evidente que no es lo mismo atender a un bebé que a un adolescente.

b) Si los padres no poseen las competencias parentales necesarias para satisfacer las necesidades de sus hijos y, además, les hacen daño, es muy probable que los niños en el momento de la intervención presenten necesidades especiales, tanto en el nivel terapéutico como en el educativo. Cuanto más tardía e incoherente sea la intervención, mayores serán esas necesidades, lo que obliga a mejores y mayores esfuerzos de los programas de protección para proporcionar a los niños los recursos reparativos a los que tienen derecho.

PARENTALIDAD BIOLÓGICA Y PARENTALIDAD SOCIAL: LAS COMPETENCIAS PARENTALES

Como hemos mencionado, la parentalidad o marentalidad es una forma semántica de referirse a las capacidades prácticas que tienen las madres y los padres para cuidar, proteger y educar a sus hijos, y asegurarles un desarrollo suficientemente sano. Las competencias parentales forman parte de lo que hemos llamado la *parentalidad social*, para diferenciarla de la *parentalidad biológica*, es decir, de la capacidad de procrear o dar la vida a una cría. Las competencias parentales se asocian con la parentalidad social y, por lo tanto, se diferencian de la parentalidad biológica. Esto permite distinguir la existencia de madres y padres que pueden engendrar a sus hijos, pero no tuvieron la posibilidad de adquirir las competencias necesarias para asegurar una crianza adecuada, produciendo contextos de carencias múltiples, abusos y malos tratos. Con intervenciones adecuadas, estas incompetencias pueden ser compensadas por otras figuras significativas (cuidadores, padres adoptivos, padres de acogida) con capacidades para ofrecer una parentalidad social que satisfaga de una manera integral las necesidades de los niños y las niñas.

Es importante insistir en que las competencias parentales están asociadas con la parentalidad social; por ello, cuando se les evalúa y se detectan casos de padres con incompetencias severas, es legítimo, en el interés superior de los niños y las niñas, que los cuidados, la protección y la educación sea garantizada por otros adultos significativos, aun cuando no sean los progenitores de los niños. Esto no debe implicar en ningún caso la exclusión de los padres biológicos en la historia de los niños.

La mayoría de las madres y los padres, si sus contextos sociales lo permiten, pueden asumir la parentalidad social como una continuidad de la biológica, de tal manera que sus hijos son cuidados, educados y protegidos por las mismas personas que los han procreado. Sin embargo, para un grupo de niños y niñas esto no es posible, porque, si bien es cierto que sus progenitores tuvieron la capacidad biológica para copular, engendrarlos y parirlos, lamentablemente no poseen las competencias para ejercer una práctica parental suficientemente adecuada. Como consecuencia, los niños pueden sufrir diferentes tipos de malos tratos. Para evitarlo, tienen el derecho a que otros adultos les ofrezcan una parentalidad social que compense las incompetencias de sus padres biológicos, les aseguren su integridad y la estimulación necesaria para su crecimiento y desarrollo. En estos casos, no se trata de eliminar a los padres biológicos de la historia de sus hijos, sino que más bien se les reconoce y respeta como progenitores, y pueden seguir formando parte de las biografías de sus hijos e hijas.

En esta perspectiva, cuando un niño o una niña es adoptado, o bien acogido temporal o definitivamente por un miembro de la familia extensa o una de una familia ajena, o le toca crecer en un hogar, los que adoptan o acogen tienen todos ellos en común el hecho de ejercer total o parcialmente una parentalidad social. En estos casos, los niños deberán integrar en su identidad la singularidad de una doble pertenencia: a sus padres biológicos y a sus padres sociales, además de resolver los conflictos de lealtad que pudieran tener, sobre todo si son presionados por una de las dos partes.

En el marco de nuestro modelo, todos aquellos adultos que se implican en los cuidados y la educación de los niños y de las niñas en una comunidad están, incluso sin ser conscientes, ejerciendo una parte de la parentalidad social necesaria para asegurar el bienestar infantil. En África es todavía común que los adultos de una comunidad consideren que se necesita toda la tribu para criar y educar a un niño. Este postulado nos permite introducir la idea de que la parentalidad social es una tarea fundamental para los padres o los cuidadores sustitutos parentales, pero para poder cumplirla deben contar con el apoyo del conjunto de su comunidad. Por esta razón, a menudo, al referirnos a la parentalidad social, utilizamos una terminología más amplia como co-parentalidad o parentalidad comunitaria. Esto puede comprenderse más fácilmente cuando se reflexiona sobre el papel que desempeñan en la crianza de los niños los miembros de su familia extensa, los miembros significativos del vecindario, las profesoras, profesores u otros profesionales de la infancia como educadores familiares y terapeutas infantiles.

La adquisición de competencias parentales

Ser madre o padre competente es una tarea delicada y compleja, pero sobre todo es fundamental para la preservación de la especie. La «naturaleza» tiene que haber puesto todo de su parte para que la mayoría de los adultos humanos tengan o desarrollen los recursos para poder cumplirla. Las capacidades parentales se conforman a partir de la articulación de factores biológicos y hereditarios y su interacción con las experiencias vitales y el contexto sociocultural de desarrollo de los progenitores o cuidadores de un niño o una niña. Por lo tanto, la adquisición de competencias parentales es el resultado de procesos complejos en los que se entremezclan diferentes niveles:

- Las posibilidades personales innatas marcadas, sin ninguna duda, por factores hereditarios.
- Los procesos de aprendizaje influenciados por los momentos históricos, los contextos sociales y la cultura.
- Las experiencias de buen trato o mal trato que la futura madre o futuro padre hayan conocido en sus historias personales, especialmente en su infancia y adolescencia.

Los que somos padres o madres, al reflexionar cómo hemos sido capaces de llevar adelante esta misión y obtener resultados relativamente aceptables, debemos reconocer que una gran parte de nuestra actividad parental ha estado guiada por una especie de «piloto automático». Este pilotaje corresponde a una especie de mecánica espontánea, casi inconsciente, que nos permitió responder a las necesidades fundamentales de nuestras crías, que no solamente son múltiples, sino que además son evolutivas, es decir, van cambiando a medida que los hijos crecen. Al tomar consciencia de lo complejo y difícil que es ser padre o madre, no nos queda más que inclinarnos con admiración y respeto frente a lo que nuestros propios padres nos han aportado. El haber hecho lo que pudieron con lo que tenían, permitiéndonos no solamente el existir, sino también el desenvolvernos socialmente, accediendo, entre otras cosas, a desarrollar las capacidades que nos permiten hoy día asumir nuestra misión de padres o madres de nuestros hijos. Lo señalado otorga el derecho de cualquier madre o padre, suficientemente bueno, al reconocimiento de los hijos y su exoneración por los errores, faltas o descuidos que pudieran haber cometido en el ejercicio de sus misiones.

Las finalidades de la parentalidad

Cualquier adulto que ejerza la parentalidad social, sea padre biológico, padre sustituto, cuidador o educador de un hogar infantil tiene que asegurar los siguientes objetivos para que esta parentalidad sea considerada competente:

1. El aporte nutritivo, de afecto, cuidados y estimulación.
2. Los aportes educativos.
3. Los aportes socializadores.
4. Los aportes protectores.
5. La promoción de la resiliencia.

1) El aporte nutritivo, de afecto, cuidados y estimulación: Esta función se refiere no sólo a una alimentación con el aporte de los nutrientes necesarios para asegurar el crecimiento y prevenir la desnutrición, sino también al aporte de experiencias sensoriales, emocionales y afectivas que permitan a los hijos, por un lado, construir lo que se conoce como un apego seguro y, por otro, percibir el mundo familiar y social como un espacio seguro. Esta experiencia, fundamento de una seguridad de base, permitirá al niño y a la niña hacer frente a los desafíos del crecimiento y a la adaptación de los diferentes cambios de su entorno. Aunque la experiencia de apego haya sido deficiente en la familia, es posible, hasta cierto punto, repararla ofreciendo una relación de calidad y de este modo contribuir no sólo a reparar el daño de esa deficiencia, sino también a posibilitar un desarrollo infantil suficientemente sano. En este sentido, es fundamental que, en ausencia de los padres biológicos, o en el caso de que éstos presenten incompetencias parentales severas, alguna persona pueda actuar como una figura parental de sustitución, proporcionando los aportes alimenticios afectivos, sociales, éticos y culturales que puedan asegurar el proceso de maduración biológica, psicológica y social de los niños. Los intercambios sensoriales, como las sensaciones emocionales entre los padres y sus bebés, incluso aquellas que resultan de la vida intrauterina (Barudy, 1993), permiten el desarrollo de una impronta adecuada. Este proceso es común con otras especies y corresponde al proceso mediante el cual una cría y su progenitor se reconocen como parte de un mismo mundo sensorial, lo que despierta emociones placenteras y seguras cuando están juntos, y desagradables y dolorosas cuando uno de los dos desaparece o daña al otro. En el caso de las crías, este proceso se transforma progresivamente en un modelo de apego con su cuidador al producirse una representación de la relación y desarrollarse modelos de conductas destinados a lograr la proximidad o la seguridad en relación con la figura de apego. El desarrollo de una buena impronta es necesario para el desarrollo de un apego seguro que permitirá a su vez a los niños percibirse en un ambiente seguro en el que pueden proseguir todos los aprendizajes necesarios para su desarrollo. Como lo hemos afirmado anteriormente, «el niño o la niña entra a la vida sana a través de la puerta del apego seguro», por consiguiente, promover competencias parentales sanas es prioridad en el orden de cualquier intervención familiar y social destinada a asegurar el bienestar infantil. Como lo explicaremos en el capítulo siguiente, la impronta así como el apego que le sigue, es un proceso fundamental para el modelado del cerebro del bebé. Como afirma Boris Cyrulnik (2007), este proceso es posible debido a «la doble exigencia de sus determinantes genéticos y de las presiones de su medio». La maduración del cerebro depende del logro de la finalidad nutritiva, tanto alimenticia como afectiva de la parentalidad social. Esto es lo que permite, o no, al niño o a la niña desarrollar neurológicamente una sensibilidad singular del mundo que percibe. Para hacer efectivo el reconocimiento mutuo de la impronta y desarrollar un apego seguro es preciso que los canales de comunicación sensorial, emocional y, más tarde, los verbales no sean en ningún caso obturados, pervertidos o violentados; de lo contrario, se quiebra el normal proceso emocional de familiarización. Esto puede ocurrir debido a una acumulación de fuentes de carencias y estrés, agravado por las características desfavorables del entorno familiar. Por ejemplo, situaciones de pobreza, paro, exclusión social o inmigración explican que existan numerosas madres y padres, o bien sus sustitutos (por lo general hermanos y hermanas mayores, tíos o abuelos y abuelas), que, si bien cuentan con la disposición y las competencias adecuadas para hacerse cargo de los niños, no encuentran en su medio ambiente natural el mínimo de nutrientes para cumplir con la función parental que se les ha asignado o que ellos, por voluntad propia, han adquirido. Producto de estas situaciones generan mensajes comunicacionales cargados de impotencia, frustración y desesperanza que pueden alterar los procesos relacionales de apego. Pero las fuentes de estrés y de carencias, que alteran la finalidad nutricia de la parentalidad, pueden resultar del propio funcionamiento familiar cuando, por ejemplo, existe violencia conyugal, consumo de tóxicos o una enfermedad mental de uno o ambos padres. Estos fenómenos, además de provocar sufrimiento, pueden ser un obstáculo mayor para el desarrollo de un proceso normal de apego entre padres e hijos y para la creación de una familiarización sana. Los contextos relacionales que crean los diferentes tipos de malos tratos son también una fuente principal de trastornos del apego y de la familiarización. Al mismo tiempo, estos trastornos del apego son la base de los modelos maltratantes de los padres. Estos contextos alteran y contaminan los canales de comunicación sensorial y afectiva entre padres e hijos, dejando en las memorias emocionales implícitas de los bebés, impresiones cargadas de miedo y ansiedad. Estas experiencias relacionales primarias son la base de los trastornos del apego. Como lo han señalado diferentes investigadores (Ainsworth, 1978; Fonagy y col., 1995; Siegel, 2007), estas impresiones emocionales se transforman en representaciones y modelos de conducta bastante invariables y dan origen en la vida adulta a los diferentes modelos de apego adulto que van a determinar, en gran medida, la forma en que las madres y los padres se relacionarán con sus hijos. Por otra parte, las deficiencias en el cumplimiento de esta finalidad nutritiva que impide la constitución de un apego infantil seguro, traen aparejado un riesgo importante en el desarrollo de la empatía. Esta capacidad es básica y necesaria para que un adulto acceda a una parentalidad competente. La buena crianza depende en gran medida de una experiencia emocional que genere un apego seguro y una capacidad de empatía entre padres/madres e hijos. El apego y la empatía son componentes fundamentales de la parentalidad y de los buenos tratos intrafamiliares. Cuando el mundo del niño y de la niña se caracteriza por una carencia de aportes nutritivos y de cuidados, además de estar plagado de experiencias dolorosas, toda la información proveniente del entorno adquiere la forma emocional de un contenido agresivo. Los efectos se manifiestan en un miedo excesivo a los adultos de su entorno y a la adopción de un sinfín de mecanismos protectores que constituyen los modelos de apegos inseguros y desorganizados, que serán tratados más adelante en este libro. Estos modelos, a su vez, entorpecen la vinculación segura a otras figuras de apego y, además, entorpecen los aprendizajes y frenan el desarrollo emocional y social de los niños y de las niñas. Los diferentes tipos de malos tratos y los abusos reducen la fuerza de la impronta y el apego, mientras que un clima de respeto y cuidados la aumentan.

2) Los aportes educativos: Cuantas más experiencias de buenos tratos hayan conocido los padres, más modelos y herramientas positivas y eficaces tendrán para ejercer una influencia educativa competente y moralmente positiva sobre sus hijos. La función educativa está conectada de modo muy estrecho con la nutritiva. Los padres, en especial la madre competente, que es capaz de traducir los llantos y los gestos de su bebé como indicadores de necesidades y responde para satisfacerlas, está al mismo tiempo induciendo un proceso que se traducirá en el desarrollo de las capacidades de autocontrol emocional y conductual. La observación de bebés, hijos o hijas de estas madres, permite constatar que, a medida que van creciendo, van cambiando el modo de manifestar sus necesidades. Por ejemplo, el llanto se va haciendo menos intenso y estruendoso, se calman con más facilidad, porque son cada vez más sensibles a los gestos de la madre con los que ella les señala su presencia y la proximidad de la respuesta a sus necesidades.

> Pablito no tenía otra manera de comunicar a su madre en su primer mes de vida que tenía hambre, frío, que estaba incómodo porque se había orinado, sino a través de su llanto acompañado de un estado de gran agitación. Su madre había integrado la información que los bebés no lloran porque sí, o para incordiar a los padres, sino que es la única y mejor manera de comunicar sus necesidades en un momento de su desarrollo en que su autonomía es nula y su dependencia es total. Por lo tanto, tenía la capacidad reflexiva o de mentalización que le permitía preguntarse «¿por qué llora mi bebé?» y seleccionar entre las hipótesis posibles «mi niño llora porque tiene hambre, pues han pasado ya cuatro horas sin mamar». Una madre competente repite este ejercicio cientos de veces, no sólo en relación con la alimentación, sino con otros estados de necesidad. La mayoría de las veces, sin saberlo, está permitiendo que su bebé adquiera la capacidad de modular sus estados internos. De esta manera, Pablito va cambiando su forma de llorar; ya a los tres meses su llanto es menos estridente y más corto y es capaz de calmarse sólo con el hecho de que su mamá le hable, le muestre el biberón o se prepare para darle de mamar. A medida que avanzan los meses, el hijo de esta madre bientratante y competente se calmará con más rapidez y desarrollará otras capacidades para comunicar gestualmente sus necesidades hasta llegar al momento en que su desarrollo cerebral le permitirá utilizar las palabras articuladas en pequeñas frases para manifestar sus necesidades y pedir explícitamente la intervención del adulto. Esto ocurre en un niño bientratado, como Pablito, alrededor de los dieciocho meses.

La internalización de la modulación y el control de los comportamientos ocurre también de una manera semejante. El gateo, que comienza alrededor de los ocho meses y que amplía la autonomía del bebé, pues se desplaza, será una experiencia positiva siempre y cuando su madre o su padre determinen las fronteras espaciales de su desplazamiento y lo que el niño puede, o no, manipular. Es a través de este control externo como el niño va a adquirir la capacidad de auto-controlarse y moverse en su entorno con toda seguridad. Lo mismo ocurrió cuando, a los once meses, Pablo se puso de pie y poco a poco comenzó a caminar. En este caso fueron sus padres los que ayudaron a descubrir que el espacio no era infinito y a integrar el valor del «NO» como fuente de prevención de riesgos y accidentes. Hace un año que Pablito, el niño de nuestro ejemplo, sabe hablar. Ahora tiene casi tres años. El acceso al lenguaje verbal le abrió la puerta al mundo infinito de las representaciones; con esto el niño entró en el mundo desbordante del pensamiento mágico. Como en el caso de cualquier niño o niña sano en su imaginario infantil convivían elementos reales de su cotidianidad con personajes y situaciones fantásticas. La tarea de sus padres fue, en este período, respetar la producción fantástica de su hijo, pero a menudo traerlo a la realidad en el sentido de señalarle que sus personajes y situaciones creados eran parte de historias, cuentos y creencias, pero no necesariamente parte de la realidad. En este sentido la tarea de los padres de Pablito, como de cualquiera madre o padre competente, fue la de ofrecerle el marco relacional necesario para ayudarle a estructurar sus representaciones, sus pensamientos y su discurso de tal manera que él fuera integrando la existencia de una realidad tal como es.

Los hijos de madres y padres con incompetencias parentales, que producen contextos de negligencia y estrés, no conocen estas dinámicas educativas, por lo que podemos entender que sus dificultades y sufrimientos son también el resultado de carencias educativas o «una mala educación». El tipo de educación que reciba un niño o una niña, proceso que comienza desde su nacimiento e, in extremis, ya desde su vida intrauterina, determina el tipo de acceso al mundo social de éste, por lo tanto, sus posibilidades de pertenecer a uno u otro tejido social. Es en el marco de su mundo familiar donde el niño o la niña se preparan, o no, para colaborar en la co-construcción del bienestar común. En este sentido, la integración de las normas, reglas, leyes y tabúes que permiten el respeto de la integridad de las personas, incluyendo la de los mismos niños en las dinámicas sociales, es uno de los logros de una parentalidad competente (Barudy y Dantagnan, 2005). La educación de un niño o una niña depende, entonces, de los procesos relacionales, en particular, del tipo de vinculación emocional entre padres e hijos. Como lo han señalado diferentes autores, los niños y las niñas aprenden a ser educados con y para alguien, siempre que se sientan amados y bientratados (Cyrulnik, 1994, 2001; Manciaux y col., 2003; Barudy y Dantagnan, 2005). El estilo educativo de la parentalidad bientratante es el que los padres o cuidadores asumen en la responsabilidad de ser los educadores principales de sus hijos, ejerciendo una autoridad afectuosa, caracterizada por la empatía y la dominancia. La dominancia o autoridad vinculada a la idea de competencia es lo que permite que las crías se representen su familia como un espacio de seguridad y de protección, pero, sobre todo, como fuente del aprendizaje necesario para hacer frente a los desafíos del entorno.

Para asegurar la finalidad educativa de la parentalidad, los modelos educativos tanto intrafamiliares como extrafamiliares, en virtud de lo ya señalado, deben contemplar al menos cuatro contenidos básicos:

1. *El afecto*: Cuando el cariño y la ternura están presentes reflejan un modelo educativo nutritivo y bientratante. En cambio, cuando éstas están ausentes o con ambivalencias, estamos en el dominio de los malos tratos.
2. *La comunicación*: Si los padres se comunican con sus hijos en un ambiente de escucha mutua, respeto y empatía, pero manteniendo una jerarquía de competencias, nos encontramos en un dominio educativo bientratante. En cambio, el uso permanente de imposiciones arbitrarias de ideas, sentimientos y conductas o, por el contrario, ceder siempre a lo que los hijos opinan o piden, o engañándolos, es un reflejo de una incapacidad educativa. Estas dos modalidades de comunicación están presentes en situaciones de negligencia, malos tratos físicos y psicológicos.

3. *El apoyo en los procesos de desarrollo y las exigencias de madurez*: Los niños y las niñas no sólo necesitan nutrientes para crecer y desarrollarse, requieren además de estímulos de los adultos de su entorno. Los padres competentes son aquellos que en este aspecto no sólo estimulan y ofrecen apoyo a sus hijos, sino que además les plantean retos para estimular sus logros, acompañados de reconocimiento y gratificación. Los padres y las madres incompetentes hacen todo lo contrario: no estimulan a sus hijos y muchas veces, de una forma explícita, subestiman las capacidades de los niños, descalificándolos o enviándoles mensajes negativos.
4. *El control*: Los niños necesitan de la ayuda de los adultos significativos para aprender a modular sus impulsos, emociones o deseos, en otras palabras, para desarrollar una inteligencia emocional y relacional (Goleman, 1996, 2006). Como lo planteamos antes, este proceso comienza con las respuestas adecuadas a las necesidades de los hijos. Este aprendizaje de la modulación interna se expresa, entre otros, con el desarrollo de la capacidad de controlar sus emociones, impulsos y deseos, manejando la impulsividad de los comportamientos que pueden presentarse cuando se necesita o desea algo, o ante la frustración por no tener lo que se quiere. La adquisición de un *locus* de control interno es posible en la medida en que primero se ha conocido la fuerza reguladora de los controles externos que ofrece la parentalidad sana y competente. En ésta, los padres atentos a las necesidades y los derechos de sus hijos e hijas, les facilitan en cada oportunidad los límites y las reglas, lo que les parece necesario, y, en cuanto el desarrollo de sus mentes se lo permite, crean espacios de conversación o de reflexión sobre sus vivencias emocionales, las formas de controlar las emociones, así como las formas adaptativas y adecuadas de comportarse. Cuando los hijos no obedecen o transgreden las normas, los padres competentes aprovechan estas situaciones para promover un proceso de reflexión que les ayude a integrar dos nociones fundamentales: la primera, la responsabilidad de sus actos y las consecuencias que éstos pueden acarrear; la segunda, el aprender de los errores y las faltas, imponiendo rituales de reparación (Barudy y Dantagnan, 2007).

3) Los aportes socializadores: El tercer objetivo de unas competencias parentales adecuadas tiene relación, por una parte, con la «contribución de los padres a la construcción del concepto de sí mismo o identidad de sus hijos» y, por otra parte, corresponde a la «facilitación de experiencias relacionales que sirvan como modelos de aprendizaje para vivir de una forma respetuosa, adaptada y armónica en la sociedad» (Barudy y Dantagnan, 2007). Este proceso se inicia también con los cuidados y la afectividad de las improntas parentales que marcan la memoria infantil. Es a partir de ellas como el niño inicia el viaje de la construcción de su concepto de sí mismo, ya sea como un niño bientratado o lo contrario. El concepto de sí mismo es una imagen que los niños van construyendo de sí como resultado de un proceso relacional, porque su formación depende, en gran medida, de la representación que el otro, padre o madre, tiene de los niños, en general, y de sus hijos, en particular. Estas representaciones son, a su vez, el resultado de las historias de los padres y, en particular, de sus experiencias como hijos e hijas de sus padres. Por lo tanto, las representaciones actuales que los padres tienen de sus hijos y que determinarán, en parte, su parentalidad social emergen del fondo de los tiempos y es parte de un proceso de transmisión a lo largo de las generaciones. Siguiendo a Berger y Luckman (1986), en el presente el hijo o la hija internalizan su mundo social que tiene origen en la historia relacional de sus padres en sus respectivas familias de origen, externalizándolo en su propio ser. Esto significa que los rasgos y el funcionamiento de la personalidad infantil están influenciados por el autoconcepto y éste, a su vez, por las narrativas históricas de sus padres. La formación de la identidad del niño o de la niña depende de las evaluaciones que de ellos tienen sus otros seres significativos, fundamentalmente sus progenitores, es decir, siguiendo la lógica de Rogers (1961), el autoconcepto es la reunión de las ideas que la persona tiene de sí respecto de las ideas que otras personas tienen de él. A raíz de esta dialéctica sabemos que lo que una madre o padre siente, piensa o hace por su hijo, y la forma en que lo comunica, tendrá un impacto significativo en la forma en que él o ella se concibe a sí mismo. Estos mensajes están en estrecha relación con lo que el niño va a representarse y sentir con respecto a sí mismo. El autoconcepto se manifiesta en tres niveles:

a) *El nivel cognitivo*: corresponde al conjunto de rasgos con los que el hijo o hija se describe y, aunque no sean necesariamente verdaderos y objetivos, guían su modo habitual de ser y comportarse.
b) *El nivel afectivo*: corresponde a los afectos, emociones y evaluaciones que acompañan a la descripción de uno mismo. Este componente coincide con lo que Coopersmith (1967) define como autoestima: «La evaluación que hace el individuo de sí mismo y que tiende a mantenerse expresa una actitud de aprobación o rechazo y hasta qué punto el sujeto se considera capaz, significativo, exitoso y valioso».
c) *El nivel conductual*: corresponde a las conductas habituales o cotidianas, ya que el concepto que una persona tiene de sí misma influye claramente en su conducta diaria. El autoconcepto condiciona la forma de comportarse. El niño o la niña se guía en su conducta por las cualidades, valores y actitudes que posee hacia sí mismo. Los niños se suelen comportar de una forma que concuerde con su autoconcepto. Pero no sólo afecta su conducta, también sus propias percepciones se ven condicionadas por él. Es como si el niño viera, oyera y valorara todo a través de un filtro.

En consecuencia, es competencia de los padres o sus sustitutos contribuir a la formación positiva del autoconcepto y de una autoestima positiva de los niños y de las niñas. Que el concepto que de sí mismo tiene un niño o una niña es en gran medida producto de su experiencia en el hogar, así como de la identificación con sus padres, ha quedado demostrado por numerosas investigaciones. Por ejemplo, en estudios sobre la autoestima, se demuestra que los niños y las niñas que tenían alta autoestima eran hijos de madres con alto aprecio de sí mismas, que aceptaban y apoyaban más a sus hijos, preferían las recompensas y el trato no coercitivo para con ellos (Coopersmith, 1967). Exactamente a la inversa, los niños y las niñas con más baja autoestima son, con frecuencia, hijos de madres con mal concepto de sí mismas, razón por la que se ven impedidas de apoyar a sus hijos y suelen verse desbordadas en la crianza.

Así, el autoconcepto refleja cómo una madre o un padre se sienten en presencia de un hijo o de una hija y cómo se lo transmiten. Esto, a su vez, es internalizado por el niño, pudiendo llegar a sentirse a sí mismo de la manera que los otros lo perciben. Si las representaciones de los hijos y las hijas han sido, y son, negativas, esto conducirá en la mayoría de los casos a malas adaptaciones personales y sociales y al riesgo de una transmisión transgeneracional de estas deficiencias. De ahí, la importancia de contraponer a los estilos parentales deficientes, estrategias de fomento de nuevas y renovadas capacidades parentales. Para que esto sea posible, es importante poder evaluar las competencias parentales en el presente, ofreciendo a los padres programas de rehabilitación de sus competencias. Esto puede permitir, en muchos casos, que estabilicen la percepción de sí mismos a partir del desarrollo de rasgos positivos, como la capacidad de evaluarse en forma realista, asumir la responsabilidad de sus actos, tener confianza en sí mismos, una autoestima elevada, empatía y confianza en las relaciones. A su vez, todo esto, serán los ingredientes fundamentales para una parentalidad competente en la vida adulta de sus hijos, lo que cambiará, a su vez, su historia generacional. Si esto no ocurre, los hijos de padres incompetentes, que no han recibido ayuda, pueden integrar en sus identidades características como: inferioridad, falta de confianza en sí mismos y en los demás y una autoestima deficiente, lo que puede traducirse en la vida adulta en trastornos de apego y de la empatía, que caracterizan una parentalidad incompetente.

4) Los aportes protectores: La necesidad de proteger a las crías por largos períodos es una de las características que también distingue a la especie humana de otras especies. Su desarrollo inacabado en el momento de nacer y la inmadurez, en especial, del cerebro y del sistema nervioso, explican la dependencia que los recién nacidos y los bebés tienen de las capacidades cuidadoras y protectoras de sus padres. La función protectora se aplica a dos niveles. El primero corresponde a proteger a los hijos de los contextos externos, familiares y sociales, que pueden dañarles directamente o alterar su proceso de maduración, crecimiento y desarrollo. El segundo corresponde a protegerlos de los riesgos y peligros derivados de su propio crecimiento y desarrollo. Por ello, esta función protectora tiene una estrecha relación con las otras funciones, en especial, la cuidadora y la educativa.

5) La promoción de la resiliencia: El cumplimiento de los cuatro objetivos señalados nos conduce a la realización de este quinto objetivo, el desarrollo en los hijos de padres bientratantes de lo que hoy se conoce como resiliencia. La resiliencia corresponde a un conjunto de capacidades para hacer frente a los desafíos de la existencia, incluyendo experiencias con contenido traumático, manteniendo un proceso sano de desarrollo. En nuestras prácticas hemos denominado a esta capacidad *resiliencia primaria*, para distinguirla de aquella que emerge en niños y jóvenes que no han conocido una parentalidad adecuada pero, no obstante, logran salir adelante en la vida, gracias a la afectividad y al apoyo social que les han brindado adultos de sus entornos. Además, estos adultos les han brindado la posibilidad de resignificar sus experiencias, entre otras, las de malos tratos producidos por las incompetencias de sus progenitores. A este fenómeno le hemos denominado *resiliencia secundaria*. El proceso que explica tanto la emergencia de la resiliencia infantil primaria como la secundaria tiene que ver principalmente con todos aquellos aportes resultado de relaciones interpersonales bientratantes, especialmente aquellas ofrecidas por los padres. Éstas permiten a los niños el desarrollo o la adquisición de un autoconcepto y de una autoestima que los hace sentir, aun en circunstancias difíciles, que son personas dignas, valiosas y con derechos a ser respetadas y ayudadas. Las experiencias de buen trato, resultado de una parentalidad bientratante, se interiorizan y se vivencian como atributos positivos. En términos simplificados, la resiliencia infantil depende de un conjunto de actitudes positivas hacia sí mismo, resultado de experiencias relacionales de buen trato que fortalecen un buen concepto de sí y óptimos grados de resiliencia.

En resumen, el buen despliegue de las competencias parentales permite la estructuración de contextos sanos, donde son los niños sujetos activos, creativos y experimentadores, es decir, permiten y facilitan un contexto de aprendizaje, experimentación y evaluación de la realidad desde las capacidades que el niño va formando.

Sin embargo, quisiéramos insistir en que, cuando se presenta un estilo vinculante en el que existe abuso y violencia, esto puede explicarse por una incompetencia completa o parcial de los padres, entre otros, caracterizada por una ausencia de elaboración y control de sus emociones, impulsos y conductas; esto se manifiesta en el ejercicio de la tarea parental como una dificultad para controlar sus frustraciones y el dolor de sus historias infantiles que manifiestan, de un modo agresivo y abusador, contra sus hijos e hijas.

Los componentes de la parentalidad social

Ejercer la parentalidad social es una tarea compleja y las dificultades para evaluarla, así como para intervenir favorablemente en ella, también lo es. Desglosar esta complejidad es un medio para hacerla abordable, pero para que este abordaje no sea dañino para las personas implicadas, el profesional nunca debe olvidar que lo fundamental no son las partes, sino la relación entre las partes que constituyen el todo. En este sentido, en este capítulo sólo enunciaremos los diferentes componentes de la parentalidad social, dejando para los próximos capítulos la profundización de cada uno de ellos y sus interrelaciones. Será el estudio y la evaluación de cada uno de estos componentes a través de la Guía (que se presenta en la segunda parte de este libro) lo que permitirá establecer el tipo de parentalidad social y la forma más adecuada de otorgar ayuda de los padres y, en consecuencia, a sus hijos.

En nuestro modelo distinguimos dos grupos de componentes de la parentalidad:

I. **Las capacidades parentales fundamentales**: Se refieren a los recursos emotivos, cognitivos y conductuales de las madres y los padres, que les permiten vincularse adecuadamente con sus hijos

e hijas y proporcionar una respuesta adecuada y pertinente a las necesidades de sus crías. Éstas corresponden a:
1) La capacidad de apego
2) La empatía

II. Las habilidades parentales:
1) Los modelos de crianza
2) La habilidad para participar en redes sociales y utilizar recursos comunitarios

El término genérico de *competencia parental* engloba la noción de capacidades y habilidades parentales. Es evidente que, tanto para la evaluación como para la intervención de las competencias parentales, estos dos niveles se entremezclan en un proceso dinámico.

I. Las capacidades parentales fundamentales

Las capacidades parentales fundamentales corresponden a:

1) *La capacidad de apego*: tiene relación con los recursos emotivos, cognitivos y conductuales que tienen los padres o cuidadores para apegarse a los niños y responder a sus necesidades. La teoría del apego de Bowlby (1998) ha puesto de manifiesto que en los primeros años de vida, la relación cercana del bebé con sus padres o sustitutos parentales, que lo cuidan, responden a sus necesidades afectivas y lo estimulan, constituye la fuente de recursos fundamental para el desarrollo de una seguridad de base y una personalidad sana. Una persona que durante su infancia tuvo apego seguro con sus padres, lo más probable es que en su adultez podrá desarrollar relaciones basadas en la confianza y seguridad; por consiguiente, esta experiencia de apego seguro le capacitará para ejercer una parentalidad competente. En cambio, una persona que durante su infancia tuvo experiencias negativas con sus padres, que incluye cualquiera o todos los tipos de malos tratos infantiles que generaron apegos de tipo inseguro o desorganizado, tendrá dificultades para establecer relaciones en las

que no intervengan ansiedades, inestabilidades o desconfianzas inscritas en su mente. Estas personas presentarán una mayor probabilidad de dificultades a la hora de ser padres o madres.
2) *La empatía:* tiene que ver con la capacidad de los padres de sintonizar con el mundo interno de sus hijos, reconocer las manifestaciones emocionales y gestuales que denotan estados de ánimo y necesidades, lo que favorece el desarrollo de modos de respuesta adecuados a las necesidades de los niños.

II. Las habilidades parentales

1) *Los modelos de crianza*: son modelos culturales que se transmiten de generación en generación, que tienen relación con los procesos de aprendizaje que desarrollan los padres con sus hijos, vinculados con la protección, educación y satisfacción de necesidades.
2) *La habilidad para participar en redes sociales y utilizar recursos comunitarios*: la parentalidad es una práctica social que requiere conformar redes de apoyo que fortalezcan y proporcionen recursos para la vida familiar. En este sentido, la existencia de redes familiares, sociales e institucionales, así como el reconocimiento y validación de éstas por padres y cuidadores, constituyen un elemento significativo para el ejercicio de una parentalidad bientratante. Se pueden considerar los recursos institucionales, cuando éstos cuentan con los recursos y funcionan adecuadamente como una fuente central para el apoyo a la parentalidad y a la vida familiar. Diversas investigaciones (Arón, 2002) han revelado cómo la ausencia de redes institucionales de apoyo a la familia constituye un factor central para explicar el estrés y los conflictos en familias, que crean situaciones de riesgo para sus hijos.

2. La importancia de la parentalidad para el desarrollo del cerebro y la mente infantiles

> La mente infantil emerge del interfaz entre las experiencias relacionales de un niño con sus progenitores y la estructura y funcionamiento de su cerebro.

La nueva ciencia del cerebro ha transformado en pocos años las concepciones sobre el funcionamiento del cerebro y el origen de la mente y su desarrollo. Gracias a los avances de la genética y la tecnología de imagen del cerebro no invasiva, asistimos a una verdadera revolución en la teoría y las investigaciones neurocientíficas.

Lo más relevante es que estas investigaciones, sobre todo las realizadas en las últimas décadas, han demostrado que los cuidados, la estimulación y los buenos tratos que los adultos dedican a sus hijos e hijas, desempeñan un papel fundamental en la organización, la maduración del funcionamiento del cerebro y del sistema nervioso. En resumen, como hemos mencionado, la mente infantil emerge de la actividad cerebral, cuya estructura y función están directamente moduladas por la experiencia interpersonal.

Los aportes de las nuevas ciencias del cerebro

El cerebro del bebé humano tiene un volumen total del 26 por 100 del que tendrá cuando esté completamente desarrollado. Cuando nace tiene un peso de 350 gramos, peso que se multiplicará por tres al llegar a los tres años de vida (Acarín, 2001). De esta forma, el cerebro crece considerablemente desde el nacimiento hasta su maduración completa en la edad adulta. Este aumento, resultado del crecimiento de los axones y de las dendritas, así como del aumento de las sinapsis y de la formación de mielina, es estimulado por los cuidados y los buenos tratos. Durante los primeros tres años de vida del niño o la niña, aparece una multitud de ramificaciones neuronales resultado de una abundante producción de axones y dendritas que, cuando sea el momento, se interconectarán en las distintas regiones sinápticas, asegurando así el funcionamiento de las diferentes áreas cerebrales. Lo contrario ocurre cuando el bebé crece en un ambiente humano que no le proporciona alimentación, afectividad y protección o lo somete a un estrés intenso y crónico. Cuando esto ocurre, el cerebro se desorganiza e incluso puede atrofiarse, provocando graves trastornos en el funcionamiento de la mente infantil con consecuencias importantes para la vida adulta y, por ende, para la parentalidad.

Para garantizar su proceso de maduración, el cerebro produce sustancias conocidas como *neurotrofinas*, que son agentes químicos de una importancia determinante para la migración, mantenimiento y funcionamiento de las neuronas, así como para el proceso de diferenciación. Estas sustancias estimulan, además, las conexiones entre las neuronas, conectando los axones y las dendritas de los distintos cuerpos celulares. La secreción de neurotrofinas es el resultado de la actividad neuronal que, a la vez, depende de las interacciones con el entorno. La producción de neurotrofinas, proteína necesaria para la supervivencia y el crecimiento de las neuronas depende, a su vez, del estímulo de las experiencias relacionales a tal punto que en contextos de carencias y estrés, ésta se altera y explica la atrofia cerebral que se observa en niños y niñas afectados por negligencia grave y malos tratos severos (Lagercrantz, Hanson y Evrard, 2002). En contextos de buenos tratos, las neurotrofinas se producen en cantidad y calidad de tal manera que estimulan y garantizan la sinapsis entre diversas neuronas, incluso entre células alejadas, facilitando así la creación de los diversos circuitos cerebrales responsables del funcionamiento de la mente. Las atenciones y la estimulación, que el bebé recibe del padre, la madre u otras personas significativas de su entorno, tienen un papel primordial en la maduración cerebral. A medida que las interconexiones se van instalando bajo la influencia del entorno, las diversas ramificaciones se irán recubriendo de una sustancia llamada *mielina*, capa aislante que recubre los axones. Esta sustancia permitirá una mejora en la transmisión nerviosa y, en resumen, la posibilidad de realizar funciones cada vez más complejas.

Los buenos tratos infantiles y el desarrollo del cerebro

Los buenos tratos, más en particular los cuidados, la estimulación y la protección que reciben los niños y las niñas, resultado de una parentalidad competente en el transcurso de sus tres primeros años de vida, son determinantes para la configuración de un cerebro sano con capacidad para responder a todos los retos de una existencia infantil y, más tarde, a los de una vida adulta. Entre los retos fundamentales de la vida adulta, cuando se tienen hijos o hijas (ya sean biológicos o adoptivos) está la tarea de ejercer una parentalidad sana, adecuada y competente (Barudy y Dantagnan, 2005). Los bebés humanos, en relación con otras crías mamíferas, son los que al momento de nacer presentan la mayor incapacidad para hacer frente, sin el apoyo de los adultos, a los desafíos de su crecimiento y desarrollo. Esto se explica, porque la duración de su vida intrauterina no ha sido suficiente para permitir su maduración completa, en especial del cerebro y del sistema nervioso. Si las crías humanas nacieran en un entorno donde no existieran adultos que los alimentaran, los estimularan y los protegieran, lo más probable es que perecieran en poco tiempo. En general, son los padres biológicos los que cumplen estas tareas, pero éstos no siempre tienen las competencias, e incluso algunos los pueden dañar o provocarles la muerte. Es fundamental poder evaluar estas competencias para proteger y asegurar un desarrollo sano a todas las crías humanas, aportándoles otros cuidadores cuando sea necesario.

Como lo afirmamos en el capítulo anterior, la inmadurez de las crías, en el momento de su nacimiento, es quizá el precio que la especie humana, tuvo que pagar cuando su proceso evolutivo le permitió el desarrollo de la corteza cerebral. La existencia de la corteza cerebral implicó no sólo la emergencia de la capacidad de representarse la realidad a través de símbolos y palabras, sino también un aumento considerable de la circunferencia craneana. Esto explica el porqué los niños y las niñas en gestación deben abandonar el útero materno a los nueve meses de gestación. Actualmente, al final de la gestación, el infante tiene una cabeza grande, desproporcionada con su cuerpo, y esto implica normalmente una prueba difícil para la madre en el momento del parto. Los delfines tienen una gestación de doce meses y nacen con un cerebro equivalente a la mitad del adulto, mientras que el bebé humano nace con un cerebro equivalente a una cuarta parte del cerebro del adulto, tras una gestación de nueve meses. Esto permite que el parto sea viable; el cerebro madura y se organiza por el establecimiento y desarrollo de las conexiones neurológicas en los primeros años de vida. Ésta es una de las razones fundamentales por la que en los humanos es tan determinante la estimulación cerebral a partir de la exposición del bebé al entorno físico, social y cultural (Acarín, 2001). Por fin, esta inmadurez tiene como consecuencia la extrema dependencia de los bebés humanos de los cuidados, la estimulación y protección de, por lo menos, un adulto con competencias. Para ellos esto es una cuestión de vida o muerte.

En esta perspectiva el ejercicio de una parentalidad suficientemente sana y competente es fundamental, incluso vital, para el desarrollo sano de los niños y de las niñas.

Competencias parentales, buenos tratos y maduración cerebral

Como se ha señalado, uno de los acontecimientos científicos más importantes de estas últimas décadas ha sido demostrar que la existencia y la calidad de las relaciones interpersonales son las responsables de la organización, la maduración y el desarrollo cerebral. Esto explica el papel fundamental de los buenos tratos para garantizar la vida de las crías humanas y un desarrollo sano. Estos buenos tratos son el resultado de competencias que los adultos han podido desarrollar gracias al hecho de haber crecido, ellos mismos, en contextos familiares y sociales donde fueron suficientemente bientratados. Ello les ha permitido un desarrollo adecuado del cerebro y de la mente. Al tener hijos o hijas, estas experiencias se traducen en capacidades para ofrecer cuidados, comunicación, estimulación, protección y educación a sus hijos en forma permanente desde que se están gestando en el útero materno hasta que logran su madurez y autonomía como adultos. A su vez, todas las experiencias enunciadas son estímulos fundamentales para la organización, maduración y desarrollo adecuado del cerebro. Esto es válido para todas las edades infantiles, pero en particular para los niños y las niñas de cero a tres años.

Los niños y las niñas, en especial los bebés, necesitan que sus necesidades sean satisfechas en un contexto amoroso para calmarse de la excitación provocada por sus estados de necesidad, proteger la integridad de la estructura cerebral y estimular la creación de las diferentes áreas del cerebro responsables del funcionamiento de la mente.

Diversas investigaciones demuestran cómo las atenciones y los contactos físicos, que los bebés reciben de los adultos de su entorno, son muy importantes para el desarrollo del cerebro. Los niños y las niñas tienen necesidad de sentir caricias, de ser tocados, de estar en brazos de sus padres, no únicamente para satisfacer una necesidad psicológica fundamental, la de establecer vínculos, sino también, para permitir la finalización de la maduración del cerebro (Rygaard, 2008). Por ello se debe considerar que la negligencia es una de las peores formas de maltrato a los niños y a las niñas (Barudy, 1997).

Cuando los bebés y los pequeños son cuidados, estimulados y bientratados, esto no sólo les permite la migración de las neuronas desde el tronco cerebral hasta las diferentes áreas del cerebro, donde se situarán definitivamente, sino también la maduración de los cuerpos neuronales y el desarrollo de las dendritas y los axones. Estos últimos, gracias a los estímulos recibidos del entorno familiar y social, establecerán contactos o sinapsis entre neuronas, configurando diferentes áreas funcionales responsables del desarrollo de las diferentes manifestaciones de la mente. A medida que las interconexiones se van instalando, los estímulos del entorno son también responsables de que las diversas ramificaciones se vayan recubriendo de esta sustancia lipo-proteica llamada mielina que es la responsable, por su poder aislante, de asegurar una mejor conducción de los estímulos y las respuestas de las diferentes zonas cerebrales a éstos. Con ello se asegura la calidad de la transmisión nerviosa y, por consiguiente, la posibilidad de realizar funciones cerebrales cada vez más complejas. El entorno y, sobre todo el fenómeno del vínculo personal o apego del bebé con su madre, afectan las funciones cerebrales y la construcción de sus estructuras. Cuando los bebés son bientratados y estimulados correctamente por sus padres y por otros adultos del entorno familiar, es maravilloso observar la progresión de sus aprendizajes. Los estudios sobre el cerebro han demostrado que tan importante como aportar a los niños una alimentación adecuada y equilibrada es acariciarlos con la voz y con las manos. Lo mismo al mecerlos, no sólo porque esto los calma, sino porque además, les produce una estimulación del vestíbulo, la parte del oído interno responsable de la regulación del equilibrio. La estimulación es la responsable de la formación de nuevas redes neuronales funcionales que, rodeándose de mielina, explican «el milagro» del desarrollo infantil (Rygaard, 2008).

Tomemos, por ejemplo, el desarrollo de la sonrisa del bebé, como parte de la comunicación con su madre. Durante los primeros días, un bebé puede esbozar un gesto que es compatible con una sonrisa, si la madre, atenta a las señales de su bebé, responde como si el gesto fuera dirigido a ella y le comunica su alegría, sea con una sonrisa o a través de palabras impregnadas de ternura. Lo más probable es que aquella sonrisa, que al principio era consecuencia de una excitación neuronal, se transforme en un comportamiento social adquirido. De esta manera, se establece un modelo de comunicación en el que el bebé sonríe para que su madre le sonría, a la vez que la madre hace sonreír a su bebé. Un registro con un aparato de resonancia magnética funcional de esta interacción mostrará que los bebés bientratados y estimulados tienen en su cerebro emocional una mayor cantidad de neuronas interconectadas, que se activan fácilmente en el momento en que una madre sonríe a su bebé.

La otra cara de la moneda es cuando no existe estímulo o respuesta por parte de la madre o del cuidador: bebés víctimas de abandono o negligencia afectiva. En estos casos, no sólo los bebés no sonríen ni responden a las sonrisas, sino que es muy probable que las áreas del cerebro emocional responsables de la comunicación emocional comiencen a atrofiarse y desorganizarse.

En la actualidad, sabemos que los progresos en el desarrollo de los niños, ya sean motores, cognitivos, afectivos o sociales, son el resultado de la estimulación y los buenos tratos que estimulan las sinapsis entre neuronas de diferentes regiones cerebrales, acompañadas por el proceso de *mielinización*. De esta manera, se configuran las diversas regiones del cerebro que asumirán nuevas tareas y funciones. Cada nuevo día los bebés bientratados logran nuevas capacidades.

Un recién nacido tiene capacidades muy limitadas en sus primeras semanas de vida, pero luego, a los tres o seis meses o un año, habrá experimentado una transformación espectacular. Ganará en autonomía en forma progresiva gracias a su capacidad de desplazamiento y expresión de su mundo interno. A través de la palabra, el niño o la niña entrará en este maravilloso pero complejo mundo de las representaciones de sus experiencias internas y de la realidad que le rodea a través de símbolos. Lo descrito es parte de lo que se conoce como el proceso de *autoorganización cerebral* y es lo que permitirá a los niños y a las niñas el desarrollo de diferentes modos de procesamiento de la información, resultado de las experiencias positivas o negativas que se derivan de las relaciones interpersonales significativas, en particular, con sus progenitores u otros cuidadores (Siegel, 2007).

Una autoorganización sana del cerebro, y en consecuencia de la mente, es el objetivo central del desarrollo psíquico infantil integral y las competencias de los padres y madres, su motor. Sin los cuidados de un adulto competente, el cerebro de un niño corre el riesgo de desorganizarse o atrofiarse, tal como lo revelan las imágenes obtenidas a través de la tomografía computada o de la resonancia magnética de cerebros de niños privados de alimentos, de afecto y estimulación, así como los afectados por contextos de estrés o de lesiones resultado de malos tratos físicos (Gómez de Terreros, Serrano Urbano y Martínez Martín, 2006).

Cuando los buenos tratos garantizan la maduración y la organización cerebral, los niños y las niñas pueden integrar fácilmente los límites de la realidad, aceptar la autoridad, manejar mejor sus deseos y sus frustraciones, así como desarrollar la empatía necesaria para garantizar un desempeño social adecuado. Todo esto se traduce también por el desarrollo de una identidad individual y social sana, en la medida que los adultos, tanto del ámbito familiar como social, les proporcionan relatos coherentes, verídicos y respetuosos de sus historias familiares y culturales, así como valores inspirados en la doctrina del respeto a los derechos humanos. Lo descrito puede ser también posible, en el caso de niños y niñas que han vivido carencias y malos tratos precoces, siempre y cuando se les ofrezca la protección y el apoyo social al que tienen derecho, así como un acompañamiento terapéutico que les permita la reparación de los daños sufridos. Según el tipo y la duración de estos malos tratos, la evolución es más lenta y, a veces, la reparación no es total.

Por lo tanto, la forma como madura y se organiza el cerebro infantil, sede de la mente, se relaciona estrechamente con la calidad de la parentalidad. A su vez, la calidad de la parentalidad es el resultado de cómo se organizó, maduró y desarrolló el cerebro de los padres durante sus infancias y adolescencias. El cerebro es la parte del organismo humano que permite que seamos capaces de aprender, memorizar, pensar, hablar, amar, odiar, enamorarnos, cuidar a los hijos, tener consciencia de sí mismo, planificar el futuro. Es en este órgano complejo, poderoso, pero terriblemente dependiente de los entornos humanos para su desarrollo y conservación, donde se produce la mente humana. La función parental es una de las funciones más humanas que existen, que depende del funcionamiento del cerebro, por lo tanto de las mentes de los padres y de las madres. Si las investigaciones de la neurociencia nos han revelado que la organización del cerebro infantil, su funcionamiento y desarrollo depende de los cuidados y la estimulación que los niños y las niñas reciben, incluso antes de nacer, al conjunto de la sociedad le corresponde aceptar que la sanidad de la mente infantil es en gran parte responsabilidad del mundo adulto, incluyendo a los padres. En otras palabras, la mente infantil emerge de la actividad cerebral, cuya estructura y función están directamente modeladas por la experiencia interpersonal. La experiencia interpersonal más importante para los niños es la relación con sus padres.

Por otra parte, la mente de los padres surge de sus cerebros modelados por los procesos de relaciones interpersonales que han conocido a lo largo de sus vidas. Desde antes y durante el tiempo en que han ejercido la función parental. Lo que son como padres o madres y lo que hacen depende de esos procesos. Sus competencias o incompetencias son el resultado de relaciones con las personas significativas de su vida, que han modelado sus formas de ser padres. Por esta razón, uno de los pilares de la Guía de Evaluación de las Competencias y la Resiliencia Parentales presentadas en este libro es un cuestionario destinado a establecer la historia de vida de los padres y las madres cuyas competencias se pretenden evaluar. En estas constataciones se fundamentan nuestras convicciones de que siempre es posible influenciar la mente y, por tanto, el cerebro con nuevas experiencias. Es lo que intentamos ofrecer a los padres y las madres con dificultades a través de nuestros programas de rehabilitación parental. Estas experiencias serán el objeto de otro libro.

Estudiar la parentalidad, evaluando sus cualidades y las consecuencias sobre los hijos, implica ser conscientes de que, como toda actividad humana, en esta función contribuyen de modo significativo los factores genéticos y constitucionales de los padres, pero también, y de una manera fundamental, las experiencias de vida que han modelado el desarrollo del cerebro y de la mente. Estas visiones lejos de culpabilizar a los padres, los hacen responsables de lo que hacen con sus hijos, pero se les reconoce también que hacen lo que hacen porque están modelados por sus propias historias infantiles, que, a su vez, han modelado sus cerebros y sus mentes. Evaluar sus competencias es una manera de establecer de qué manera la forma que tratan a sus hijos está modelando el desarrollo cerebral y, en consecuencia, la mente de éstos. Ello permite organizar, si es necesario, la ayuda a sus hijos y también a ellos mismos para que tengan la posibilidad de adquirir las competencias y habilidades que sus experiencias anteriores no permitieron.

El cerebro y su funcionamiento representado por el puño de la mano

Un mejor conocimiento de la estructura y la organización cerebral, del cual depende el funcionamiento de la mente, puede ayudar al lector a comprender mejor la importancia de la parentalidad para el desarrollo humano y en particular para el desarrollo infantil.

Una buena metáfora del cerebro y de sus diferentes zonas funcionales es imaginarlo como un puño cerrado. Esta imagen fue propuesta por D. Siegel,[1] quien defiende la idea de que el cerebro o cualquier estructura o fenómeno complejo pueden ser mejor comprendidos con una imagen visual. Propuso la idea de imaginar el cerebro como un objeto tridimensional, como el puño cerrado de la mano, una entidad visual, considerando que los humanos somos criaturas visuales en las que una gran parte la corteza cerebral es visual. Parece evidente que las personas, cualesquiera que sean sus dificultades, tienen más posibilidades de comprender las cosas si las ven. De modo que, al representar el cerebro con una imagen, las personas pueden realmente verlo y representarse cómo es el suyo y el de los demás, y de este modo comprender por qué funcionan como tal.

Un puño cerrado con el dedo pulgar entre los dedos y la palma y los cuatro dedos restantes descansando sobre la parte inferior de la palma, proporciona no sólo un modelo de la neuroanatomía del cerebro «en la palma de la mano», sino que, al mismo tiempo, permite imaginarnos el funcionamiento de sus diferentes partes (Siegel, 2007):

---

1. David Siegel es uno de los autores que más nos ha influido en el entendimiento de las relaciones existentes entre cerebro, mente y experiencias relacionales (2007).

1) El antebrazo representa la médula espinal dentro de la espina dorsal y la muñeca es la base del cráneo.
2) Las diversas partes de la mano representan las tres zonas principales del cerebro: el neocórtex, o corteza cerebral, el sistema límbico y las áreas inferiores o tronco cerebral.
   - Los dedos representan el neocórtex, con los lóbulos frontales al frente. La parte superior de los dedos corresponden a las áreas neocorticales que median el control motor y las representaciones somato-sensoriales; a ambos lados y por detrás de los dedos de la mano, las partes posteriores del neocórtex responsable de las percepciones que median el procesamiento perceptual.
   - Justo por debajo de los nudillos, en el lugar en que descansa el dedo pulgar, encontraremos el sistema límbico, llamado también cerebro emocional.
   - La porción media inferior de la mano corresponde a las áreas inferiores incluidos los circuitos del tronco cerebral, fundamentales para la regulación de los estados fisiológicos del cuerpo.
3) El cerebelo, que en esta metáfora estaría situado en la parte posterior de la mano cerca de su conexión con la muñeca, transcribe también información indirectamente a través de la división que separa ambas mitades. El cerebelo mismo puede ejecutar diversos procesos informativos e integradores.
4) Si uno se imagina el puño dividido en una parte derecha y otra izquierda, cada una correspondería a los dos hemisferios conectados por bandas de tejido denominados el cuerpo calloso y las comisuras anteriores. Permite la transferencia de información entre ambas partes del cerebro.

La organización del cerebro

Todas estas partes descritas constituyen en el cerebro de una madre o de un padre mentalmente sano y con competencias parentales zonas funcionales bien organizadas e interconectadas, responsables de numerosas tareas:

I) Las estructuras superiores o «neocórtex»: situadas en la parte superior del cerebro, responsables de la motricidad y de la palabra, median, además, el procesamiento de informaciones complejas como la percepción, el pensamiento y el razonamiento, así como las representaciones perceptuales complejas y abstractas que constituyen nuestros procesos de pensamiento simbólico y asociativo. Son las áreas evolutivamente más avanzadas.

II) El sistema límbico o cerebro emocional: localizado en la parte central, incluye las regiones denominadas córtex orbitofrontal, el hipocampo, la ínsula, el córtex cingulado anterior y la amígdala. Todas estas áreas desempeñan un rol central en la coordinación de la actividad de las estructuras cerebrales superiores e inferiores. Es el sistema que da soporte al aparato emocional y al sistema operativo de la memoria, por lo que desempeña un papel fundamental en el manejo de las emociones, la motivación y la conducta dirigida a objetivos. Junto con esto, estas estructuras límbicas permiten la integración de una amplia gama de procesos mentales básicos como:

- La valoración del sentido.
- El procesamiento de la experiencia social o cognición social.
- La regulación de las emociones y la empatía.

También forma parte del sistema límbico el lóbulo temporal medio, incluyendo una zona fundamental llamada el hipocampo, que se considera implicado en formas de memoria accesibles a la consciencia. El buen funcionamiento del hipocampo es fundamental, entre otras cosas, para la memorización de las experiencias de apego que, cuando son sanas, dan origen al apego seguro. La región del lóbulo temporal medio en el que se halla el hipocampo está implicada en formas de memoria conscientemente o memoria explícita, que corresponde al recuerdo, por ejemplo, de imágenes, situaciones, historia. En el caso de los niños y las niñas, es esta región la responsable de los recuerdos del rostro de la madre o del padre, así como de lo que éstos les dicen a sus hijos.

III) Las estructuras inferiores: incluyen los circuitos del tronco cerebral en lo más profundo del cráneo; median flujos básicos de energía que tienen que ver con los estados de activación y alerta, además de los estados fisiológicos del cuerpo, es decir: temperatura, respiración, ritmo cardíaco. En el extremo superior del tronco cerebral se encuentra el tálamo, área que recibe toda la información sensorial entrante y que se conecta a través de conexiones extensivas a otras regiones del cerebro, incluido el neocórtex por encima de él. La actividad del circuito tálamo cortical es un proceso central para la mediación de las experiencias conscientes.

Existe cada vez más información científica que nos permite afirmar que una función tan fundamental como la parentalidad requiere que las diferentes estructuras descritas se hayan podido organizar de una forma adecuada durante el desarrollo de estas personas y que, además, se hayan podido establecer los circuitos necesarios para una interconexión y una coordinación entre todas. Para que esto haya ocurrido ha sido necesario que esos padres, a su vez, hayan sido criados por adultos –de preferencia, sus padres biológicos– amorosos y competentes.

El cerebro sano de un adulto funciona como un sistema interconectado e integrante de subsistemas. Aunque cada uno de los elementos descritos contribuye al funcionamiento de la totalidad, el sistema límbico desempeña el papel de ser una especie de director de orquesta: sus múltiples vías de llegadas y salidas, al vincular las diferentes áreas del cerebro, permiten una integración de la actividad cerebral. Pero, incluso va más allá y gracias a esta parte, el cerebro llega a regular sus propios procesos a través de lo que se conoce como autorregulación.

Sistema límbico, lóbulos frontales y competencias parentales

Si bien es cierto que todas las regiones del cerebro van a intervenir en el desarrollo y el ejercicio de las competencias parentales, el sistema límbico o cerebro emocional es fundamental por sus funciones ya descritas, en especial las que tienen que ver con las emociones, pero también por sus conexiones con el hipotálamo y la hipófisis. Estos últimos son responsables de la homeostasis fisiológica o equilibrio corporal mantenido mediante la actividad neuroendocrina. El llamado eje hipotalámico pituitario adrenocortical (HPA) es el primero en responder al estrés y, por lo tanto, puede verse afectado por experiencias traumáticas.

Como veremos más adelante, el estrés intenso y crónico es uno de los factores más dañinos para la organización y el adecuado funcionamiento y desarrollo cerebral de los niños, en especial de los bebés. Una de las fuentes principales de dicho estrés son las incompetencias parentales. Con la Guía que presentamos en la segunda parte, queremos contribuir a su detección para prevenir el daño cerebral en los hijos.

El cerebro no sólo asegura su autorregulación a través del sistema límbico, sino que éste está en interacción directa con el sistema neuroendocrino y el sistema nervioso autónomo, que regula aspectos como el funcionamiento cardíaco y la respiración, así como el sistema inmunitario, que regula el sistema de defensa inmunológico del cuerpo. Estas interconexiones nos permiten comprender que el daño de las carencias afectivas y del estrés provocado por los malos tratos infantiles se manifiesta por una variedad de trastornos, entre ellos los trastornos psicosomáticos de estrés, conductuales o de aprendizaje, así como retardos o déficits del crecimiento y el desarrollo y enfermedades autoinmunes.

Por otra parte, la importancia de los lóbulos frontales tiene que ver con el papel que sus partes más externas, las llamadas córtex prefrontal, constituida por una zona ventral media llamada también córtex orbitofrontal, y su otra región, el córtex lateral prefrontal, desempeñan en el desarrollo y la existencia de una memoria de trabajo. Esta memoria incluye, entre otras cosas, los recuerdos de lo aprendido para programar la ejecución de tareas, así como la integración de las normas de conducta social. Además, el córtex lateral prefrontal desempeña un papel importante para la focalización de la atención consciente. Todo esto es fundamental para el ejercicio de una parentalidad sana, sobre todo en lo que se refiere al desarrollo y permanencia de los modelos de crianza.

El córtex orbitofrontal se considera la parte superior del sistema límbico, pero también forman parte de los lóbulos frontales que son parte del neocórtex. Por lo tanto, su posición anatómica le permite desempeñar un papel fundamental en la coordinación del sistema límbico, las estructuras profundas y el neocórtex. Estudios neurocientíficos recientes sugieren que esta región desempeña un papel vital en muchos procesos de integración que son fundamentales para el desarrollo y la existencia de las diferentes capacidades parentales, como el apego, la modulación de las emociones y la impulsividad, así como la empatía (Siegel, 2007).

Las bases neurobiológicas del buen trato

Existe una diferencia notable en relación con el cuidado de las crías entre los mamíferos y los reptiles. Los mamíferos cuidan a sus crías hasta que puedan valerse por sí mismas. Los reptiles no se ocupan casi de ellas e, incluso, en algunas especies las crías tienen interés de alejarse rápidamente de sus progenitores para impedir ser devoradas por ellos. En el caso de los mamíferos y, en particular, en los humanos, la evolución ha permitido la emergencia de estructuras en el cerebro emocional o sistema límbico que permiten que los progenitores sean particularmente sensibles a la presencia de sus hijos y a sus necesidades. Esto es válido no sólo para los mamíferos, en general, y los humanos, en particular, sino también para las aves, cuyo sistema límbico es lo que les permite cuidar a su progenie hasta que las crías están en condiciones de desenvolverse solas. En todas estas especies, pero principalmente en la humana, si el entorno en que se desarrollan las crías es suficientemente nutritivo y poco amenazante, en sus cerebros se desarrollarán circuitos neuronales que les permitirán, en el momento en que se transformen en madres y padres, alimentar, dar calor, acariciar, proteger y enseñar a sus crías a desenvolverse en el entorno que les toca vivir.

En el caso de las crías humanas, existe en el cerebro emocional una región responsable de la emisión de un llanto de desamparo del bebé humano, cuando éste se siente separado de sus cuidadores que representan sus figuras de apego. Esta región se sitúa en el córtex cingulado, que es una de las regiones más primitivas del cerebro. La estructura del tejido de esta zona depende también de los cuidados y el buen trato. La negligencia puede desorganizarla, transformando este llanto en una señal caótica o, al contrario, haciéndola desaparecer.

En esta misma región existen, en el adulto que ha sido criado en ambientes de buen trato, circuitos neuronales responsables de gran sensibilidad, en especial de las madres frente a los llantos del bebé, que expresan necesidades o desamparo. Por otro lado, el estudio del funcionamiento del cerebro de los niños pequeños con técnicas modernas, como las encefalografías y las ecografías en cuatro dimensiones, ha permitido descubrir que ciertas zonas de su cerebro se activan en presencia del rostro o a la voz de su madre. Este hecho muestra la existencia de un «sustrato biológico afectivo madre-bebé» que tiene por función la regulación del afecto, de cara a las experiencias vividas. En la misma línea se encuentran los descubrimientos, según los cuales, el acercamiento sensorial de la madre a su hijo contribuye al desarrollo anatómico de las dendritas, estructuras receptivas de las células nerviosas.

Por otra parte, la experimentación animal nos permite saber que los vínculos sanos y bientratantes de las madres o sus sustitutas con sus bebés permiten una reducción de las tasas de cortisol en la sangre consecuencia del estrés.

Las hormonas del buen trato

Las investigaciones actuales han permitido establecer que cuando una madre o un padre cuida a su hijo de una forma adecuada y afectiva presenta un aumento en la sangre de las tasas de oxitocina, vasopresina y endorfinas. Todas ellas son hormonas responsables de conductas sociales de muchos tipos y forman parte de lo que los neurofisiólogos denominan el «circuito neurológico asociativo» (Taylor, 2002).

La existencia de estos «circuitos hormonales asociativos» permite la apariencia de sentimientos de vinculación afectiva como, por ejemplo, el apego intenso de una madre por sus crías o los lazos de amistad entre diferentes personas. Pero el papel de estas hormonas no sólo se limita a facilitar la vinculación afectiva, sino que, como lo hemos señalado en nuestro libro *Los buenos tratos a la infancia*, estas hormonas son fundamentales cuando los hijos o las hijas son amenazados por situaciones de peligro y de estrés provenientes del entorno, pues impulsa comportamientos protectores (Barudy y Dantagnan, 2005).

Por lo general, los seres humanos experimentan las mismas reacciones fisiológicas y corporales frente a una amenaza o una agresión, pero existe una diferencia de respuesta si se trata de un hombre o de una mujer. La lucha y la huida, descritas como las respuestas de los humanos frente al estrés, no son siempre las respuestas prioritarias en las mujeres, sobre todo si son madres criadas en contextos de buenos tratos. En general, las madres en contextos de estrés no priorizan la huida ni el ataque, es decir, no abandonan a sus hijos ni tampoco responden temerariamente atacando la fuente del estrés, priorizan quedarse para intentar proteger a sus crías y continuar su cuidado. Esto ocurre, por ejemplo, en muchos casos de violencia conyugal en la que la madre, cueste lo que cueste, no huye, elabora estrategias para controlar al agresor con el fin de brindar cuidados y protección a sus hijos. Esta realidad ha sido poco considerada, más bien se generaliza y se cree que la mujer no se separa por su dependencia afectiva con su agresor cuando, como lo señalábamos, es muchas veces parte de una estrategia para seguir asegurando los cuidados a sus crías.

En efecto, la respuesta de lucha o de huida ante el estrés puede ser más viable en los padres que en las madres. Las hormonas masculinas, sobre todo la testosterona, parecen avivar la necesidad de lucha.

Existen muchas pruebas –desde las peleas de los niños en los patios de recreo hasta las estadísticas de delitos violentos, desde la violencia hacia la mujer hasta el origen de las guerras– para sugerir que la agresión física como respuesta al estrés es más común en los hombres que en las mujeres. Asimismo, a los hombres les resulta más fácil huir, pues han interiorizado la idea de que el cuidado de los niños es una obligación de las mujeres. Desde nuestro punto de vista, observamos que la prioridad en el cuidado y la atención de los niños en situaciones de estrés provocadas, por ejemplo, por la pobreza, las guerras, la represión política, la inmigración, es una respuesta fundamentalmente femenina. Esto explica nuestra opción de desarrollar programas psicosociales de apoyo a la marentalidad, en vez de centrarnos en intervenciones familiares.

Los comportamientos cuidadores de las madres, como calmar a sus hijos, tranquilizarlos y atender sus necesidades al mismo tiempo que protegerlos, resultan muy efectivos ante un amplio conjunto de amenazas (Taylor, 2002).

Esto lo comprobamos con frecuencia en nuestros programas para promover y apoyar los buenos tratos y los cuidados a hijos y a hijas de madres exiliadas, así como a madres víctimas de violencia machista por parte de su pareja. Los múltiples testimonios de madres apoyadas por nuestro programa dan cuenta de una gran creatividad y valentía para proteger a sus hijos en situaciones tan extremas que pueden resultar impensables para la mente de muchas personas, incluyendo otras madres.

Otra de las conductas propias de las madres confrontadas a situaciones de amenaza y estrés es la de solicitar ayuda a otras madres y participar en dinámicas grupales de cuidado mutuo. Recurrir a la red social resulta muy eficaz en la disminución del estrés. Por supuesto que eso puede ser igualmente un recurso para hombres y mujeres, pero, en la práctica, es más frecuente encontrarlo en las madres, no sólo porque la estructura de su cerebro femenino se lo permite (Brizendine, 2007), sino porque culturalmente está más admitido que las mujeres pidan ayuda.

Oxitocina: la hormona de los cuidados maternos

La producción por parte de la mujer de una hormona llamada oxitocina desempeña un papel muy importante en la capacidad de las madres para priorizar el cuidado y el buen trato de sus crías (Nelson, Panksepp y otros autores, citados por Taylor, 2002). Conocida por la mayoría de las mujeres modernas debido a su utilización, a veces indiscriminada durante el parto, la oxitocina, relacionada también con la producción de leche materna, es responsable, junto con las endorfinas, de la alegría y del placer con que una madre recibe a su cría después del parto.

Por supuesto, que la existencia de esta alegría está supeditada por la existencia, o no, de una buena atención médica durante el parto, el apoyo del padre y de la familia extensa, así como la historia de la madre. El amor y las capacidades de apego hacia el recién nacido también forman parte de este bienestar.

La secreción y la acción de la oxitocina es la base biológica de las capacidades femeninas para brindar cuidados y tratar bien a los demás (Taylor, 2002). Lo mismo vale para la facultad de asociarse con otras mujeres en dinámicas de ayuda mutua. La oxitocina se la considera la hormona social de la mujer. Su presencia en la sangre en situaciones de estrés también explica el hecho de que muchas mujeres, ante una situación de amenaza, mantengan la calma suficiente para no luchar ni huir y optar por la protección de su progenie.

La oxitocina puede ser uno de los recursos más importantes que la naturaleza ha proporcionado a las mujeres para asegurarse de que las madres se ocupen de sus crías, las traten bien y les proporcionen los cuidados necesarios para que lleguen a la madurez, sobre todo en épocas de estrés. La cantidad de oxitocina también aumenta cuando las mujeres cuidan a los niños de otras madres. Otras hormonas relacionadas con la conducta maternal, como los péptidos opioides endógenos, un conjunto de morfinas naturales segregadas por el cerebro, provocan un sentimiento de placer cuando las madres cuidan a sus crías. El estrógeno y la progesterona, producidos en gran cantidad durante el embarazo, predisponen emocionalmente a las mujeres hacia la maternidad después del parto. También se eleva el nivel de otras hormonas como la noradrenalina, la serotonina y el cortisol para facilitar una predisposición emocional positiva a la futura cría. La capacidad natural de las mujeres para implicarse en relaciones de ayuda también parece estar regulada por algunas de las hormonas mencionadas. Esto puede explicar el placer de las relaciones de amistad. Por ejemplo, los péptidos opioides endógenos liberados por el cerebro femenino facilitan las conductas sociales positivas y hacen que las mujeres sientan mayor placer que los hombres al participar en relaciones de amistad y de ayuda mutua. Considerando estos elementos específicos del cerebro femenino, el llamado sexo débil por los ideólogos del patriarcado es, por el contrario, un género portador de una fuerza extraordinaria y de una capacidad fundamental para la supervivencia de la especie. La capacidad de cuidar y de asociarse en dinámicas cooperativas está lejos de ser un signo de debilidad; a la inversa, constituye un poder que dignifica al género femenino porque se ejerce con y para los demás.

LAS POSIBILIDADES CUIDADORAS Y BIENTRATANTES DE LOS PADRES

Los hombres también poseen una estructura cerebral que, si ha sido influenciada por una historia de buenos tratos durante su infancia, les permite también ocuparse de los cuidados y de la estimulación de sus crías. Pero, en muchos casos, la integración de la cultura patriarcal es un obstáculo para el aprovechamiento integral de estas posibilidades.

Los padres que se implican en la crianza de sus hijos lo hacen de una forma singular entre otros, por la diferencia en la organización de su cerebro y en la producción hormonal. La capacidad de cuidar y de crear vínculos afectivos está también presente en los hombres, pero su origen es diferente (Geary, 1999).

Las bases biológicas de la paternidad bientratante

Los buenos padres no sólo son capaces de proporcionar el sustento a su progenie, también pueden ser amorosos, cuidar a ésta y demostrar lo orgullosos que están de ella. Éstos son los padres que invierten tiempo en las actividades de sus hijos, se interesan por sus formas de ser y de aprender. Son padres capaces de enseñar, proteger y cuidar a sus hijos, quienes ocupan un lugar prioritario en sus vidas.

Los padres no han sido estudiados atentamente en las investigaciones sobre el origen biológico y psicológico de las capacidades de cuidar y tratar bien a los niños. Hasta hace poco se consideraba el papel del padre como un apoyo a la madre, la cuidadora primordial, pero en la práctica hay padres capaces de sacar a un hijo o una hija adelante por sí solos y facilitar su crecimiento y desarrollo.

En nuestros talleres de promoción de buenos tratos, hemos visto interactuar a padres e hijos, con lo cual podemos afirmar que, si bien es cierto que en algunos aspectos y en determinados contextos las conductas paternales son parecidas a las maternales, en otros, no. Al relacionarse con sus hijos pequeños, los padres describen sentimientos de felicidad similares a los de las madres. Exploran a sus bebés como ellas: primero les tocan los dedos y las extremidades y están atentos a sus necesidades. Como las madres, elevan las voces, disminuyen la velocidad y pronuncian cada sílaba con cuidado. Pero a la hora de tomarlos en brazos o de jugar con ellos, los movimientos son más bruscos y más lúdicos. Aunque es cierto que existen diferencias si se trata de una niña o un niño, en general, los padres tienen tendencias a estimularles más bruscamente, intercalando el juego con sorpresas incluyendo las cosquillas, provocaciones y desafíos. Los niños y las niñas bientratados pueden crear vínculos de apego seguro tanto con la madre como con el padre.

Pese a que no se puede afirmar con exactitud que exista un circuito neuronal paternal semejante al maternal, hay pistas tentadoras. Por ejemplo, las hormonas masculinas que suelen asociarse con la agresión se reducen en buena medida cuando los hombres se ocupan de los cuidados de sus hijos, pues el circuito neuronal de la agresión se desconecta parcialmente. Pero esto no basta, pues la ausencia de agresividad no es el único factor que explica una paternidad implicada cuidadora y bientratante.

Los resultados de las investigaciones entregan cada vez más informaciones para considerar a la vasopresina, una hormona secretada como la oxitocina por la neurohipófisis, como una de las sustancias que predispone a los hombres a implicarse y cuidar de sus hijos, sobre todo en momentos de amenaza y de estrés. El origen de ambas hormonas obedece a una versión más simple: la oxitocina. En un momento determinado del proceso, la hormona única se duplica y desarrolla funciones diferentes. Si la oxitocina se asocia con la capacidad de cuidar y procurar buenos tratos a sus crías, en algunos animales (el ratón macho de las praderas, por ejemplo) los niveles de vasopresina se elevan cuando se comporta como un centinela protector que patrulla su territorio y mantiene fuera de peligro a la hembra y a las crías (Cyrulnik, 1994; Taylor, 2002).

Es importante señalar que los cuidados paternales, comparados con los de la maternidad, son más volubles. Tal vez no estén tan determinados por la biología. Es posible que los factores culturales influyan más sobre la biología cuidadora de los padres en relación con la de las madres. Faltan aún muchos años de investigación científica al respecto que nos podrán aclarar estos aspectos entre biología, ambiente y cuidados paternales.

El impacto de los malos tratos en el desarrollo del cerebro y la mente infantiles

Lamentablemente el mundo adulto, a pesar del progreso, de sus avances tecnológicos y de los nuevos descubrimientos científicos, no ha sido capaz de construir una sociedad humana donde todos los niños y las niñas reciban los cuidados y los buenos tratos a los que tienen derecho para vivir y desarrollarse sanamente. La existencia de niños y niñas, maltratados en sus familias y mal protegidos por las instituciones sociales en diferentes rincones del mundo, es una manifestación de esta incapacidad. Diferentes experiencias demuestran que cuando estos niños y niñas son protegidos adecuadamente, ya sea porque se les ofrece una parentalidad social sustitutiva en familias acogedoras, una adopción centrada en sus derechos y necesidades o en hogares infantiles con buena práctica, no sólo recuperan algunos desniveles de su desarrollo, sino que, además, producen el fenómeno maravilloso de la resiliencia.

El impacto para la organización cerebral de los malos tratos en la primera infancia

La anterior descripción del cerebro, su estructura y su funcionamiento, nos servirá para introducirnos en el impacto dañino de los malos tratos, no sólo en las diferentes estructuras cerebrales, sino en el funcionamiento de la mente infantil. Al mismo tiempo, será de utilidad para comprender el funcionamiento de la mente adulta de un padre o una madre que ha sido afectada por malos tratos en su infancia.

Los trastornos de la maduración y organización cerebral consecuencia de las carencias afectivas y el estrés de los malos tratos

Los malos tratos infantiles, especialmente la negligencia y el abandono afectivo, privan a los niños y a las niñas pequeños de los cuidados, las atenciones y los estímulos que necesitan para que sus cerebros y, por ende, sus mentes se desarrollen. Por otra parte, el estrés resultante de estas mismas carencias, y sobre todo, cuando éstas van asociadas con maltrato físico, psicológico, como rechazo activo o abusos sexuales, agrava el daño y el deterioro cerebral. El antecedente de estas experiencias en la vida de los niños no solamente es un indicador de incompetencias parentales severas, sino que también nos puede explicar una gran parte de los trastornos y las dificultades que presentan los niños y las niñas afectados, sobre todo cuando estas experiencias duraron largos períodos. Lo que agrava aún más la situación de los hijos es que a menudo los malos tratos ocurren en contextos donde uno de los padres, o los dos, tiene problemas de consumo de alcohol o de drogas, sufre de una enfermedad mental o existe violencia conyugal.

Entre las privaciones más dañinas se encuentra la ausencia de *contacto físico*. Las caricias, los masajes, ser tomados y abrazados por sus padres, son tan fundamentales como los alimentos, porque no solamente satisfacen la necesidad psicológica fundamental de sentirse vinculados afectivamente con sus cuidadores, sino que, además, éstos son estímulos indispensables para la maduración del cerebro (Rygaard, 2005). Por este motivo, como muchos otros autores, hemos considerado junto con la desnutrición, la *negligencia afectiva*, como una de las formas más graves de malos tratos infantiles, sobre todo cuando ésta ocurre hasta los tres años de vida (Barudy y Dantagnan, 2006). Diferentes investigaciones demuestran el daño de la ausencia de una estimulación táctil adecuada y permanente para la maduración del cerebro y del sistema nervioso infantil.

Por ejemplo, experiencias de laboratorio efectuadas con chimpancés han demostrado que la falta de caricias por parte de la madre a su cría en separaciones provocadas durante el primer año de vida, aunque sean de corta duración, conduce a una perturbación crónica de los *ritmos cerebrales,* así como de diferentes funciones del cerebro (Rygaard, 2005). Estas investigaciones mostraron signos de disfunciones cerebrales evidentes en los electroencefalogramas, así como trastornos respiratorios, trastornos del sueño y alteración de los ritmos cardíacos. Todas estas manifestaciones se mantuvieron por tiempos prolongados, aun después de restablecerse la presencia de la madre. Por otra parte, en los casos de las crías de chimpancés abandonadas por sus madres, se ha comprobado que las dendritas de las neuronas del sistema límbico no se desarrollan, y, por lo tanto, se alteran las conexiones entre las neuronas del sistema límbico y de éste con neuronas pertenecientes a otras áreas cerebrales.

Otras investigaciones mencionadas por Rygaard (2005) han demostrado el daño provocado por la ausencia de balanceo materno en calidad y cantidad. Comienza cuando el bebé está en el útero y continúa con el mecimiento de los recién nacidos y los lactantes, y constituye una acción fundamental para el correcto desarrollo del cerebro, en general, y del *cerebelo,* en particular. Este último modula la producción de dos neurotransmisores: la noradrenalina y la dopamina. La primera modula la capacidad de respuestas físicas y mentales en situaciones de sobresalto y alarma; la segunda modula la motivación y las respuestas motoras. Ambas se encuentran anormalmente aumentadas en los niños abandonados carentes de afecto y de cuidados, lo que explica los trastornos de la atención, la hiperactividad, los comportamientos violentos, los síntomas prepsicóticos, las adicciones futuras y los comportamientos delictivos en la adolescencia y en la adultez.

Asimismo, se ha demostrado que la ausencia de contacto y la falta de cuidados hacen que el cerebro produzca más adrenalina, lo cual predispone también a comportamientos más impulsivos y agresivos. En la medida en que muchos de estos niños y niñas, futuros padres o madres, crecen en contextos familiares violentos, sus propios comportamientos agresivos les facilitan «la adaptación» al entorno. Esto crea una dramática paradoja: cuanto menos cuidados y protegidos estén los niños y las niñas, más agresivos tendrán que ser para sobrevivir. Desde un punto de vista científico, resulta evidente que la calidad de la especie humana podría mejorar si todos los niños del mundo recibieran la alimentación, los cuidados, el amor, el respeto y la educación a la que tienen derecho.

Estas investigaciones apuntan también a la existencia de trastornos de la maduración y el desarrollo del sistema límbico, cuando los contactos físicos entre las madres y sus bebés han sido escasos o inexistentes. Si un pequeño chimpancé es abandonado durante un corto período o, aun peor, si el período es largo, el desarrollo de las dendritas y, lógicamente, de las sinapsis se encuentra gravemente retardado en el sistema límbico (Heath, 1975; Bryan y Riesen, 1989; citados por Rygaard, 2005). Esto posiblemente quiere decir que las redes de comunicación interna, formadas por interconexiones de dendritas y de axones, no se desarrollan normalmente cuando los bebés son abandonados por su madre y no reciben atenciones sustitutorias de cualidad equivalente. Los científicos están convencidos de que todo lo que se ha visto en chimpancés se puede aplicar a los humanos, ya que las similitudes entre unos y otros, en lo referente a la maduración y el desarrollo del sistema nervioso central, son numerosas, en particular, en todo lo referente al desarrollo del sistema límbico. Las consecuencias de un crecimiento menor de dendritas, provocado por un abandono precoz, consisten, con toda probabilidad, en que la red neurológica interna entre las diferentes zonas funcionales del cerebro resulta imprecisa e inestable.

Los resultados de estas investigaciones nos permiten comprender los diferentes sufrimientos, daños y dificultades que presentan los niños y las niñas que hemos seguido en nuestro programa.[2] Todos ellos han conocido una experiencia de malos tratos, acompañados de procesos de internamiento en hogares o familias acogedoras. Una parte de la población de estos niños son hijos o hijas de padres adoptivos con historias de malos tratos severos antes de la adopción, que vivieron en orfelinatos por períodos variables, precisamente, dentro de los tres primeros años de vida. En la mayoría de los casos se puede suponer que, por la información entregada por los padres, estas instituciones no disponían de los recursos ni de la formación para atender las necesidades específicas de los niños y las niñas que acogían. En los casos en que esto no fue así, el deterioro y los trastornos del desarrollo constatados eran menos graves.

LAS DIFERENTES MANIFESTACIONES COMO CONSECUENCIA DE LA DESORGANIZACIÓN CEREBRAL PRODUCIDA POR LOS MALOS TRATOS INFANTILES

Como una forma de ilustrar el impacto de las incompetencias parentales en el desarrollo y la organización cerebral, describiremos lo que algunas investigaciones nos han enseñado, sobre todo en lo que se refiere a las manifestaciones del impacto de los malos tratos en áreas fundamentales para el desarrollo de la mente infantil.

---

2. Se trata de un programa de investigación-acción realizado en conjunto por la ONG EXIL e IFIV en Barcelona, destinado a ofrecer atención terapéutica, médica y psicoterapéutica, a hijos y a hijas de padres con incompetencias parentales severas y, por ende, víctimas de diferentes tipos de malos tratos. Como consecuencia de éstos, los niños presentan trastornos del apego, trastornos psicotraumáticos, trastornos conductuales o retrasos importantes del desarrollo. Nuestro programa comprende también un acompañamiento parental y un trabajo en red con diferentes profesionales e instituciones implicadas.

A. Desorganización y fallas del funcionamiento del sistema límbico

Las manifestaciones de estas alteraciones pueden ser resumidas en:

a) Trastornos de las capacidades sensoriales: esto explica las dificultades que pueden presentar los niños o las niñas en percibir y reconocer sus vivencias internas, así como para percibir las amenazas o peligros del entorno o distinguir lo que es producto de su imaginación o de sus deseos de la realidad.

b) Deficiencias en el reconocimiento y manejo de las emociones: muy conectado con lo anterior, los hijos o las hijas maltratados pueden tener muchas dificultades en reconocer sus emociones o, mejor dicho, en discriminarlas. Como sus experiencias relacionales tempranas les provocaron diferentes grados de sufrimiento y dolor, las vivencias que les embargan son el miedo y la desconfianza. Esto explica que, frente a los estímulos relacionales actuales, pueden reaccionar estereotipadamente con agresividad o, en el caso contrario, con temor. Diferentes investigaciones han mostrado una mayor excitabilidad de la amígdala en estos niños, que es la región del sistema límbico en donde se percibe el miedo y las amenazas, y se dispara la agresividad.

c) Trastornos de la empatía: al sistema límbico se le atribuye ser el asiento estructural de esta capacidad fundamental de los seres humanos, es decir, sintonizar emocionalmente con el otro y actuar en consecuencia para apoyarlo o calmarlo cuando se percibe su sufrimiento o necesidad. La empatía, hija del apego seguro registrada en las memorias implícitas, depende de la buena organización y funcionamiento del sistema límbico. La empatía parental es lo que les permite a los bebés y a los niños pequeñitos sentirse comprendidos por su madre o padre y atendidos en sus necesidades. Esto es lo que favorecerá la maduración del sistema límbico y el desarrollo de la empatía infantil, que será la base de las capacidades parentales cuando los hijos se vuelvan padres. Sólo si un niño o una niña conoce esta experiencia puede sensibilizarse para reconocer los estados de ánimo y los ámbitos emocionales de los demás y actuar en consecuencia. Los hijos y las hijas afectados por los diferentes tipos de malos tratos, con experiencias de negligencia y estrés, presentan un sistema límbico desorganizado y disfuncional. Por esta razón, pueden tener dificultades en sintonizar emocionalmente aun con las personas que intentan ayudarlos y cuidarlos. Pueden presentarse como niños o niñas egoístas y exigentes. Esto se manifiesta también en dificultades para obedecer y para manejar frustraciones.

d) *La existencia de memorias emocionales traumáticas*: las investigaciones sobre el cerebro permiten hoy día distinguir dos tipos de memoria:
- Las *memorias implícitas* en las que no existe recuerdo, en el sentido de una representación, pero sí una memoria de las percepciones, sensaciones, emociones y vivencias internas. Ésta es la memoria más importante en la infancia temprana, porque el cerebro no está aún listo para operar con una memoria explícita.
- Las *memorias explícitas* corresponden a las representaciones de lo que se vive internamente o de la realidad externa. Esto se traduce por la existencia de recuerdos. También esta memoria recibe el nombre de *memoria narrativa.*

Los niños y las niñas que han recibido diferentes tipos de malos tratos en su primera infancia no poseen un recuerdo o memoria explícita de lo que les sucedió; todas sus experiencias se inscriben en formas de memorias implícitas, que corresponden, en su gran mayoría, a sensaciones dolorosas de privación, estrés y dolor físico. Por esta razón, se utiliza el término de memorias implícitas traumáticas. Estos «recuerdos» no se pueden traducir en palabras porque el cerebro en esas etapas de su desarrollo no puede simbolizar lo que está pasando, por lo que la experiencia se manifiesta a través de comportamientos o manifestaciones somáticas específicos. Estos comportamientos pueden parecer muy extraños, incluso para los profesionales de la infancia, porque su contenido e intensidad no está en relación con un hecho real, sino con la memoria traumática «almacenada» en el sistema límbico. En este sentido, se explica la frase que repetimos a menudo «el sistema límbico emociona, pero no piensa ni reflexiona».

e) *Trastornos en la regulación del apetito, agresividad, frustración y la excitación sexual*: como ya lo hemos señalado, en el sistema límbico o cerebro emocional se regulan las pulsiones que tienen que ver con el mantenimiento, la preservación y la protección de la vida. Para que esto ocurra es fundamental que los niños o niñas desarrollen la capacidad de modular y educar estas pulsiones. Son los contextos de buenos tratos en las edades tempanas, en especial hasta los tres años, los que crean las condiciones para que esto ocurra. Cuando esto no es así, como en el caso de niños y niñas maltratados, son los contextos de buenos tratos ofrecidos por los sustitutos parentales y otras personas significativas los que pueden facilitar una reorganización del sistema límbico y, como resultado, una superación gradual de dichos trastornos. En este sentido, el papel que puede desempeñar la escuela, los profesores y las profesoras es muy importante.

B. Alteraciones de la organización y del desarrollo de la corteza prefrontal

La ausencia de contactos físicos de ternura y cuidados parentales adecuados, así como la sobreexcitación por experiencias traumáticas y estresantes, altera la organización y el desarrollo de las *zonas prefrontales*. Las redes cerebrales del córtex prefrontal, parte del sistema límbico, son las que conectan las respuestas emocionales y pulsionales con las zonas superiores del cerebro, de forma que éstas sean moduladas por las «funciones superiores» de la corteza cerebral. Esto permite que los pensamientos, la reflexión, las normas interiorizadas y la expresión a través de la palabra, de las emociones, deseos o pulsiones, tengan un papel preponderante en la modulación de emociones y pulsiones. Los lóbulos prefrontales, junto con el cerebelo, cumplen un papel fundamental en el desarrollo de la función ejecutiva que permite regular la atención y la memoria para planificar acciones y desarrollar proyectos.

Todo lo anterior nos permite explicar también una parte de las dificultades que presentan los niños y las niñas que han sufrido malos tratos desde edades tempranas, a saber:

a) *Dificultades para calmarse y detener su conducta obedeciendo a lo que el adulto le pide*: esto se explica porque los lóbulos prefrontales mal organizados no pueden facilitar la modulación emocional a través de la reflexión y el pensamiento. El niño no puede pensar antes de actuar, regular su comportamiento o autocontrolarse, por lo cual requiere un contexto estructurado que permita el control externo de sus comportamientos.

b) *Dificultades para representarse y asumir la responsabilidad de sus actos*: estos niños a menudo presentan una enorme confusión de los límites, que no les permite distinguir entre ellos mismos y los otros, porque su representación de sí mismo está fragilizada; por tanto, tampoco pueden asociar causa y efecto. De este modo, cuando sus acciones impactan negativa o nocivamente en el ambiente, el niño no puede representarse como agente causal, no percibe ni se hace responsable de las consecuencias de sus acciones.

c) *Alteración de las capacidades de pensar*: esto es un obstáculo para reflexionar, hacer proyectos y verbalizar sus experiencias. El niño vivencia, se emociona intensamente, pero no puede modular a través de la palabra sus emociones, lo que alterará también el desarrollo de su autoconsciencia.

d) *Dificultades para participar en relaciones interpersonales recíprocas*: los niños o las niñas no logran superar su fase egocéntrica y autorreferencial a causa de sus sufrimientos, lo que impide el desarrollo de conductas más prosociales, empáticas y recíprocas.

e) *Tendencia a pasar al acto con la menor frustración*: esto se manifiesta por secuencias emocionales agresivas, provocadoras y hostiles, acompañadas de comportamientos disruptivos y violentos. Como decíamos, estos niños o niñas frustrados o encolerizados reaccionan más que reflexionan. En estos estados la empatía no existe porque está bloqueada cualquier posibilidad de escuchar a los demás.

f) Miedos, ansiedad y crisis de pánico «irracionales», difíciles de manejar: las emociones que inundan el cerebro inmaduro de un niño maltratado, como el terror crónico intenso, dejan huellas mnémicas que pasarán la cuenta, ya sea abruptamente o a la menor y más sutil señal de amenaza vital.

C. Estrés y daño cerebral

Como hemos mencionado, los diferentes tipos de malos tratos que afectan a los niños y a las niñas desde temprana edad, debido al estrés intenso y duradero que producen, provocan alteraciones sobre la actividad y el desarrollo de las estructuras cerebrales, hasta el punto de alterar las capacidades intelectuales y psicológicas, así como los comportamientos afectivos. Al ocurrir los malos tratos durante el período en que el cerebro infantil se está *esculpiendo* y organizando gracias a las experiencias interpersonales, el impacto del estrés grave puede dejar una impronta indeleble en su estructura y en sus funciones. Se producen así una serie de efectos en cascada, moleculares y neurobiológicos, que alteran de forma irreversible el desarrollo neuronal.

La experimentación animal ha permitido conocer el mecanismo cerebral de respuesta al estrés: por ejemplo, la experimentación con ratas ha demostrado cómo en condiciones normales, hay un 5 por 100 de cortisol libre y un 95 por 100 de cortisol asociado con proteínas (Corticoid-Binding-Globulin o CBG). Pero, frente a una situación de estrés, el cerebro produce un aumento de la producción de cortisol, sustancia necesaria para la producción de las otras hormonas que participan en las respuestas normales al estrés. Si el estrés es muy intenso y perdura demasiado tiempo, como ocurre en las situaciones de maltrato infantil, la producción de Corticoid-Binding-Globulin o CBG no alcanza para transportar en la sangre todo este *cortisol* que queda como cortisol libre en el torrente sanguíneo. Esto tiene como consecuencia una inundación tóxica del cerebro de este producto, lo que conlleva daños importantes, sobre todo en la región del hipocampo, estructura microscópica del sistema límbico, que sirve para memorizar las experiencias afectivas recientes (Evrard, 2008).

El exceso de cortisol provoca una atrofia de las células nerviosas de esta región cerebral del bebé, que comporta un déficit de la memoria de experiencias relacionales afectivas, fundamentos de la seguridad de base que caracteriza los vínculos seguros. El riesgo de desarrollar trastornos afectivos, en especial trastornos del apego, es muy probable si el estrés persiste.

Este conjunto de datos son incompatibles con las ideas de un cerebro infantil que puede desarrollarse al margen de influencias del entorno material, humano y social, con el cual está en relación permanente. Por lo que los contextos de buenos o malos tratos tienen una influencia evidente para el desarrollo del cerebro y, en consecuencia, de la mente, de ahí emerge la necesidad de diagnosticar y tratar los trastornos de la parentalidad lo más precozmente posible.

Este descubrimiento de la necesidad de una estimulación adecuada y precoz de las capacidades neuronales de los niños y las niñas para asegurarles un crecimiento sano ha de ayudarnos a los adultos a integrar la idea, según la cual, sin ninguna duda, las carencias afectivas y otros contactos anormales, como la violencia psíquica o los abusos sexuales sobre los niños y las niñas, pueden llevar al cerebro a quedar con un funcionamiento inestable y subdesarrollado.

Por fortuna, esto no es un determinismo inamovible; la *plasticidad del cerebro* infantil y de su sistema nervioso hace viable la posibilidad de que los daños y los diferentes niveles de atraso puedan repararse. Por esta razón, insistiremos en que la rehabilitación de la parentalidad social, o su sustitución cuando esto no sea posible, es una oportunidad para muchos niños y niñas que sufren por la incompetencia parental de sus progenitores.

La neurociencia ha demostrado que la organización y el funcionamiento del cerebro humano dependen no sólo del mapa genético de cada sujeto, sino también de sus interacciones con el entorno familiar y social en que le toca vivir. Por lo tanto, los contextos donde los niños y las niñas viven y se desarrollan son determinantes para el funcionamiento de sus mentes. Cuando a los bebés o a los niños no se los alimenta adecuadamente, no se los acaricia, no se comunica con ellos y, por lo tanto, no se los estimula, los sistemas cerebrales responsables de la experiencia placentera de la vinculación afectiva dejan de funcionar. La consecuencia de esto, a corto plazo, resulta en que son niños y niñas que sufren intensamente y cuyo dolor se les almacena en las «*memorias traumáticas*» en el cerebro emocional. Estas memorias organizan sus comportamientos, sobre todo aquellos que tienen que ver con la relación con los demás.

A medio y largo plazo, el sufrimiento por estas carencias y el estrés conducirán a diferentes trastornos del desarrollo, así como a alteraciones importantes en sus modos de relacionarse con los demás o modelos de apego. Es importante insistir sobre el papel determinante que tienen, en etiología, los trastornos de los vínculos afectivos, las historias de malos tratos vividas por los padres en su infancia y los contextos sociales, económicos y culturales desfavorables para las familias de los niños y de las niñas. Aquí nos atrevemos a proclamar la hipótesis de que las consecuencias neurológicas, en el caso de los trastornos de apego suficientemente graves, pueden implicar una detención del crecimiento de los sistemas cerebrales funcionales y provocar ritmos corporales de base inestable, una disminución de la función inmunitaria y enfermedades infantiles frecuentes.

Una preponderancia posible de comportamientos agresivos y defensivos, llevados a la falta de programación del sistema límbico, y una falta de capacidad de análisis y de reacción frente a los estímulos sensoriales son otras manifestaciones posibles. La protección del cerebro o la neuroprotección implica la solidaridad y la valentía de toda una sociedad y, principalmente, de sus responsables políticos y de sus servicios sociales del sistema de protección de los niños y las niñas, para ofrecer a cada uno de ellos la posibilidad de recibir un buen trato, ya que es la única forma de desarrollar un cerebro sano, capaz de dar la cara a este maravilloso, pero complejo, proceso de humanización y sociabilización. Los profesionales dedicados a la infancia tienen la responsabilidad de sensibilizar a los poderes públicos para que los responsables comprendan que la protección del cerebro de los niños y las niñas implica políticas de protección basadas en la defensa del interés superior de éstos, único camino para proteger su integridad neurológica. La mayor lección que hemos aprendido en nuestras investigaciones sobre el cerebro es que los comportamientos humanos son el resultado de una interacción entre el cerebro y su entorno. Lamentablemente, son aún muchos (incluso pertenecientes a sectores académicos y profesionales de la infancia) los que, por ignorancia o ideología, niegan esta evidencia.

Con este propósito, insistimos en el hecho de que todos los niños y las niñas menores de tres años que vivan dentro de un contexto de negligencia y de malos tratos no protegidos serán personas con taras y carencias para toda su vida. Y si estas personas, más adelante, reciben la protección y las atenciones adecuadas, conseguiremos reparar los daños, aunque nunca podremos restituir todas las funciones de un cerebro alterado en su crecimiento.

Las mismas investigaciones sobre el desarrollo del cerebro han mostrado que, a pesar del daño precoz, el cerebro es flexible, por lo que se pueden estimular nuevos circuitos y recuperar funciones perdidas. Existen, por lo tanto, herramientas que reducen el impacto destructor de la violencia y los malos tratos en los niños y jóvenes. Esto es factible si existe por lo menos una persona que los trate con amor y respeto incondicional. Los sustitutos parentales o «padres sociales», a través de una relación de buen trato, estructurada y coherente, pueden dar ejemplo de que el mundo no es sólo agresión, carencias y violencia, estimulando los recursos personales de sus hijos e hijas acogidos o adoptados, recursos que les permitirán superar las consecuencias del daño sufrido. Esto es lo que se conoce como *la resiliencia*. Por lo tanto, los padres y las madres acogedores o adoptivos, así como los educadores de hogares infantiles, están, por el hecho de ejercer una parentalidad social competente, en una posición privilegiada para ser tutoras o tutores de resiliencia de sus hijos e hijas. Para que esto sea posible, las instituciones sociales, como la escuela, los servicios sanitarios o las instituciones especializadas tienen que reconocerlos y apoyarlos.

3. Las capacidades parentales fundamentales: apego y empatía

Como ya hemos señalado antes, la parentalidad social corresponde a la capacidad práctica que posee un adulto, ya sea una madre o un padre biológicos, acogedores o adoptivos, para atender las necesidades de sus hijos e hijas. Se trata no sólo de nutrirlos o cuidarlos, sino además de brindarles la protección, la educación y la socialización necesarias para que se desarrollen como personas sanas, buenas y solidarias y puedan, a su vez, ser padres y madres adecuados y competentes. Cuando las madres y los padres tienen estas capacidades pueden ofrecer a sus hijos lo que hemos llamado «una parentalidad social sana, competente y bientratante». Cuando éstas no están presentes, las madres y los padres son incapaces de satisfacer las necesidades de sus hijos y les provocan sufrimiento y daño; en este caso, hablamos de «una parentalidad social incompetente y maltratante».

Nuestro modelo se basa en la idea de que la capacidad de tratar bien a los hijos y a las hijas es una capacidad inherente a las posibilidades biológicas de los seres humanos. Nuestra estructura biológica como animales sociales posibilita el carácter cuidador y altruista de nuestros comportamientos. En la expresión de esas potencialidades biológicas influyen no sólo las historias de vida de los adultos, sino los contextos sociales, económicos y culturales que pueden favorecerlas o, al contrario, impedir que parcial o totalmente se realicen. En lo relativo a la parentalidad social sana, competente y bientratante existen dos capacidades necesarias e indispensables que la hacen posible: *la capacidad de apego y la empatía*.

1. **El apego: la necesidad vital de los niños de apegarse a sus padres y la capacidad de éstos de vincularse con sus hijos e hijas**

La vinculación parental corresponde a la capacidad de recursos emotivos, cognitivos y conductuales que las madres y los padres brindan, de una forma permanente, a sus hijos e hijas de tal manera que los sienten y actúan con ellos considerándolos parte de su cuerpo social. Esta capacidad de los padres de vincularse afectivamente con sus hijos les permite reconocerlos como sujetos legítimos y relacionarse con ellos de tal manera que respondan a sus necesidades para cuidarlos, protegerlos, educarlos y socializarlos. Por otra parte, diferentes investigaciones sobre el apego muestran que los recién nacidos poseen una capacidad innata para apegarse, determinada por su genética; de esta capacidad depende su supervivencia (Bowlby, 1993; De Lannoy y Feyreisen, 1987). Por otro lado, la capacidad del adulto de responder a sus hijos y vincularse con ellos depende no sólo de estas capacidades innatas, sino de cómo éstas han sido modeladas por su propia experiencia de apego infantil, su historia de vida, así como por los factores ambientales que le han facilitado o, al contrario, trabado o impedido. Por ejemplo, la capacidad de apego puede promoverse o reforzarse a través de acompañamientos psicológicos y sociales de los futuros padres, antes y durante el embarazo, así como durante el parto y el período que le sigue. De esta manera, se puede influenciar el impacto de las experiencias traumáticas de la infancia en las capacidades de apego. Las intervenciones destinadas a fomentar el apego seguro son intervenciones, por excelencia, de prevención primaria de los malos tratos (Barudy, 1997; Cyrulnik, 1994).

En el marco de nuestro modelo, consideramos el apego como el vínculo que se establece entre el niño y sus progenitores a través de un proceso relacional que comienza a concretizarse ya durante la vida intrauterina. Durante el período del embarazo, el contenido de la relación para el hijo o la hija en gestación es exclusivamente sensorial. Esto permite que los bebés en gestación comiencen a almacenar en sus memorias implícitas (Siegel, 1999, 2007) informaciones sensoriales, resultados de ciertos estímulos provenientes de la madre, en primer lugar, y luego, del padre. Los primeros estímulos, a la vigésima semana de gestación, son los cambios posturales de la madre y su tensión muscular transmitidos por la contractura de la pared abdominal y las paredes uterinas. Un estudio centrado en el efecto de los contextos de estrés en embarazadas, por ejemplo la soledad o la violencia conyugal, y sus repercusiones sobre el estado fetal, ha podido determinar que los fetos, desde las diecisiete semanas de gestación, son capaces de percibir las situaciones estresantes y presentar indicadores de sufrimiento fetal. Por otra parte, un estudio danés de 19.000 mujeres durante el último trimestre del embarazo demostró que un tercio de las madres sufren estrés con repercusiones para la salud de sus bebés y, en lo que aquí nos interesa, para la formación del apego (Green, 2008).

Podemos suponer que es la contractura muscular de la madre consecuencia del estrés, por ejemplo, en contextos de violencia machista, una de las causas del sufrimiento fetal, en la medida en que ésta puede ser percibida por el bebé en gestación como un estímulo desagradable, por la reducción de su espacio vital en el útero y, probablemente, por una reducción del flujo sanguíneo. Esto podría constituir una de las primeras experiencias de sufrimiento infantil resultado de las incompetencias parentales del padre, lo que podría alterar las posibilidades de apego del bebé en el momento de nacer. Situaciones de este estilo, pero que incumben a la madre, son el tabaquismo y el consumo de alcohol y drogas que provocan graves alteraciones de los procesos de apego.

Alrededor de las veinticuatro semanas de gestación, el bebé percibe y memoriza los olores corporales de su madre que impregnan el líquido amniótico, además de los olores de los alimentos de su dieta. Esta percepción olfativa va a la par con la capacidad del feto de saborear las moléculas que transitan por el líquido amniótico (Cyrulnik, 1989).

La audición tiene también un papel fundamental en la construcción de esta historia relacional. Alrededor de la vigésimo séptima semana, el bebé en gestación está inmerso en un universo sonoro en el que es capaz de discernir la voz de su madre y, luego, también la de su padre (Barudy, 1989), siempre y cuando este padre acompañe el embarazo materno y le hable a su bebé.

Apenas se produce el nacimiento, las memorias del recién nacido rápidamente se impregnan de una emocionalidad que puede ser dolorosa o placentera. En lo que se refiere a la forma en que los adultos participan en la construcción de la relación de apego, sus vivencias y reacciones estarán influenciadas por los contenidos de sus propias sensaciones y emociones almacenadas en sus memorias implícitas que formarán parte de su modelo de apego adulto. Pero, además, por sus representaciones determinadas, entre otros, por la cultura, el deseo, o no, del embarazo y sus condiciones de vida actuales.

El apego es el resultado de un proceso relacional en donde las características y comportamientos de los hijos influencian las reacciones y conductas de los padres, y viceversa. No obstante, son a los padres a quienes les cabe la responsabilidad de animar este proceso, de asegurar un apego sano y seguro a sus hijos. A pesar de los progresos operados en la cultura, siguen siendo principalmente las madres las garantes de este proceso.

Como ya se ha visto, el sistema de apego de un niño o una niña es fundamental para sobrevivir. Cada vez que se activa este sistema, los niños con padres competentes buscan proximidad. Esto es lo que les permite protegerse de lo que les parece peligroso, obtener comida cuando tienen hambre, que los abriguen, o no, según tengan frío o calor, o en situaciones más extremas, escapar de catástrofes, de ataques de otros niños o adultos. El sistema de apego de un niño que ha recibido buenos tratos es altamente sensible a las situaciones que lo amenazan. La experiencia interna que activa el sistema de apego es la ansiedad o el miedo. Una de estas amenazas es la separación de la figura de apego. Contrariamente a lo que piensa mucha gente, los niños pequeñitos que no sufren con la ausencia o separación de sus progenitores, no lo hacen porque son «autónomos o muy seguros de sí mismos», sino más bien porque presentan conductas evitativas o de desapego propias de niños con trastornos del apego. Lo mismo vale cuando los niños pequeños y mayores se muestra exageradamente apegados a su madre o su padre, como lo profundizaremos más adelante; esto no es un sinónimo de que los «quiere mucho», sino la manifestación de una angustia de separación y abandono, consecuencia muchas veces de la negligencia de sus padres.

En otras palabras, el apego une a padres e hijos en el espacio y en el tiempo, lo que se manifiesta, sobre todo, durante la infancia por la tendencia a mantener una proximidad física, y cuya expresión vivencial o subjetiva, cuando este apego es sano, es la sensación de seguridad (Bowlby, 1973). El establecimiento del apego permite no sólo que el niño discrimine, a partir de un momento de su desarrollo, a sus padres, familiares y extraños, sino también que disponga de una representación interna de sus figuras de apego, como disponibles, pero separada de sí mismo, pudiendo evocarlas en cualquier circunstancia. Por esta razón, el niño o la niña pequeño reaccionará normalmente con ansiedad ante la separación o la ausencia de su figura de apego (principalmente la materna o su sustituta), calmándose y mostrando alegría en el reencuentro. La internalización de una figura estable y disponible, pero separada de sí mismo, le permite al niño o a la niña utilizarla como base de seguridad para explorar su entorno físico y a los extraños. Un apego sano evoca sentimientos de pertenencia a una relación donde el niño o la niña se sienten aceptados y en confianza. Los padres, por quienes el niño siente un apego seguro, son interiorizados como fuente de seguridad. A partir de aquí el niño o la niña podrán sentir placer por explorar su entorno, construyendo poco a poco su propia red afectiva.

Esta seguridad es la que facilitará la diferenciación necesaria para llegar a ser un adulto capaz de establecer una pareja sana y ofrecer, en su momento, una vinculación de apego sano a sus propios hijos.

A partir del primer año de vida del niño podemos considerar si las diferentes fases del proceso de apego han permitido, o no, una vinculación selectiva con las figuras parentales, manifestándole adecuadamente la seguridad de base que será el punto de partida para el desarrollo paulatino de la confianza en él o ella misma y en su entorno. Es este proceso de apego lo que produce lazos invisibles que crean las vivencias de familiaridad caracterizada por los sentimientos de pertenencia a un sistema familiar determinado.

El apego es, por lo tanto, fundamental para el establecimiento de la seguridad de base y de pertenencia, a partir de la cual el niño llegará a ser una persona capaz de vincularse y aprender en la relación con los demás. La calidad del apego también influenciará la vida futura del niño en aspectos tan fundamentales como el desarrollo de su empatía, la modulación de sus impulsos, deseos y pulsiones, la construcción de un sentimiento de pertenencia y el desarrollo de sus capacidades de dar y de recibir. Un apego sano y seguro permitirá, además, al niño o a la niña la formación de una consciencia ética, así como el desarrollo de recursos para manejar situaciones emocionalmente difíciles, como las separaciones que acarrean pérdidas y rupturas. Por esta razón el apego seguro en la infancia está siempre asociado con una parentalidad competente.

Del apego infantil al apego adulto

La capacidad de vincularse con los hijos y las hijas, sintiéndolos, reconociéndolos y cuidándolos como tales, es uno de los requisitos indispensables para poder ejercer las múltiples tareas de la parentalidad social. Esto es válido para los padres biológicos, pero también para cualquier adulto que opte por asegurar la crianza de niños, sean padres adoptivos, padres acogedores, cuidadores o educadores de hogares de acogida de menores. Este fenómeno, extraordinario pero frágil, conocido como apego o vínculo de apego, es parte de los sistemas innatos del cerebro de un bebé. Este sistema influye y organiza las emociones, las motivaciones, la memoria, la conducta y las representaciones que rigen la relación de los niños y de las niñas con sus figuras cuidadoras y protectoras. El apego sano y seguro desempeña un papel fundamental para el desarrollo integral de los niños, su escolarización, así como para su educación e integración social. Salvo que exista un daño importante en la estructura cerebral del recién nacido, éste nace para apegarse a un adulto y puede existir y desarrollarse gracias a ese apego. Este sistema innato es el que posibilita que un bebé pueda apegarse a otros adultos, cuando sus progenitores lo abandonan o fallecen, o cuando, por sus incompetencias severas, crónicas e irreversibles, los sistemas sociales de protección optan por un acogimiento familiar o una adopción. Desde otro punto de vista, el apego infantil se traduce por un sistema conductual que garantiza la supervivencia del bebé. El dicho «el (bebé) que no llora, no mama», presente en varias culturas, refleja la sabiduría popular de este fenómeno. Un bebé que no atrae la atención del adulto que lo cuida, corre el riesgo de no estimularlo y, por lo tanto, no sólo no mama, sino que se puede morir.

Como hemos señalado, el apego es responsable del establecimiento de una relación interpersonal que permite que el cerebro inmaduro del bebé pueda utilizar las funciones maduras del cerebro de sus padres o cuidadores para organizar su propio funcionamiento. Esto es un factor fundamental para la emergencia de la mente infantil. En este postulado se basa nuestro interés en presentar un modelo de competencias parentales y una guía que permita su evaluación. Sólo el cerebro suficientemente sano, bien organizado, de la madre o del padre biológico o de la persona cuidadora, puede garantizar, a su vez, en gran parte la sanidad mental de los niños y de los jóvenes.

Cuando esto ocurre, los padres tienen la capacidad de ofrecer respuestas emocionales sensibles a las señales del niño, constituyendo las transacciones emocionales de un apego seguro, que sirven para amplificar los estados emocionales positivos del bebé y para calmar los estados emocionales negativos.

Si los sistemas de apego son innatos en el recién nacido, explicar cómo y por qué existen padres y madres que ya no lo tienen o se les ha perturbado, es de vital importancia a la hora de explicar la génesis de este trastorno. Durante mucho tiempo sólo se le dio importancia al apego como algo fundamental en la infancia; pero, gracias a numerosos estudios, se ha podido demostrar que las conductas de apego siguen manifestándose durante todo el proceso vital de un ser humano (Feeney y Noller, 2001; Fonagy, 2001; Siegel, 2007; Cantón Duarte y Cortés Arboleda, 2000). De esta manera, la experiencia de cualquier persona suficientemente sana puede reconocer que, en momentos de estrés o situaciones muy dramáticas como una pérdida o un accidente grave, la persona evocará o recurrirá a sus figuras de apego significativas como fuentes reales o simbólicas de protección, consejo y fortalecimiento.

En general, se puede afirmar que las madres y los padres competentes lo son porque desde su gestación se desarrollaron en un contexto de apego seguro, ofrecido por sus progenitores y otros adultos significativos. La permanencia cuidadora y protectora de sus progenitores, resultado de sus buenos tratos, les permitió desarrollar una seguridad de base (más tarde trasformada en autoestima positiva) para modular las emociones desagradables, como el miedo, la ansiedad, la tristeza y la rabia, resultantes de sus relaciones interpersonales y del desarrollo de su autoconsciencia. La interiorización de sus figuras de apego es para estos padres, suficientemente competentes, fuentes de seguridad, un refugio ante el malestar y la base de su resiliencia primaria.

A los padres y las madres competentes su seguridad se codificó en sus memorias implícitas como expectativas y, después, como modelos mentales o esquemas de apego que son los que ofrecerán a sus hijos e hijas. Esto no ha ocurrido con las madres y los padres que no tienen la capacidad de ofrecer un apego seguro a sus hijos, que crean contextos de negligencia, malos tratos o abusos sexuales, y favorecen el desarrollo de trastornos del apego infantil que se manifiestan por un modelo de apego inseguro o, en los casos más graves, por un modelo de apego desorganizado.

Aunque algunas investigaciones longitudinales concluyen que no siempre existe una estabilidad en el estilo de apego desde la infancia a la adultez, la mayoría de ellas confirman la idea de que los tipos u organización de las relaciones de apego durante la infancia son resistentes al cambio y se mantienen a lo largo de la vida; sirven de modelo para las relaciones interpersonales, entre las más relevantes, las relaciones conyugales y la parentalidad.

Cuando la experiencia infantil ha estado marcada por el apego seguro ofrecido por los padres o sus sustitutos, la forma de relacionarse con los demás en la vida adulta se caracterizará por la capacidad de manejar las emociones que despiertan las relaciones interpersonales, empatía, conductas de cuidado recíprocas, relaciones sociales adecuadas, acceso a las memorias autobiográficas, desarrollo de la autorreflexión y la capacidad de establecer narrativas sobre uno mismo y los demás (Main, 1995). Todas estas capacidades no se desarrollan cuando los padres, por sus incompetencias, los han maltratado, por lo que acaban desarrollando un apego inseguro o desorganizado. La carencia o déficit de estas capacidades es lo que caracteriza, en mayor o menor grado, los modelos parentales incompetentes.

Los diferentes modelos de apegos infantiles

Como todo en el conocimiento humano, siempre hay una persona que con una idea marca el principio de una teoría que revoluciona la forma de concebir fenómenos que nos atañen directamente. En el caso de la teoría del apego, fue el médico británico John Bowlby (1951) quien, al estudiar el impacto que tendría para el futuro desarrollo del bebé la existencia y la calidad del vínculo con su progenitor, progenitora u otro cuidador primario, dio origen a la teoría del apego. Su teoría actualmente resulta evidente, pero en su época implicó el cuestionamiento de los modelos explicativos dominantes del desarrollo infantil que lo concebían como independiente de los contextos de vida de los bebés.

Mary Ainsworth, una cercana colaboradora de John Bowlby, sería la primera en proponer la hipótesis de que las díadas madre-hijo difieren en la calidad de sus relaciones de apego y que es posible medir y clasificar estas diferencias. También postuló que la conducta de la madre, en los primeros meses de vida del niño, es una buena predictora del tipo de relación futura entre ambos (Ainsworth, 1969). Para estudiar la relación madre-hijo, en el primer año de vida, Ainsworth y sus colaboradores diseñaron la llamada «prueba de la Situación Extraña», un examen que consiste en observar las reacciones de los bebés ya caminantes, en presencia de su madre o cuidador, cuando éstos se ausentan por un tiempo corto y, por último, cuando regresa a la sala de observación. A partir del estudio sistematizado de las diferentes reacciones del bebé, Mary Ainsworth propuso la primera clasificación del apego infantil, describiendo tres patrones generales de apego (Ainsworth, Blehar, Waters y Wall, 1978):

1. Seguro
2. Evitativo
3. Ambivalente o resistente

El apego inseguro ansioso y el apego inseguro evitativo corresponden al tipo genérico de *apegos inseguros*. Como su denominación genérica indica, los niños con apego inseguro son hijos de padres que, circunstancial o cronológicamente, no han respondido a las necesidades de seguridad de los hijos frente a una amenaza. En los casos más dramáticos, la propia respuesta del padre o de la madre se transforma en una parte importante de la amenaza, como es el caso de aquellos padres que rechazan o castigan a sus hijos pequeños cuando éstos se asustan y buscan su protección. Cuando esto ocurre, frecuentemente la respuesta agresiva del progenitor hace que al niño no le quede otra alternativa que desarrollar un sistema de apego reactivo a la situación que se conoce como *apego evitativo*. La respuesta del progenitor está a menudo motivada por miedo e inseguridad, que el niño le provoca, a su vez, con su propio miedo e inseguridad. Seguramente, el fenómeno de contaminación emocional, debido a la activación de las neuronas espejo descubiertas en el sistema límbico, explica este fenómeno (Rizzolatti, 1996).

Otra posibilidad es que la madre, el padre o ambos no respondan a las demandas de seguridad del niño, porque no están o no son capaces. En esta situación, el niño pequeño no tiene otra alternativa que amplificar su comportamiento de búsqueda de proximidad, estableciéndose un círculo vicioso, originando el sistema de apego que se conoce como *ansioso o ambivalente*.

Posteriormente, las investigadoras del apego infantil se dieron cuenta de que existía un grupo de niños cuyas respuestas a la prueba de la Situación Extraña era una mezcla de reacciones que, en un momento, coincidían con las reacciones del modelo evitativo y, en otro, con las del modelo ambivalente. Incluso, en otras ocasiones, presentaban conductas de apego seguro, pero también reacciones emocionales y conductas extrañas y disruptivas que no se habían observado en los otros tipos descritos. Por esta razón, se agregó a la clasificación original del apego otro tipo que corresponde a lo que Main y Salomon (1990) llamaron *apego desorganizado o desorientado*.

Este sistema de apego corresponde a respuestas adaptativas extremas de los niños en relación con padres y madres inconsistentes e incoherentes, a menudo violentos, con problemas de adicción a drogas o alcohol o enfermos mentales. En nuestra práctica, hemos constatado que estos padres o madres presentan una incompetencia parental severa y crónica con indicadores de irreversibilidad. Este tipo de apego está representado en forma mayoritaria en los casos de niños y niñas que han necesitado una medida de alejamiento de sus progenitores por malos tratos físicos o psicológicos, negligencia grave o abusos sexuales.

Cuadro 1. Los diferentes modelos de apegos infantiles

---

1. Apego seguro
2. Apegos inseguros
   - Evitativos
   - Ambivalentes o resistentes
3. Apegos desorganizados/desorientados
   - Modelos de apego desorganizado-controlador:
     – estilo punitivo agresivo
     – estilo cuidador compulsivo
     – estilo complaciente compulsivo
   - Modelos de apego desorganizado desapegado indiscriminado:
     – niños con estilos de apego desapegado, indiscriminado inhibido
     – niños con estilos de apego desapegado, indiscriminado desinhibido

---

Los sistemas de apego infantiles inseguros, y con mayor razón los desorganizados, son partes de la semiología de lo que se designa como la psicopatología infantojuvenil y, en lo que se refiere a la parentalidad, están casi siempre asociados con una incompetencia parental crónica y severa (Barudy y Dantagnan, 2005). Al contrario, el apego seguro está asociado con una parentalidad bientratante y en situaciones adversas puede ser pilar de la resiliencia emocional de los padres y de los hijos (Barudy y Marquebreuck, 2006).

Los diferentes modelos de apego infantil, según el grado de competencias parentales

A. Apego seguro y parentalidad competente

Los progenitores competentes, es decir, aquellos que están emocionalmente disponibles, perceptivos y capaces de sintonizar con los estados mentales de sus bebés, o sea, sensibles a las señales con que los niños manifiestan sus emociones y sus necesidades, tienen hijos que en una gran mayoría de los casos presentan apegos «seguros». El ofrecer a un hijo o a una hija una respuesta adecuada, cuando éstos activan su sistema de apego, es un indicador importante de capacidad parental. Esta danza relacional es crucial no sólo para organizar en los niños una experiencia continua de estar vinculado con una fuente de seguridad, sino que, como ya lo hemos señalado, desempeña un papel fundamental para el crecimiento y la organización de las neuronas de su cerebro en desarrollo.

En la población general que no consulta, es decir, de bajo riesgo, el apego seguro hacia las madres se encuentra entre el 55 y el 65 por 100 de los bebés (Van Ijzendoorn y Bakermans-Kranenburg, 1996).

B. Incompetencias parentales y los apegos infantiles inseguros: apegos evitativos y resistentes o ansiosos ambivalentes

a) *El apego evitativo*: Los progenitores con diferentes grados de incompetencias parentales, es decir, aquellos que son emocionalmente inaccesibles o reactivos, no perceptivos, y con poca o deficiente capacidad para responder a las señales de sus hijos y que, además, muestran actitudes de rechazo o violencia física, son padres y madres de hijos que se vinculan de un modo inseguro «evitativo». Estos niños y niñas parecen ignorar la reaparición de sus progenitores en la Situación Extraña. Su estado mental está caracterizado por una desactivación de su atención y por representaciones que identifican a los progenitores como fuentes de amenaza y de peligro. Esto provoca que su conducta externa sea la de evitar o minimizar la búsqueda de proximidad. En la población general de bajo riesgo se ha descubierto que entre el 20 y el 30 por 100 de los bebés se vinculan con sus madres y sus padres de un modo evitativo.

b) *Los apegos «resistentes», ansiosos, ambivalentes*: Por otra parte, los progenitores que se muestran incompetentes, que presentan diferentes grados de no disponibilidad y de incapacidad de percibir lo que sus hijos sienten y necesitan, son incoherentes y negligentes a la hora de responder a las señales de sus hijos. Estos padres, que se inclinan a imponer sus propios estados mentales, tienden a tener hijos con apegos «resistentes» o «ambivalentes». En la prueba de la Situación Extraña, esos niños aparecen ansiosos, difíciles de tranquilizar con la vuelta de los progenitores y presentan una marcada dificultad a interesarse o volver a jugar aun con la presencia de éstos. A diferencia de la respuesta anterior, en la que el niño intentaba evitar el contacto con su progenitor, en este caso existe una «sobreactivación del sistema de apego» con la que el niño intenta conseguir seguridad a través de la búsqueda desesperada de proximidad con su figura de apego, pero que, al mismo tiempo, no logra calmarse con su presencia. En otras palabras, la relación con el progenitor no permite menguar la conducta de apego ansiosa y el niño continúa con el mantenimiento de la estrategia de la sobreactivación (Ainsworth y otros, 1978). En la población no clínica y de bajo riesgo, entre el 5 y el 15 por 100 de los infantes muestran este tipo de apego hacia sus madres.

C. Incompetencias parentales severas y apegos infantiles desorganizados/desorientados

Existe un grupo de padres que comunica crónicamente a sus hijos mensajes verbales y no verbales, amedrentadores, amenazantes, confusos y terroríficos. Este grupo de progenitores tiende a tener hijos que presentan una desorganización y una desorientación en sus sistemas de apego (Main y Salomón, 1990). Durante la prueba de la

Situación Extraña, los hijos y las hijas pequeños de estos padres presentan conductas desorganizadas y desorientadas, tanto cuando están con el progenitor, como cuando sale o vuelve. Por ejemplo, se comportan agitadamente, son hiperkinéticos, parecen no escuchar las órdenes o las consignas, pueden comenzar a girar en círculos, aproximarse para luego evitar el contacto con su progenitor o, incluso, entrar en un estado de seudotrance quedándose como «congelados» o «paralizados». En la población infantil general no clínica, se han encontrado apegos desorganizados entre el 20 y el 40 por 100 de los niños estudiados. Entre los niños que han sufrido malos tratos en la familia, el apego desorganizado se encuentra hasta en el 80 por 100 de los niños y las niñas (Carlson y otros, 1989; Ogawa y otros, 1997).

Dentro del estilo de apego desorganizado, se pueden distinguir varios subtipos, no siempre fáciles de distinguir uno de otro. En el nivel práctico, lo más importante es poder llegar a reconocer e identificar los comportamientos en los niños dentro de la categoría de apego desorganizado y, posteriormente, dentro de uno de los dos grandes grupos: controlador o desapegado. En el nivel teórico, describiremos cada uno de estos tipos basándonos en las investigaciones de Zeanah (1996) y Cassidy y Marvin (1990).

a) Modelos de apego desorganizado-controlador:

Se pueden observar tres estilos de comportamientos que caracterizan este modelo:

- *Estilo de apego desorganizado/desorientado punitivo agresivo.* Los niños y las niñas con este estilo de apego son los que, con bastante frecuencia, presentan indicadores de malos tratos severos. Estos niños y niñas no pueden «sincronizar» sus comportamientos con las respuestas de sus cuidadores a sus demandas de cuidados, apoyo o protección, ya que a ellas responden con violencia, abuso, negligencia y abandono constantes y repetidos. El miedo y la impotencia los embargan y su grado de temor y rabia es tan intenso que lo canalizan agrediendo y haciendo daño a otros. A estos niños no les queda otra que tomar el control de la situación, de sí mismos y de los otros a través de la cólera y el abuso. No confían ni esperan confiar en nadie, el único modo que aprenden para actuar recíprocamente con otros es por la agresión y la violencia (Keck y Kupecky, 1995). Las respuestas punitivas o controladoras son la forma como se relacionan con sus padres para manejar el miedo y el estrés de la situación, lo que más adelante va a extenderse con otros adultos o cuidadores. Frente a los malos tratos, el niño o la niña responderán de todas las formas defensivas que les son posibles: comportamientos de apego contradictorios, confusos, mezclados con conductas de irritación, evitación y rechazo, conductas coercitivas y de retirada. Las conductas agresivas pueden ir directamente hacia sus cuidadores, hacia otros y hacia ellos mismos. Por lo tanto, lo que caracteriza este estilo de apego infantil es el intento ilusorio de controlar la relación con los adultos. Éstos, como sus padres, les despiertan un sentimiento de horror internalizado. Para hacer frente a ese horror usan conductas destinadas a castigar, avergonzar y agredir, de forma indiscriminada, aun a personas que los quieren ayudar y proteger. Esto explica el desconcierto y el sufrimiento de los padres adoptivos, acogedores o educadores de hogares infantiles.

Ya en el año 1933, Sandor Ferenczi, uno de los precursores de la psicotraumatología moderna, había relacionado este tipo de conductas con los malos tratos y las agresiones que un niño o una niña podían sufrir por parte de los adultos; él postuló que estas conductas eran el resultado de una identificación con el agresor.[1]

- *Estilo de apego desorganizado cuidador compulsivo o con inversión de roles*: Estos niños y niñas muestran una mezcla de conductas de evitación, inhibición de sus afectos negativos y conductas exage-

---

1. «Con la esperanza de sobrevivir, sentimos y nos "convertimos" precisamente en lo que el atacante espera de nosotros, en cuanto a nuestra conducta, percepciones, emociones y pensamientos. La identificación con el agresor está en estrecha coordinación con otras respuestas al trauma, incluida la disociación. A la larga, puede volverse habitual y llevar al masoquismo, a la hipervigilancia crónica y a otras distorsiones de la personalidad» (Ferenczi, 1933).

radas de cuidado por sus cuidadores. Este estilo de apego se desarrolla como una respuesta a la insuficiencia de cuidados parentales, por ejemplo, en el caso de padres violentos y de madres víctimas de violencia conyugal, con carencias afectivas importantes, depresivas, pasivas-dependientes.

Es muy frecuente ver a estos hijos e hijas parentificados o «conyugalizados» en las familias cuyos padres presentan incompetencias parentales severas y crónicas (Barudy, 1997). Estos niños o niñas no sólo desempeñan tareas y responsabilidades hogareñas, sino que además se hacen cargo del cuidado de sus padres. Seguramente, la única manera de sentirse competentes y con algo de control, y de estar en cercanía con sus padres, es tratando de satisfacerlos. En vez de solicitar cuidado de los padres, lo ofrecen y, así, evitan sentirse indefensos.

- *Estilo de apego desorganizado complaciente compulsivo*: Generalmente, estos niños y niñas con este estilo de apego creen controlar la relación y modular el horror provocado por sus progenitores, tratando de complacer exageradamente a sus padres y, más tarde, a los adultos sustitutos parentales. Este estilo es frecuente en hijos y, sobre todo, hijas de padres con prácticas abusivas y violentas que despiertan una tensión permanente en el hogar. Estas niñas manifiestan miedo y una marcada hipervigilancia hacia sus cuidadores, pero muestran una necesidad exagerada para darles el gusto y complacerlos, sacrificando sus propias necesidades afectivas.

Estos dos estilos infantiles de apego desorganizado controlador los podemos relacionar con el concepto de «alienación sacrificial» de Barudy (1997), cuando hace referencia a que la niña sexualmente abusada, al silenciar el abuso de su padre sacrifica su persona y se aliena de sus emociones a fin de proteger no sólo al agresor, sino también a la familia. Otro concepto interesante al respecto es «el otro dirigido» de Briere (1992) que hace referencia a la conducta hipervigilante del niño hacia su cuidador, madre o padre, para «protegerlos» de no cometer más abusos. Con esto, el desarrollo de su identidad se ve seriamente comprometido. Por último, se relacionan también el concepto de la «exclusión defensiva» de McCrone (1994) que, para prevenirse del dolor, la rabia e impotencia producida por la incompetencia parental de sus cuidadores, el niño tiende a idealizarlos y, así, salvaguardarlos de su propia rabia.

b) Estilos de apego desorganizado desapegado:

Estos estilos de apego surgen debido a la ausencia de relaciones afectivas duraderas y continuas en el tiempo. Esto corresponde a la experiencia de niños que han sido víctimas del «síndrome del peloteo». Los continuos y repetidos traslados de un lugar a otro no les han permitido formar relaciones de apego selectivas, por lo que fallan en saber utilizar una figura de apego como base segura, cuando el ambiente es amenazante o peligroso. Las relaciones son básicamente superficiales con todos y todas, y no hacen gran diferencia en su trato con ninguna persona. No acuden como lo harían otros niños a buscar ayuda o refugiarse en otra persona que les brinde alivio, aunque sea momentáneo. También es posible encontrar niños, con padres con graves dolencias psiquiátricas, que sólo pueden ofrecer a sus hijos vinculaciones caóticas y extrañas en donde los niños tienen gran dificultad de construir una identidad propia.

Los niños con este estilo de apego «desapegado» parecen haber agotado o anulado sus habilidades y capacidades para vincularse y construir relaciones constructivas. Para estos niños y niñas, por sus experiencias tempranas, no hay nada placentero por descubrir en las relaciones ni en el entorno como para no replegarse sobre sí mismos.

Estos niños pueden presentarse como inhibidos o desinhibidos:

- *Niños con estilos de apego desapegado o indiscriminado inhibido*:
  Se trata de niños y niñas que parecen pasivos pero que, paradojalmente, son hiper-vigilantes en relación con sus padres u otros adultos que les dañan o que viven como amenazantes. Muestran poco interés por la relación, el juego y la exploración, así como pocos afectos en su presencia. Parecen tener poco interés en el

placer espontáneo de la interacción social, parecen estar replegados sobre sí mismos la mayoría del tiempo. Presentan balanceos y mecimientos rítmicos cuando son pequeñitos, aunque éstos pueden manifestarse aun en edades posteriores, cuando se vuelven a enfrentar ante situaciones estresantes que les sobrepasan. Estos niños también pueden manifestar comportamientos bizarros que hacen pensar en estereotipias psicóticas o en el autismo. Lo que explica los diagnósticos erróneos.

- *Niños con estilo de apego indiscriminado desinhibido*:
Este estilo es frecuente en niños y niñas que, además de haber sido dañados por sus progenitores, les ha tocado vivir desde muy temprana edad en una o varias instituciones de acogida. Lo que los caracteriza es que manifiestan un afecto confuso o tienen poco criterio frente a los extraños. La persona que visita, por ejemplo, un centro de acogida por primera vez y que desconoce el mundo del niño maltratado y mucho más los trastornos de apego, comentará lo tierno y afectivo que ha sido un niño o una niña que intempestivamente se le ha acercado y la ha abrazado nada más entrar.

En el área social, las relaciones con sus pares son pobres y escasas, pues son rechazados por sus compañeros de edad similares. Las relaciones con los adultos son de poco valor e importancia para ellos, a no ser que éstos les sean útiles. No presentan signos de angustia, sino más bien indiferencia con las separaciones. A estos niños, en el largo plazo, se les hace muy difícil establecer relaciones emocionalmente significativas. A medida que crecen, la cólera, los comportamientos destructivos, la ausencia de empatía, los lleva a presentar conflictos interpersonales dentro y fuera de su lugar de vida. Las relaciones afectivamente cercanas les aumentan su ansiedad por lo que intentan controlarlas con conductas agresivas o replegándose aún más sobre sí mismos. Zeanah (1996) describe también un subgrupo, dentro del estilo de apego desorganizado, que él llama apego desorganizado con autorriesgo, que incluye a niños que son imprudentes o que son propensos a los accidentes. Estos comportamientos que pueden observarse ya desde muy pequeños, a los tres y cuatro años, se explican por la inaccesibilidad o inadecuación de la respuesta de la madre. Por lo tanto, los niños no pueden usar a ésta como base segura cuando exploran el ambiente, haciéndose entonces insensibles al peligro. No sólo no perciben o perciben mal las fuentes de peligro, sino también la angustia y el dolor físico que éste les causa.

EVALUACIÓN DE LA PARENTALIDAD A TRAVÉS DE LA EVALUACIÓN DEL APEGO

Uno de los objetivos fundamentales de la Guía de Evaluación de las Competencias y la Resiliencia Parentales, que constituye la segunda parte de este libro, es permitir un diagnóstico precoz de las incompetencias parentales severas utilizando como instrumento la evaluación de la calidad del apego con el fin de prevenir un daño irreparable en los niños y las niñas. Existe cada vez más información que permite establecer una relación entre la existencia de los apegos inseguros y desorganizados, provocados por las incompetencias parentales crónicas y severas, con los trastornos infantojuveniles más severos.

Nuestra Guía pretende entregar instrumentos para evaluar la naturaleza de los modelos mentales de relaciones de apego, tanto de los niños como de los progenitores, relacionándolos con la existencia, o no, de competencias parentales. Por esta razón, se entregarán pautas para la autoobservación, en el caso de los padres o para la observación participante, en el caso de profesionales designados a evaluar las competencias de uno o ambos progenitores.

Las pautas son una guía para examinar una serie de fenómenos observables que son afectados por los modelos de apego.

Estos parámetros son las conductas abiertas, la comunicación interpersonal, la regulación emocional, las memorias autobiográficas y los procesos narrativos. Estos dos últimos parámetros corresponden más bien a modelos de apego de los progenitores.

En cada niño y niña, sus patrones de función cerebral o sus diferentes estados de la mente se activan dentro del contexto de una relación específica. Estas relaciones fundamentalmente se dan con sus progenitores o cuidadores primarios, como pueden ser otros adultos que los crían, abuelos, padres adoptivos, padres acogedores.

Por otra parte, en la Guía proponemos que la evaluación del apego se haga con cada progenitor por separado y, si corresponde, también se aplique a otro adulto considerado cuidador primario de los niños.

Un niño o una niña puede tener diferentes estrategias de apego hacia cada progenitor o adulto que se ocupe significativamente de él. Las interacciones con cada cuidador, si éstas son de buen trato, influencian de una forma específica el estado neurobiológico del cerebro infantil. Estos estados orientan la atención y un conjunto de representaciones mentales que desempeñan un papel importante en la capacidad de minimizar la angustia, regular sus conductas y organizarse (Main, 1995). Cuando las interacciones son de malos tratos, puede ocurrir todo lo contrario y las experiencias de los niños serán la angustia crónica, la desorganización conductual y los trastornos de sus identidades (Barudy y Dantagnan, 2007).

Evaluar las capacidades de apego de los padres con sus hijos nos ha resultado un instrumento muy útil para obtener informaciones pertinentes sobre el grado de competencias de los padres y las madres. Para lograr este objetivo proponemos dos vías que, por razones prácticas, presentamos separadas, pero que en la realidad son parte de una totalidad:

I. La evaluación del modelo de apego adulto

Los sistemas o modelos de apego de los padres influyen directamente sobre el modo de interacción con su hijo. De esta manera, las expectativas, percepciones y conductas parentales interactúan con las características singulares innatas de los hijos, determinando cuál será la naturaleza exacta del modo de relación progenitor-hijo. Múltiples investigadores, a partir de los estudios de Bowlby (1969), han demostrado que las expectativas que los padres tienen de sus futuros hijos, así como los patrones de relación que establecen con ellos, están profundamente influenciados tanto por sus propias historias de apego como por sus actitudes actuales. Estos dos niveles se manifiestan en el «estado de la mente parental» con respecto a sus hijos (Main, 1995).

II. La evaluación del apego de los hijos a sus padres

Para evaluar estas capacidades hemos elegido diferentes instrumentos para cada edad:

a. *La calidad de la relación de los bebés de cero a doce meses con sus padres o cuidadores.* Se orienta la observación a los mensajes no verbales a través de los cuales los bebés nos comunican cómo se sienten en el contacto con su figura de apego principal.
b. *La calidad de la relación de los hijos y las hijas de doce meses a dos años y medio con sus padres o cuidadores.* Para este rango de edad proponemos la observación de las conductas de los niños en una situación que corresponda o se asemeje a la Situación Extraña.
c. *La calidad de la relación de los niños de edades comprendidas entre dos años y medio y siete años con sus padres o cuidadores.* El instrumento de examen en esta sección C. 3 será la observación directa de la relación de los hijos con sus padres, dirigiendo nuestra atención a aquellos comportamientos infantiles que por su contenido nos pueden permitir evaluar la calidad de los aportes que los padres entregan a sus hijos que, dadas sus edades, están adquiriendo niveles progresivos de autonomía. El método de evaluación es *la observación participante,* guiada a través de una pauta de observación contenida en la Guía. En esta pauta se orienta a los profesionales a dirigir la atención a los comportamientos que presentan los niños y las niñas en las interacciones naturales con uno de los progenitores, o con los dos, en cinco áreas relacionales:
- La regulación de la distancia: es decir, la forma en que el niño define la relación con sus padres.
- La orientación del cuerpo: se trata de observar cómo el niño utiliza su cuerpo para asegurarse una relación de proximidad

con sus progenitores o, al contrario, para protegerse a través de la postura corporal de una probable amenaza de éstos.
- El contenido y la forma de los diálogos de los niños con sus padres: la forma y el contenido de los diálogos espontáneos de los niños y de las niñas con sus madres o padres son indicadores útiles para evaluar la seguridad y confianza que los padres están aportando a sus hijos.
- El clima o ambiente emocional: éste es un indicador importante de la tendencia general de los padres a tratar bien a sus hijos o, al contrario, hacerles daño.
- Las reacciones de los niños en el reencuentro con sus padres después de momentos de separación: éstas indican el grado de seguridad de base que los padres han podido, o no, procurar a sus hijos a partir de sus competencias.

d. *Valoración de la calidad de las relaciones de los niños mayores de siete años con sus padres o cuidadores.* Para tratar de examinar el contenido real de la calidad de la relación propondremos una lista de preguntas destinadas a facilitar un proceso de conversación con los niños y las niñas, para explorar las vivencias de éstos hacia sus padres y cuidadores más significativos.

Es importante que el examinador o examinadora recuerde siempre que la finalidad de esta Guía de Evaluación es ser un instrumento que facilite la realización de un examen clínico en forma estructurada y coherente. Por lo tanto, los resultados obtenidos con esta lista de preguntas son sólo una aproximación a la vivencia del niño o de la niña con relación a sus padres (o cuidadores) en un momento determinado y en un contexto determinado. La información obtenida, sumada a otras, nos permitirá acercarnos al mundo del infante, protegiéndonos del riesgo de nuestras interpretaciones adultas.

I) La evaluación del apego adulto: los sistemas de apego de los progenitores

Uno de los pilares de la evaluación de las capacidades de vinculación parental es el estudio del apego adulto.

A la investigadora Mary Main se le debe el descubrimiento de que las formas de narrar las historias de su vida familiar temprana, en el contexto de una entrevista semiestructurada, podría correlacionarse con el tipo de apego detectado en sus hijos en la Situación Extraña. Esta constatación de Main dio comienzo a una serie de investigaciones que llevaron a concebir un instrumento que en la actualidad se conoce como la Entrevista del Apego Adulto (EVA), originalmente AAI (*Adult Attachment Interview*).

La entrevista semiestructurada contenida en nuestra Guía de Evaluación, que proponemos a los padres y a las madres, está inspirada en este instrumento, aunque no usemos para el análisis de los resultados un método cuantitativo; los relatos de los padres son analizados y cotejados con lo obtenido en las investigaciones publicadas sobre la EVA y ayudar, junto con las otras unidades evaluativas, a obtener un resultado preciso sobre las capacidades parentales.

Condiciones de aplicación de la Entrevista del Apego Adulto

La Entrevista del Apego Adulto, conocida en castellano como EVA, consiste en una narración autobiográfica semiestructurada, resultado de las preguntas que se le formulan a un adulto y a veces a un adolescente (normalmente progenitor o en vísperas de serlo), sobre su propia niñez. Entre las preguntas se incluyen versiones como las siguientes: ¿Cómo fue el crecimiento y la relación inicial con cada uno de sus progenitores?, ¿qué experiencia de separación, enfado, amenaza o temor ha tenido?, ¿tuvo alguna experiencia de pérdida y, en caso afirmativo, qué impacto individual y familiar tuvo?, ¿cómo evolucionó a lo largo del tiempo la relación entre el individuo y sus progenitores? y ¿de qué manera todas esas experiencias le han modelado su desarrollo hacia la etapa adulta de su personalidad y su estilo de ser padre o madre?

Lo que se recoge con EVA es una descripción subjetiva de los recuerdos del padre o de la madre, sobre su propia relación con sus progenitores. No se busca que sea una descripción exacta de lo ocurrido en el pasado.

La entrevista es valorada a través de una transcripción y el análisis de las verbalizaciones del o de la entrevistada para:

a) *Conocer las experiencias de infancia o de la adolescencia de las madres, los padres u otros cuidadores.*
b) *Evaluar el estado mental y estilo discursivo de la madre, del padre u otro cuidador entrevistado.*

Por ejemplo, las respuestas dan información sobre la coherencia entre el pensamiento, tono de la voz y gestos, contenidos que expresan una idealización o, al contrario, una satanización de sus figuras de apego. Insistencia en la falta de memoria, rabia activa o latente, miedos y angustias por pérdidas no elaboradas, negación, traumas no elaborados, falta de capacidad reflexiva, de empatía o rigidez en el pensamiento. Las investigaciones cualitativas sobre las respuestas a EVA han permitido establecer qué respuestas se consideran de riesgo, por lo que en el análisis de los contenidos de la entrevista es posible determinarlas. Una puntuación significativa en las respuestas de riesgo nos lleva a profundizar sobre éstas y ver la probabilidad de que exista o se desarrolle en el futuro un «yo» contaminado por una historia de sufrimiento no elaborado, que esté contaminando o pueda contaminar las relaciones con los hijos.

En general, los estados mentales y los estilos discursivos considerados de riesgo se asocian o pueden asociarse a: trastornos emocionales como un PTSD, un trastorno del apego desorganizado, trastorno de la empatía y trastornos depresivos. Para confirmar el diagnóstico es evidente que esto debe hacerse a través de una evaluación clínica exhaustiva y prudente. Uno de los aspectos que más se asocian con la probabilidad de desarrollar relaciones patológicas son las respuestas que denotan una ausencia de capacidad reflexiva, es decir, el no poder comprender y darle un sentido (no atributivo) a los comportamientos y reacciones de los otros y reaccionar a ellos con empatía. La capacidad reflexiva de los padres, en especial la materna, es un factor protector para los hijos y es un indicador de capacidades parentales.

Por ejemplo, una madre primeriza puede tener ciertas inseguridades en relación con lo que es mejor para su bebé, pero sí es capaz de preguntarse: «¿por qué llora mi bebé? o ¿qué le pasa a mi niño?»; y darse como respuesta: «mi bebé tiene frío o tiene hambre, lo abrigaré» o «es la hora de darle de mamar».

Este proceso descrito nos está indicando que, a pesar de la falta de experiencia, esta mamá tiene la capacidad reflexiva necesaria que le permitirá reaccionar con empatía ante las necesidades de su cría. Esta capacidad para relacionar la conducta del propio hijo con los estados mentales de éste es lo que le permitirá a la madre desarrollar un modelo mental de la experiencia del niño. Estas mentalizaciones maternas contribuirán a la capacidad de autorregulación del niño. Es decir, la mentalización materna está íntimamente ligada con la regulación afectiva, definida como la capacidad de modular y controlar las respuestas afectivas, dado que la capacidad de mentalizar permitirá a la madre amortiguar el incremento de afectos negativos del niño, cuando por su cantidad éstos no pueden ser contrarrestados ni atemperados. Esta capacidad es un logro evolutivo cuyos inicios se basan en el establecimiento de la regulación afectiva diádica madre-bebé (Fonagy y otros, 1998).

c) *Conocer el estado mental de los padres con respecto a sus experiencias de apego.*

La Entrevista del Apego Adulto es una evaluación narrativa del «estado mental con respecto a las experiencias de apego» de un adulto. Las respuestas de una madre o de un padre a las preguntas sobre sus experiencias de infancia reflejan un patrón organizativo o estado de su mente de esa persona en el momento de la entrevista. Las múltiples investigaciones en las cuales se ha aplicado esa prueba han permitido constatar la estrecha correlación existente entre las características actuales de la relación de esa persona con sus hijos y el contenido de las respuestas obtenidas con esa prueba. Por otra parte, los esfuerzos por establecer correlaciones de los resultados de esta entrevista con determinados tipos de personalidad adulta no han revelado ninguna asociación significativa (Hesse, 1999; De Hass y otros, 1994). Esto muestra que los hallazgos de esta prueba no se asocian con formas de personalidad que podrían ser hereditarias. Lo mencionamos para asegurar al lector que las respuestas de los padres a las preguntas de nuestro cuestionario inspirado por EVA se refieren a rasgos de los padres derivados fundamentalmente de sus experiencias individuales en sus historias de vida (Hesse, 1999). Aunque todas las indicaciones parecen apuntar al rol casi exclusivo de las experiencias de apego infantil en el hallazgo posterior del apego adulto, algunos autores por cautela plantean la necesidad de que, para estar totalmente seguros, hay que realizar estudios futuros que empleen enfoques genéticos conductuales estandarizados, como los estudios de gemelos o de niños adoptados (Main, 1996). En la medida en que nuestra metodología de estudio de la parentalidad es la observación participante, donde también nuestras propias constataciones clínicas fundamentan nuestras conclusiones, defendemos la idea de que las respuestas a la Entrevista del Apego Adulto que se obtienen son un reflejo de las experiencias de apego infantil de los padres y, por lo tanto, indicadores de sus capacidades parentales actuales.

Por otra parte la intensidad de las correlaciones de EVA con los resultados de la prueba de la Situación Extraña, obtenida por diversos hallazgos, sugiere que se está midiendo algún rasgo de los padres que es independiente de otras variables, por lo tanto, es fiable y permanente en el tiempo.

El análisis de las respuestas en la Entrevista del Apego Adulto

Uno de los aspectos más importantes del proceso de análisis de la entrevista reside en la forma que emplea el entrevistado para presentar y evaluar su historia. En este sentido, esta entrevista (EVA) ofrece al profesional informaciones únicas sobre las relaciones entre el apego, la memoria y la narración.

Una vez obtenidas todas las respuestas de la entrevista, ésta se transcribe y se clasifican los relatos siguiendo una pauta. El evaluador examina los elementos de las experiencias descritas del pasado, así como el patrón de comunicación entre el padre o la madre entrevistados y él.

Esto es fácil de comprender si consideramos que nuestras conversaciones cotidianas, el modo en que hablamos con otras personas, reflejan nuestros procesos internos y nuestra respuesta a la situación social creada por una conversación con otra persona.

El análisis de las respuestas de la entrevista conduce a valoraciones de lo que se conoce como «el estado de la mente de una persona con respecto al apego». Los dominios de este estado mental pueden ser: insistencia en la falta de memoria, ira, pasividad o vaguedad del discurso, miedo a la pérdida, derogación descartada, monitoreo cognitivo o coherencia global de la mente.

En algunos padres puede existir cierta desorganización o desorientación en la forma de razonar o cuando se centran en el tema de la pérdida (de un miembro familiar por muerte) o abuso; si se necesita profundizar más sobre este aspecto, se pueden usar una escala de duelo como el Inventario Texas Revisado de Duelo (ITRD) (Landa y otros, 2005) o una escala para determinar traumas no resueltos como la Escala de Trauma de Marschall (Marschall, 2000).

En nuestra experiencia, y la de otros equipos que han colaborado en la fase de experimentación de la Guía, el uso de esta entrevista semiestructurada ha sido de una gran utilidad para hacer aflorar los aspectos más relevantes de las narraciones autobiográficas de los padres. Esta entrevista, realizada en un clima de respeto, empatía y de sostén, tuvo, además, en la mayoría de los casos un impacto terapéutico para las entrevistadas y los entrevistados. Otros autores ya habían expresado su asombro de ver que una entrevista de entre 45 y 90 minutos, como ésta, pudiera permitir poner sobre la mesa aspectos personales significativos, previamente no reconocidos, de las historias infantiles de los padres y las madres entrevistados (Siegel, 2007).

Como prueba complementaria de la Situación Extraña, esta entrevista ofrece a los padres un contexto inusual que activa sus recuerdos y emociones encerrados en sus memorias emocionales. El contenido y la formulación de las preguntas abren posibilidades a las reflexiones y comentarios, sobre cómo las experiencias infantiles los han modelado y los influencian actualmente en su modo de ser, como adultos y como padres o cuidadores.

La entrevista exige a los padres y las madres, mientras responden a las preguntas, realizar una doble tarea: la de establecer con el entrevistador una comunicación colaboradora y, por otra parte, realizar una búsqueda dirigida de sus recuerdos de infancia.

Este proceso de búsqueda de sus recuerdos infantiles a través de la narración, permite a los examinadores verificar, sin explicitarlo, si los relatos de los entrevistados cumplen las cuatro máximas de Grice (1975),[2] que corresponden a un relato normal y coherente.

Estas máximas constituyen los ejes centrales a la hora de evaluar el discurso de los padres. Los elementos que se consideran para es-

---

2. Las máximas de Grice describen las reglas pragmáticas que rigen la conversación en lenguaje natural; éstas corresponden a:

Máxima de cantidad: Está en relación con la cantidad de información que debe darse. Incluye dos submáximas. 1) Haga que su contribución sea todo lo informativa que el intercambio requiera. 2) No haga que su contribución sea más informativa de lo que el intercambio requiera.

Máxima de calidad: Se refiere a la verdad de la contribución, que se especifica también en dos submáximas. 1) No diga lo que crea que es falso. 2) No diga nada de lo que no tenga pruebas adecuadas.

Máxima de relación (o relevancia): Comprende la máxima que Grice denomina «vaya usted al grano». O sea, «haga su contribución relevante».

Máxima de modalidad: La supermáxima es: «sea usted claro» y comprende cuatro submáximas. 1) Evite la oscuridad. 2) Evite la ambigüedad. 3) Sea escueto. 4) Sea ordenado.

No obstante, con frecuencia estas máximas no se cumplen. De hecho, se suelen romper de forma intencionada para transmitir información de forma no literal (mediante la ironía, por respeto, etcétera) y para generar inferencias pragmáticas, conocidas como «implicaciones conversacionales» (mecanismos de interpretación que van más allá de lo manifestado en los enunciados).

tablecer la normalidad y la coherencia de las respuestas en las entrevistas realizadas a partir de nuestra Guía son los siguientes:

- *La calidad*: se considera la sinceridad, y mostrar pruebas de lo que se dice.
- *La cantidad*: se valora que sean sucintos, pero completos.
- *La relación*: se refiere a cómo el padre o la madre entrevistados toma en cuenta el contexto relacional de la entrevista para intentar responder lo mejor posible. Se valora que lo que se dice sea relevante o perspicaz en relación con el contexto, es decir, que se presente lo que ha de decirse de una manera fácil de comprender.
- *El modo*: se valora la claridad y el orden de los contenidos del relato.

Haciendo un resumen, el discurso óptimo o sano puede ser descrito como «sincero y colaborador» (Main y Goldwyn, 1998). En este sentido, las violaciones a las máximas de Grice se refieren a aquéllas que afectan la coherencia interna: calidad y colaboración con el entrevistador, y proceso de entrevista: cantidad, relación y modo. La investigación actual sobre la mente humana ha puesto en evidencia que la capacidad para integrar o asociar varios elementos del funcionamiento mental, incluidas las memorias autobiográficas y la comunicación social, nos permiten hablar de un proceso de integración fundamental. A través de éste, la mente crea y se mantiene coherente a través de sus diferentes estados y procesos mentales, que implica el pasar de recién nacido a lactante, infante, adolescente y adulto (Siegel, 2007).

La evaluación de las respuestas, obtenidas por la Entrevista del Apego Adulto a los padres o cuidadores, examina el modo en que sus estados de la mente, en el momento de la entrevista, facilita o impide la habilidad para efectuar un discurso sincero y colaborador a un profesional, mientras realiza simultáneamente reflexiones que se refieren a su biografía. Es importante señalar que lo que se puede obtener con esta entrevista es una valoración global de la vivencia o estado de la mente del padre o de la madre con respecto a sus sistemas de apego, en general; la entrevista no da información particular sobre el apego que cada entrevistado tuvo con cada uno de sus progenitores.

Esto es interesante para el objetivo de la evaluación de la parentalidad que proponemos, pues la información sobre los sistemas de apego permiten establecer las capacidades actuales de los padres o cuidadores para vincularse con los hijos y ocuparse adecuadamente de ellos, sean biológicos, acogidos o adoptados. Cuando esto no ocurre, también se pueden obtener indicadores para evaluar las posibilidades de cambio.

Nuestra opción por adoptar y adaptar esta entrevista tiene que ver también con el hecho de que investigadores, como Van Ijzendoorn (1992,1995), Sagi y otros (1994) y Hesse 1999, afirman que, de todas las pruebas disponibles, incluyendo aquellas que miden el funcionamiento intelectual, las evaluaciones de la personalidad y la influencia de los factores socioeconómicos, la Entrevista del Apego Adulto o EVA es el predictor más consistente del modo en que los progenitores se apegarán a sus hijos y de la forma en que los bebés se vincularán a sus progenitores.

La otra constatación que nos ha llevado adaptar este instrumento en nuestra Guía ha sido la clasificación del estado de la mente del adulto con respecto al apego (apego adulto), a la que se llega después de aplicar la entrevista, que corresponde según la bibliografía a la calidad de apego del niño entre el 65 y el 85 por 100 de los casos (Van Ijzendoorn, 1995). Hecho que hemos podido comprobar al aplicar la Guía en situaciones en que había sospechas de malos tratos infantiles.

Resultados de EVA o Entrevista del Apego Adulto, modelos parentales de apego y características de la parentalidad social

La aplicación sistemática de la Entrevista del Apego Adulto a numerosas personas condujo a Main (1996), a Hesse (1999) y a otros investigadores a definir cuatro estilos de apego adulto. Cada estilo corresponde a un modelo de apego parental y define una forma determinada de parentalidad social.

Los diferentes modelos de apego parentales:

- *El modelo de apego adulto seguro/autónomo*
- *El modelo de apego adulto temeroso (TS)*
- *El apego adulto preocupado (E)*
- *El apego adulto no resuelto/desorganizado (U/D)*

La parentalidad según los estilos de apego adulto

1. Características de los padres con estilo de apego seguro/autónomo y de sus hijos e hijas con apego seguro

a) Los hijos y las hijas de padres con apego seguro/autónomo

En la Situación Extraña, que de forma adaptada aplicamos en nuestra Guía, los niños de entre uno y dos años con apegos seguros buscan la proximidad tras la separación, se tranquilizan rápidamente y vuelven de inmediato al juego. Como lo señalamos antes, los padres de estos niños eran muy sensibles a las señales de sus hijos, es decir, emocionalmente disponibles, perceptivos y efectivos a la hora de satisfacer las necesidades de sus crías. En otras palabras, estas madres y padres estaban «sintonizados» con los estados mentales emocionales de los bebés (Fiell, 1985; Beebe y Lachman, 1998).

Otros autores consideran esta capacidad como resultado de la «función reflexiva» de los adultos, es decir, que los adultos son capaces de reflexionar, representarse y expresar en palabras el papel de los estados de la mente que influyen sobre los sentidos, las percepciones, las intenciones, las creencias y las conductas (Fonagy y otros, 1991, 1997). Este aspecto es un componente fundamental de la empatía parental, es otro pilar de la parentalidad, que abordaremos en el siguiente capítulo.

La función reflexiva se encuentra en el núcleo de muchos apegos seguros, en que aun padres y madres con infancias difíciles han podido ofrecer a sus hijos e hijas.

El componente no verbal de esta capacidad reflexiva puede observarse en la capacidad de sintonización afectiva que muestran las parejas sanas, en las cuales la expresión emocional de cada miembro es contingente con la del otro.

La sintonización conlleva la alineación de estados de la mente en momentos en que dos o más personas comunican afecto mediante la expresión facial, las vocalizaciones, los gestos corporales y el contacto ocular (Stern, 1985). Evidentemente, esta sintonización no se produce en todas las interacciones, pero suele estar con frecuencia presente durante los momentos intensos de comunicación entre el bebé, su madre o su padre, cuando éstos han podido desarrollar capacidades parentales.

La sintonización sana conlleva la sensibilidad del progenitor ante las señales del bebé y la comunicación colaboradora, lo que implica responder a sus demandas a través de lo que hemos citado antes como resonancia entre éste o la cuidadora y su bebé.

Cuando la madre y el padre son competentes, ellos son capaces de dejar al niño o la niña tranquilos cuando les muestran signos de sentirse agobiados. Por ejemplo, desviando la mirada, para volver a ofrecer la alineación y el reencuentro afectivo con su bebé.

Este reencuentro se produce cuando ambos están receptivos a «la conexión» o al «contacto».

Es importante recordar que, siguiendo el modelo integral que queremos compartir, cuando una madre y su bebé se alinean, lo que se alinea son sus estados psicobiológicos de actividad cerebral. En otras palabras, madre y cría se involucran en una corregulación mutua de estados resonantes (Siegel, 2007).

b) Las características de los padres y cuidadores con estilo de apego seguro/autónomo

Los niños y las niñas con apegos seguros suelen tener progenitores que responden a las preguntas de la Entrevista del Apego Adulto o al cuestionario EVA de tal manera que su estado mental con respecto al apego corresponde al modo seguro/ autónomo.

El siguiente relato ilustra lo señalado:

Éramos cuatro hermanos, yo era la mayor y una de las dos niñas. Mi madre nos cuidaba mucho y recuerdo que me sentía muy próxima a ella. Mi madre al regresar de la escuela solía preguntarnos cómo nos había ido durante el día, mientras nos preparaba la merienda. Recuerdo un día en el que estaba muy triste porque una profesora me había acusado injustamente de algo que yo no había hecho y no quiso escuchar mis explicaciones. Mi madre lo notó enseguida y aunque era una madre muy ocupada porque tenía que ocuparse de las cosas de la casa y de nuestros deberes, vino a mi habitación para preguntarme qué me pasaba, por qué me sentía triste y me invitó a que le contara lo sucedido. No recuerdo exactamente lo que me dijo, pero sí cómo me hizo sentir aliviada.

Este trozo de relato de una Entrevista del Apego Adulto (EVA) revela que esta madre tiene una visión equilibrada, pero no idealizada, de la relación con su madre. Su relato comunica que ella tiene acceso a un conocimiento autobiográfico general, por ejemplo, que su madre era atenta, sensible y próxima a sus hijos y a ella en particular, pero, al mismo tiempo, entrega detalles específicos que prueban lo que afirma. La narración es altamente coherente y satisface las máximas Grice, descritas unos párrafos más arriba. Una narración de este tipo revela que esta adulta dispone de la capacidad para participar en una comunicación colaboradora y coherente con la persona que la entrevista, al mismo tiempo que puede rastrear en su memoria recuerdos de experiencias relacionadas con el apego (Hesse, 1996).

Otro aspecto que se observa en este corto relato es la habilidad para reflexionar sobre lo que Daniel Siegel llama «procesos mentales» (1999), al mismo tiempo que relata sus experiencias de infancia: «no recuerdo exactamente lo que me dijo, pero sí cómo me hizo sentir aliviada».

Por otra parte, esta madre posee lo que Fonagy (1991) y sus colaboradores llaman una capacidad «mentalizadora», es decir, posee una mente que es capaz de representarse otras mentes. Esto es esencial para que una madre pueda entender qué está pasando por la mente de su bebé para así responder a sus necesidades. En efecto, esta madre mostraba en la observación de su relación con su hija de veinte meses una gran sensibilidad para calmarla. Ella podía imaginar la causa del llanto de su hija y comunicarle su hipótesis con frases como éstas: «mi niña tiene hambre» o «tienes miedo de que mamá no vuelva a buscarte», al mismo tiempo, hacía lo necesario para que se calmara informándola o proponiéndole una respuesta para calmarla o satisfacer sus necesidades: «esto durará sólo un momento, te quedarás con esta señora y podrás jugar con los juguetes que están en la sala...». El contenido de las respuestas de su EVA y sus conductas con su hija eran armónicas y coherentes, como en todo los casos de madres competentes.

El que los relatos de una madre o de un padre contengan descripciones menos positivas de las relaciones con sus progenitores no es sinónimo de que la persona tenga respuestas a EVA que correspondan a apegos inseguros o desorganizados. La coherencia mental de los adultos con apegos parentales seguros se refleja por la fluidez de la narración, es decir, la facilidad para hablar objetivamente sobre el pasado y la habilidad para considerar a sus propios progenitores como influyentes en su desarrollo.

La madre de nuestro caso se refiere de esta manera a su padre:

> Mi padre tuvo una infancia dura y pasó por momentos difíciles. Durante años creo que estaba deprimido. No era divertido estar con él. De repente nos gritaba y nos exigía más de lo que podíamos. Mientras era joven me preocupaba verlo sufrir, en ocasiones lo vi llorar, pero no me sentía muy cercana a él. Durante mi adolescencia sentí mucha rabia contra él, no sabía por qué me sentía culpable; poco a poco pude superar mi ira hacia él; no fue fácil, pero eso me ayudó a la buena relación que tenemos hoy. Creo que esto me da fuerza para enfrentar las dificultades actuales: el haberlo superado en conjunto con mis padres. A medida que crecí mi madre me fue contando la historia de la infancia de mi padre, lo que me ayudó a comprender cuán dolorosa era la situación para él y para mí.

Cuando una madre o un padre hace un relato parecido está revelando su habilidad para referirse no sólo a los aspectos positivos de la experiencia, sino también a los negativos, así como su capacidad para reflexionar sobre el modo en que estas experiencias los afectaron en su infancia y adolescencia. El hecho de que, además, pueda establecer una relación, cómo estas experiencias le están afectando en su vida adulta y su papel como padre o madre, son indicadores de un vínculo de apego sano y suficientemente seguro ofrecido a sus hijos.

En resumen, una parentalidad suficientemente sana y competente es ejercida por padres y madres con un modelo de apego seguro/autónomo.

En EVA sus relatos expresan:

1) Fluidez en sus narraciones.
2) Capacidad para reflexionar sobre sí mismos, es decir, capacidad de autorreflexión.
3) Acceso a la memoria, incluyendo recuerdos emocionalmente dolorosos.
4) En palabras de Mary Main (1995), sus estados atencionales y representaciones no requieren una estrategia minimizadora para conversar sobre aspectos relacionados con el apego (Main, 1995).

2. Características de los padres con estilo de apego temeroso (TS) y de sus hijos e hijas con apego evitativo

a) Niños y niñas con apego evitativo: hijos e hijas de padres con apego temeroso (TS)

Los niños y las niñas con apego evitativo, observados en nuestros programas, no demostraban mucho entusiasmo por estar con sus progenitores o de «recibirlos con los brazos abiertos» cuando la madre o el padre regresaban a la habitación después de una corta separación en la prueba de la Situación Extraña.

Los padres de estos niños tienden a presentar una postura «descuidada», distante o desdeñosa, que quiere decir despectiva, en la relación con sus hijos e hijas.

Estos niños muestran una aparente indiferencia en presencia de sus progenitores; esto se expresa, por ejemplo, en la prueba de la Situación Extraña: si se encuentran jugando y aquéllos vuelven, se comportan como si sus padres nunca se hubieran marchado o como si no hubieran vuelto. A pesar de esta aparente indiferencia, estudios sobre el efecto del estrés en estos niños han demostrado indicadores somáticos importantes, como cambios significativos en el ritmo cardíaco, cuando sus padres están presentes (Spangler y Grossmann, 1993). El modelo de apego de estos niños es un mecanismo de defensa frente a las reacciones violentas, rechazantes o negligentes de sus progenitores o a una combinación de todas ellas. Sus progenitores nunca les han ofrecido seguridad ni permanencia en la satisfacción de sus necesidades emocionales y afectivas; al contrario, han sido, o son, fuente de dolor, estrés y miedo. Estos padres no tienen la capacidad de sintonizar adecuadamente con sus hijos o hijas porque no pueden ponerse en su lugar y a menudo no reaccionan frente a las conductas de sus hijos o lo hacen de una forma agresiva y rechazante. Frente a esta realidad los niños renuncian a buscar una proximidad afectiva con sus padres y desarrollan diferentes estrategias para evitar el contacto con ellos. Esto se puede hacer extensivo a otros adultos.

En otras palabras, los hijos y las hijas de estos padres desarrollan una estrategia progresiva, en la que, reduciendo su atención y representándose como sujetos que no necesitan afectivamente de los demás, reducen la búsqueda de proximidad y gratificación afectiva, menguando sus expectativas de respuesta parental. Esto va a modelar un patrón de relación con los demás, defendiéndose así de los sufrimientos de la frustración o del dolor provocados por posibles agresiones. Esta adaptación conductual que se observa en la infancia y adolescencia se expresa más tarde en la vida adulta, a través de respuestas a las preguntas de EVA carentes de emociones y espontaneidad.

b) **Las características de los padres y cuidadores con estilo de apego temeroso (TS)**

Los padres de estos niños son descritos, en las investigaciones de Mary Ainsworth y sus colaboradores (1978), como adultos emocionalmente distantes, que presentan a menudo conductas olvidadizas y de rechazo hacia sus hijos e hijas. Son progenitores que se muestran emocionalmente insensibles al estado de la mente de sus hijos y con muy poca disponibilidad para percibir y responder a sus necesidades. Otros estudios muestran que tales progenitores presentan grados bajos de sintonización afectiva, incoherencia entre lo que dicen y lo que demuestran con sus gestos, en especial los faciales, y muestran una gran dificultad en controlarse y emprender tareas educativas que requieren paciencia y organización para obtener resultados, como, por ejemplo, la resolución de problemas.

Los progenitores de estos niños carecen de habilidad para representarse las mentes de sus hijos. Así como la madre de un niño con apego seguro, frente al llanto de su hijo, se pregunta qué le sucede y responde con una acción para calmarlo y satisfacer sus necesidades, en cambio, la madre de un niño con apego evitativo no puede hacer este ejercicio e, incluso, puede molestarse y responder agresivamente al llanto o las demandas de su hijo o hija.

Esta incapacidad total o parcial de reflexionar sobre el estado mental de los demás, en particular de sus hijos, se expresa por una enorme dificultad a formularse preguntas como: ¿Qué le pasa? ¿En qué piensa? ¿Qué estará sintiendo? ¿Qué necesita? ¿Por qué hace lo que hace?

Algunas de las madres con esta modalidad de apego, seguidas en nuestro programa, han manifestado percibir una sensación de desconexión emocional, aunque muchas de ellas no eran conscientes de ello, a pesar de que su distanciamiento afectivo de los hijos y de los demás era evidente para cualquier observador. Cuando hablan de sus emociones, lo hacen desconectados de ellas, así su forma de hablar de experiencias que las implican emocionalmente aparece como un discurso que corresponde a formas lógicas y analíticas, que carecen de un componente sensorial y emotivo. Existe, además, ausencia de cualquier pensamiento o forma de actuar que emerja de una dinámica intuitiva.

Las respuestas a las preguntas contenidas en la Entrevista del Apego Adulto o EVA demuestran una ausencia característica de riqueza y profundidad en sus relatos autobiográficos y en las autorreflexiones, como lo mostraremos a continuación.

En niños o niñas de más edad y en adultos, los relatos descriptivos sobre su infancia contenidos en las respuestas a EVA se caracterizan por una escasez de memoria autobiográfica y narrativas pobres, así como pocas creencias relativas al valor de las relaciones para crecer y desarrollarse.

El siguiente párrafo, que corresponde a las respuestas a la Entrevista del Apego Adulto o EVA de una madre, sirve para ilustrar las vivencias de una adulta resultado de sus relaciones familiares que facilitaron la organización de su estilo de apego adulto temeroso: «Mis padres me ayudaron a crecer, me permitieron experiencias excelentes. Fui capaz de aprender francés, y a interesarme desde pequeña por el arte». Al referirse a la relación con sus progenitores desde pequeña dice: «Mis padres eran personas muy complacientes, mi padre era simpático y me transmitió la importancia de ver las cosas con humor. Mi madre era ordenada y de ella saqué lo organizada que soy. En general, no me puedo quejar de mi familia». Al inquirirle por recuerdos específicos de cuando era niña dice: «De mi infancia sólo tengo recuerdos agradable, no recuerdo muchos detalles, pero sí que teníamos una buena familia. La mayoría fueron momentos buenos».

A lo largo de su relato esta madre insiste en no recordar experiencias particulares de su niñez, afirmando que: «Ahora confía en el trabajo duro y la perseverancia; cada uno tiene que encontrar su propio camino en la vida. Les transmito esto a mis hijos cada día: que quiero que sean tenaces e independientes para que logren lo que yo he sido capaz de lograr».

Este párrafo de su narración de su Entrevista del Apego Adulto (EVA) muestra una carencia de verdaderos contactos interpersonales durante su desarrollo infantil.

A menudo, los adultos en este tipo de narrativas insisten en que no recuerdan su infancia. Sus descripciones son generales y no se apoyan en recuerdos específicos. Por lo tanto, sus relatos son incoherentes y violan la máxima de Grice respecto a la calidad. Además, también fallan en la segunda máxima de Grice, la de cantidad, porque sus respuestas son además excesivamente breves.

Por ejemplo, a la respuesta sobre la relación con la madre, una mujer de esas características puede responder: «Mi madre era buena, pero no puedo decir por qué era buena...».

La sensación que percibe el entrevistador es la falta de conexión emocional de esta persona con su madre, sensación que se transmite también al propio entrevistador.

En este grupo de padres y madres, existen también aquellos que pueden describir experiencias de rechazo o de abandono emocional por parte de sus propios progenitores, pero al mismo tiempo afirmaciones positivas sobre ellos. Todas estas respuestas sugieren procesos mentalizadores mínimos entre padres e hijos. Lo que quiere decir que los intercambios, tanto verbales como gestuales, no fueron ni en cantidad ni en calidad lo suficientemente adecuados para permitir el conocimiento de lo que emociona y piensa el otro, así como el sentido de sus actos. Esto no facilitó un acceso hacia el conocimiento de sí mismo en estas áreas.

El modelo de apego de un padre o madre «rechazante», codificado como «TS», es la expresión en el adulto del modelo de apego evitativo que seguramente ya tenía cuando era niño o niña.

El hijo de una madre y un padre con este modelo de apego adulto está obligado a entrar en una dinámica que se puede resumir:

> Mi padre (o madre) me rechaza, no me atiende o no me entiende, que no es lo mismo, pero es igual, más aún, cuando los frustro, me agreden. Por lo que no saco nada con esperar afecto, proximidad o ayuda de su parte; por ello vivo centrado más en mí mismo que buscando una relación con ellos o con otros...

Ésta es una forma de adaptación mental que se expresa por la distancia y el interés mínimo que estos hijos muestran por sus progenitores. Esta respuesta no se puede considerar como una elección consciente y deliberada por parte de un bebé o de un niño. Esto es muy importante para defender la idea de no patologizar estas conductas, sino verlas como expresión de sufrimiento y adaptación para evitar lo primero. Es válido para todos los modelos de apego, tanto de los adultos como de los niños; hablar de trastorno de apego o modelos de apego es el resultado de dos lecturas complementarias.

Cuando una madre, como la señalada, responde a una de las preguntas de EVA sobre la calidad de las relaciones con sus padres, puede referirse así: «Mi vida como niña era buena, porque aprendí cosas importantes de mis padres; quiero que mis hijos aprendan a ser autónomos como yo...».

No está respondiendo a la pregunta sobre la calidad de su relación con sus padres. Ella sintetiza su historia infantil en la familia en términos de cosas o aportes que sus progenitores le dieron, pero no de los afectos y el tipo de comunicación que existía entre ellos.

Esto explica que estos padres no puedan recordar y aportar detalles de sus infancias.

Esta «amnesia» incluye períodos superiores a los cinco años, que es la edad en que la mayor parte de los lectores y nosotros mismos comenzamos a tener acceso fácil a nuestros recuerdos de infancia a través de lo que se conoce como la memoria autobiográfica explícita. Nos hemos encontrado con adultos en los que su bloqueo de la memoria infantil se extiende hasta la entrada en la adolescencia. Estos fenómenos sugieren un subdesarrollo de lo que los investigadores de la memoria y la consciencia llaman la consciencia autonoética.[3]

Se sabe hoy que la riqueza del autoconocimiento y de las narraciones autobiográficas, que cada persona tiene, depende de los diálogos o conversaciones en que los adultos de una familia y, en especial los padres o cuidadores, hacen participar a los niños y a las niñas. De esta manera, se co-construyen las narraciones de los acon-

---

3. *Consciencia autonoética*: Se refiere a la habilidad de la mente humana a un «viaje mental en el tiempo». Lo que quiere decir que se dispone de la posibilidad de recordarse cómo se era en un determinado momento particular del pasado, de tener consciencia de sí mismo en el presente vivido y de poder proyectarse cómo seremos en el futuro imaginado. Los padres y las madres competentes permiten que sus hijos, ya a partir de la mitad del tercer año de vida, colaboren con ellos en la construcción conjunta de relatos creados a partir tanto de los hechos reales de la vida como de los imaginados (Nelson, 1993).

tecimientos externos y, sobre todo, de las experiencias internas y subjetivas de cada uno de los que participan en esas conversaciones. Por lo tanto, cuando el apego es sano y seguro, los niños y las niñas son considerados como sujetos en las conversaciones, por lo que se les fomenta el desarrollo de sus consciencias autonoéticas. Cuando los apegos son inseguros, o en los casos más graves desorganizados, los niños y las niñas tienen una limitación muy importante para el desarrollo de este tipo de consciencia, porque no existe comunicación compartida sobre los acontecimientos y los recuerdos, por lo que no se desarrolla ni se fortalece este tipo de memoria.

Por ejemplo, una madre competente le muestra fotos a su hija de dos años y medio de cuando era bebé y le cuenta: «Mira, ésa eres tú cuando eras bebé; me estás pidiendo que te tome en brazos, cosa que yo hacía, porque, cada vez que ocurría, tú me sonreías. ¿Ves?, como lo estás haciendo aquí en la foto...».

Tiempo después, cuando la niña tenía poco más de tres años, señalando una foto parecida decía: «Ésta soy yo cuando era bebé; me gustaba que me tomaran en brazos, y mi mamá lo hacía...».

Lo narrado ilustra cómo se configuran las memorias autobiográficas, que son las bases de esta consciencia autonoética. Existen narrativas compartidas, porque existe un apego suficientemente sano y seguro. En contraste con esto, es alta la frecuencia con que los padres y las madres (TS) temerosos no recuerdan detalles de sus infancias. Una posible explicación es que, en la medida que las experiencias relacionales carecen de emociones placenteras o son poco afectivas, éstas no se codifican como «recuerdos cargados de valor». Los trabajos sobre la memoria demuestran que las experiencias connotadas emocionalmente son más fáciles de recordar; por lo tanto, forman con mayor frecuencia parte de los relatos autobiográficos. Otro modo de explicarlo es que, debido a que los niños con apego evitativo tienen pocas posibilidades de participar en sus familias en conversaciones relativas a temas significativos respecto de cómo se sienten, por qué pasan las cosas en su familia y en su entorno, etcétera, cuentan con menos oportunidades de desarrollar la memoria y su imaginación. En consecuencia, tienen menos posibilidades de expresar en sus recuerdos las vivencias infantiles.

La falta de recuerdos infantiles, en las narrativas de EVA, de madres y padres con apego parental temeroso se asocian más con los patrones relacionales de rechazo, indiferencia, abandono y desconexión emocional que sus padres les impusieron cuando niños y que originaron en ellos un modelo de apego evitativo.

Es importante recordar que la memoria autobiográfica tiene tres componentes: la que hace referencia a los períodos generales, a los conocimientos generales y a los sucesos específicos. De acuerdo con lo señalado, se puede pensar en el pasado en términos generales como «mientras estaba en la escuela básica...», luego en términos de sí mismo pero, en general, «yo solía jugar con mis compañeros de clase» y, por último, se pueden recordar sucesos específicos del pasado, como por ejemplo: «recuerdo que mi mejor amiga Lucía me invitó a su cumpleaños...».

Los padres y las madres rechazantes carecen de recuerdos de detalles de sucesos específicos que tienen que ver con experiencias relacionales, más en particular, con las que tienen que ver con sus progenitores.

Para algunos autores, estos padres tienen acceso a una cierta memoria autobiográfica, pero su singularidad está en que la consciencia autonoética es diferente. La autonoesis es la habilidad de la mente para viajar mentalmente en el tiempo. En su foco está la sensación de uno mismo en un pasado experimentado de modo personal. En este tipo de padres, éstos pueden saber qué acontecimientos ocurrieron en el pasado, pero no disponen de la sensación de ellos mismos en el pasado en relación con personas significativas, por ello sus relatos son, al menos al principio del proceso terapéutico, carentes de detalles en ese sentido.

Dicho de otro modo, los padres rechazantes tienen mejor acceso a la memoria noética, pero presentan dificultades con la memoria autonoética.

Esto conduce a diferentes investigadores a querer determinar las estructuras cerebrales que sustentan las memorias autonoéticas frente a las noéticas y a plantear que a los progenitores rechazantes se les activan determinados mecanismos neurológicos en sus relatos.

La mayoría de las personas dirigen la mirada hacia la izquierda mientras evocan recuerdos de su vida durante la infancia (memoria autobiográfica). Estos procesos activan sobre todo los circuitos del hemisferio derecho.

Lo interesante es que los padres con estilo de apego temeroso miran al lado derecho mientras responden a las preguntas del cuestionario de EVA, lo cual sugiere que lo que se les activa es el hemisferio izquierdo, donde se supone que se media el recuerdo semántico (Wheeler y otros, 1995).

En los casos más llamativos, algunos padres con este tipo de modelo de apego, con hijos seriamente perturbados en sus posibilidades de apego, insisten en que no recuerdan nada de los acontecimientos personales de sus vidas. No sólo no parecen acordarse de sí mismos en el pasado, sino que tampoco parecen acordarse de hechos significativos de sus experiencias. Todo lo cual hace pensar que existe un bloqueo en el recuerdo o una codificación deteriorada de los hechos relativos a experiencias relacionales.

Una forma de entender lo señalado es considerar los resultados de los estudios generales sobre la memoria y la emoción, que demuestran que las experiencias con carga emocional son más propensas a ser recordadas (Christianson, 1992). Se sabe que las partes del cerebro responsables de asignar prioridades a los anagramas entrantes o, en otras palabras, a los hechos o acontecimientos que estimulan el cerebro, son la amígdala y el corte orbitofrontal, y tienen preferencia por aquellas experiencias más valoradas y emocionalmente significativas y, por lo tanto, memorables (Damasio, 1994).

Las experiencias emocionales son más propensas a ser recordadas a largo plazo, lo que sugiere que el proceso de consolidación cortical selecciona estas memorias por encima de otras, guardándolas en el almacén en forma permanente. Así se explica que una persona suficientemente sana pueda hablar de su vida con emoción y entregue detalles sobre sus aspectos relacionales más significativos.

Es posible que a los niños con apego evitativo, que crecieron en contextos emocionalmente muy poco cálidos, a veces sufriendo el rechazo activo o malos tratos físicos, no se les active la amígdala, el corte orbitofrontal y otros centros de valoración de las experiencias; por lo tanto, lo que les ocurre en el marco de sus relaciones familiares no clasifica como merecedor de ser recordado.

Existe un estudio con niños y niñas de diez años de edad con un apego evitativo hacia sus cuidadores primarios detectado al año de vida; en la entrevista sobre sus recuerdos de infancia, se encontró una escasez única y significativa de detalles autobiográficos (Main, 1995).

Los niños y las niñas que participaron en esta investigación hacían afirmaciones, como «no sé qué decir sobre mi vida» o «vivo en casa con mi hermano, eso es todo». En este estudio, los progenitores estudiados con la Entrevista del Apego Adulto mostraron también una elaboración mínima de sus historias vitales en lo que respecta a las relaciones con otras personas.

Si los progenitores tienen poca capacidad de reflexionar sobre sí mismos y son incapaces de reflexionar sobre lo que sienten, piensan o hacen sus hijos, no ofrecerán en sus conversaciones con ellos relatos sobre cómo los niños eran de pequeños, al mismo tiempo que no participarán en la co-construcción de narrativas con ellos.

Como ya hemos señalado, estos dos factores son considerados muy importantes a la hora de acceder a la memoria autobiográfica. El hecho de que algunos de estos padres tuvieran buena memoria relativa a otros sucesos, como acordarse de un programa de televisión popular u otros acontecimientos acaecidos en su esfera personal en esa época, hicieron pensar que la amnesia, en relación con sus experiencias infantiles tenía que ver más con una perturbación de la consciencia autonoética, o memoria episódica, y menos con la consciencia noética o memoria semántica[4] que se encuentra alterada cuando existen trastornos disociativo.

No obstante, la distancia emocional y el rechazo activo, en los casos más graves, presentes en las «relaciones evitativas» crean relaciones dolorosas para los niños y las niñas, que, luego, se transformarán en adultos marcados por esas experiencias. Uno de los contenidos principales del dolor que experimentan estos niños resulta de los golpes,

---

4. La *consciencia noética* se relaciona con la memoria semántica. Se refiere a la consciencia del pasado relacionada con la vivencia o sentimiento de familiaridad o de «conocer» (Gardiner, 2001).

pero sobre todo de la frustración casi permanente que experimentan cuando manifiestan sus necesidades de contactos emocionales y de comunicación. Investigaciones recientes muestran que estos niños y niñas a menudo presentan síntomas disociativos a lo largo de toda su infancia y en la adolescencia, por lo que también pueden presentar alteraciones en su consciencia noética y, entonces, su sistema de defensa evitativo es adaptativo a la situación relacional, pero no evita la interiorización del sufrimiento y el estrés. Al transformarse en padres, pueden también revivir con sus hijos esas experiencias traumáticas reaccionando con violencia, rechazo o abandono. Esto agrava aún más el riesgo para los hijos y explica la alta posibilidad de transmisión transgeneracional, si no existen intervenciones de protección y terapéuticas adecuadas (Ogawa y otros, 1997; Barudy y Dantagnan, 2005).

El apego evitativo, según el modelo de Siegel, puede también conceptualizarse como aquel que conlleva restricciones en el flujo de energía e información a través de la mente (Siegel, 2007). Estos enunciados proponen, a su vez, diferentes pistas para explicar la falta de recuerdo y ausencia de detalles en la narración autobiográfica de estos padres evitativos o rechazantes. Estas pistas nos permiten diseñar intervenciones para favorecer una comunicación emocional elaboradora y contingente con sus hijos, así como otras personas de sus entornos.

Es importante recordar que la región orbitofrontal derecha del cerebro es una de las zonas más importantes para el apego y también como mediadora de la consciencia autonoética. Ello debido a que esta región sirve para coordinar la comunicación social, la sintonización empática, la regulación emocional, el registro del estado corporal, la valoración de los estímulos en el sentido de valorar y dar sentido a las representaciones, así como a la consciencia autonoética (Damasio, 1994). Lo señalado refuerza la idea sobre la importancia de las relaciones emocionales tempranas que modelan el conocimiento de sí mismo y la capacidad para integrar un modelo de trabajo interno con respecto al apego.

En los niños y las niñas el modelo de apego evitativo se adquiere de modo progresivo como resultado de patrones de comunicación emocionalmente distante, agresivos y frustrantes, ofrecidos por sus progenitores o cuidadores más próximos. Este patrón de apego organiza el funcionamiento de la mente para reducir el acceso a la experiencia emocional negativa y a la información de la memoria, sobre todo la referida a hechos o acontecimientos derivados de las relaciones con sus progenitores. Sin una buena política social de protección y de reparación terapéutica, esto se expresará en la vida adulta por un modelo de apego adulto temeroso, creando padres y madres productores de hijos e hijas con apegos evitativos u otros trastornos del apego. Tanto el modelo infantil como el adulto son parte de un mismo círculo vicioso. La consecuencia de este círculo mórbido es el deterioro de la capacidad de la mente para desarrollar una vivencia integrada de sí mismo a lo largo del tiempo en relación con los demás.

Las perspectivas sobre sí mismos de los padres y madres con este tipo de modelo de apego se limita a funcionar con los demás en dominios no emocionales y alejados de la influencia de las relaciones interpersonales. Si bien es cierto que esto corresponde a una adaptación necesaria para hacer frente a los apegos distantes y rechazantes ofrecidos por sus propios progenitores, la organización de sus mentes infantiles se vio empujada a excluir las emociones y las relaciones interpersonales emotivas, y se hipotecó una parte importante de su funcionamiento social y afectivo. En relación con la parentalidad, si no se ofrecieron recursos reparadores y resilientes, existe una posibilidad muy alta de que ésta se manifieste en una incompetencia parental importante.

Todo parece indicar que las emociones y las relaciones con los demás son fundamentales para dar sentido a la vida y para la salud mental. Este modelo de apego adulto, aunque con valor adaptativo, es restrictivo y, por ende, es un impedimento para el funcionamiento sano de la mente. Si, además, en lo que se refiere a la parentalidad, obliga a los hijos a seguir el mismo camino, se justifican los esfuerzos para ofrecer a estos padres, sobre todo a las madres, los recursos terapéuticos y educativos necesarios para acceder a formas más sanas de apego.

Este estado mental está presente en el grupo de padres que presentan incompetencias parentales, pero, como en general tienen una vida familiar y social normalizada, no son usuarios de los servicios encargados de proteger a los niños. Más aún como el mecanismo adaptativo de sus hijos es la evitación de las relaciones afectivas, estos niños no crean grandes problemas ni en la escuela ni en el barrio. A menudo pasan desapercibidos, hasta que al fallarles su forma adaptativa presentan comportamientos agresivos y de rechazo hacia sus pares o hacia adultos que «se meten demasiado con ellos».

3. Estado de la mente y características de los padres con estilo de apego preocupado (E) y de sus hijos e hijas con apego ansioso-ambivalente

a) Los hijos y las hijas de padres con apego preocupado (E): niños y niñas con apego ansioso-ambivalente

Los niños y las niñas con este tipo de apego inseguro, al ser sometidos a la Situación Extraña, se muestran muy inquietos cuando el progenitor deja la sala y cuesta que se calmen a pesar de los juguetes y la ayuda del examinador. Cuando el progenitor regresa, se dirigen raudos a él o ella, pero no se tranquilizan ni vuelven inmediatamente al juego, al contrario, se aferran con ansiedad a ellos, lloran y es difícil consolarlos; pueden también tener reacciones agresivas.

Los progenitores de estos pequeños, en general, se muestran muy incoherentes en su disponibilidad, sensibilidad y conductas destinadas a satisfacer las demandas y necesidades de sus hijos. Por ejemplo, una madre de este tipo presenta comportamientos intrusivos, invadiendo emocionalmente a su cría, junto con actitudes indiferentes y comportamientos negligentes. En un momento dado, puede mecer a su hijo que juega tranquilamente y de repente zarandearlo con abrazos y besos, sacándolo bruscamente de su centro de atención y perturbando su estado mental. Estas madres buscan la conexión con sus hijos, pero de una forma inadecuada, inadaptada o no contingente con la comunicación de sus hijos.

Las reacciones parentales incoherentes provocan en los hijos diferentes grados de ansiedad que, a su vez, el progenitor no es capaz de aliviar.

A diferencia de los hijos con apego evitativo, ya descrito, que aprenden a tomar distancia del estado mental del progenitor y de sus reacciones, desarrollando una estrategia de desactivación, los niños y las niñas que desarrollan apego ansioso-ambivalente están forzados a estar permanentemente preocupados por la angustia de sus padres. Por esto, deben mantenerse en alerta continua, focalizando su atención en el carácter imprevisible de las reacciones parentales.

Como veíamos antes, en las relaciones de apego seguro existe una forma sintonizada y contingente de comunicación entre el bebé y el cuidador. A esto se lo denomina intersubjetividad primaria. Hacia los nueve meses, las capacidades representativas cada vez más complejas del bebé le permiten el desarrollo de una imagen interna del progenitor, denominada el «otro virtual» (Aitken y Trevarthefl, 1997). Constituye la «intersubjetividad secundaria» que le permite al bebé disponer de un proceso de filtración para percibir a otra persona y comparar esas percepciones con la representación del otro virtual. Esta fase intermedia constituye la forma normal a través de la cual la mente conecta la memoria de las experiencias pasadas con las percepciones presentes y continuas. Tras la primera mitad del año, cada bebé cuenta con una serie de «otros virtuales», que son continuamente evocados durante las interacciones con otras personas. Si los apegos pasados han estado repletos de incertidumbre e intrusión, entonces, el otro virtual (la representación interna de la figura de apego) puede interferir con la habilidad para percibir con claridad los intentos de conexión de los demás, aunque puntualmente éstos sean bientratantes. Esto permite validar los resultados observados en la Situación Extraña. Aunque el progenitor o el cuidador estudiado simule afecto y disponibilidad, el niño o la niña no se tranquiliza con facilidad ante el retorno del progenitor quien, en este contexto particular de examen, puede estar actuando de un modo perfectamente sintonizado y tranquilizador. El niño o la niña, transformado más tarde en un adulto, puede percibir erróneamente las conductas ajenas a la luz de su «otro virtual» que le generan cautela e incertidumbre.

El evaluador de las competencias parentales debe tener siempre presente que el pasado, codificado en la memoria del niño, fundamentalmente la memoria implícita, modela directamente los modelos mentales implícitos y la memoria evocativa, que crea la imagen del otro virtual en la mente del niño durante las interacciones. Los apegos inseguros son generados por modelos de apego adulto incoherentes. Estos modelos de relación pueden ser activados en ciertos estados anímicos, por ejemplo, cuando el niño o el adulto se sienten amenazados dentro de interacciones con personas específicas. Lo hemos constatado a menudo con padres y madres en los que «el otro virtual» puede ser tan dominante en la mente del individuo, que el otro real tiene pocas posibilidades de ser directa e idóneamente percibido. Esto no es sólo válido para explicar la forma en que perciben a sus hijos, sino también cómo perciben al entrevistador o al profesional que trata de evaluarlos para ofrecerles una ayuda adecuada.

Nuestras observaciones informales sugieren que los niños que han vivido estas formas inseguras de apegos ambivalentes desarrollan una vivencia interna de ser injustamente invisibles y despreciados por los demás. Esta percepción de sí mismos determinará la forma de relacionarse en una búsqueda compulsiva de afecto y de ser reconocidos. El otro virtual interiorizado le impulsa a ser torpe y desconfiado. Irónicamente, el niño o la niña con apego ambivalente desarrolla una vivencia interna de incertidumbre e inquietud que le confiere una necesidad urgente y permanente de encontrar alivio en las interacciones con otros. Por otro lado, sus miedos y desconfianza, que se traducen en conductas inadecuadas, provocan con mucha frecuencia el rechazo de los demás, lo que origina un círculo vicioso en sus relaciones, de aproximación y retirada.

El resultado de esta historia de apego inseguro es que estas experiencias modelarán las percepciones y expectativas que tienen el niño o la niña sobre el mundo, sobre los otros y sobre sí mismos, de tal manera que lo que predominará será la ambivalencia. Todo ello como respuesta a las comunicaciones imprevisibles e intrusivas de sus figuras de apego primarias. Esto se agrava debido a las continuas preocupaciones que manifiestan los progenitores, explícita o implícitamente, hacia sus hijos, como expresión de sus propias ambivalencias e inseguridades como padres; lo cual se traduce por afectos cambiantes y respuestas insensibles e incoherentes de estos padres, cuando los hijos les comunican o expresan una necesidad.

Los niños o las niñas con apego ambivalente organizan su propio estado mental a partir de las preocupaciones generadas por las actuaciones repetitivas de un progenitor imprevisible. En términos de autoorganización cerebral equivale a que los flujos de energía e información que organizan el cerebro infantil sean interrumpidos de una manera imprevisible. Los modelos de comunicación de los progenitores, lejos de contribuir a relaciones interpersonales estables y seguras, mantienen la confusión permanente y las ambivalencias afectivas de los hijos. Cuando estos niños o niñas llegan a ser padres o madres lo hacen con un modelo de apego adulto preocupado, a menos que hayan conocido experiencias resilientes. Como progenitor o progenitora presentan, en su forma de relacionarse con sus hijos, intrusiones muy significativas de lo que fue su propia experiencia como niño o niña. En sus vivencias de adultos y de padres siguen muy presentes sus carencias afectivas, experiencias dolorosas de separaciones y pérdidas de personas significativas.

El hecho de que el pasado modela el presente de las personas ha sido uno de los descubrimientos más importantes de la psicología moderna. Esto ha sido confirmado por las investigaciones actuales sobre la mente y el cerebro. Éstas han demostrado que la mente compara automáticamente las experiencias pasadas con las percepciones presentes, mientras anticipa el siguiente momento del tiempo. Este proceso comparativo es un resultado natural de la interacción entre memoria, percepción y consciencia, y define la mente como una «máquina de anticipación» (Siegel, 2007).

A menudo se cree y afirma que las vivencias emocionales y las conductas de los padres son, de hecho, sólo respuestas a la conducta del niño. En parte es cierto, aunque estas respuestas no siempre son contingentes. Así, en el caso de los progenitores de hijos con apegos resistentes o ambivalentes, y que presentan una postura preocupada hacia el apego, sus reacciones a la conducta de sus hijos y sus respuestas a las preguntas de la Entrevista del Apego Adulto (EVA) están dominadas por los entrecruzamientos con sus propios pasados. Su respuesta al mundo externo y, en especial a sus hijos, está modelada intermitentemente por sus procesos mentales internos que son independientes de los mensajes enviados por sus hijos.

b) Las características de los padres y cuidadores con estilo de apego preocupado o el estado mental de los padres preocupados con respecto al apego

Mónica, una madre de treinta y cuatro años, atendida en el programa de apoyo a la marentalidad responde a la siguiente solicitud: «Cuéntanos lo que te acuerdes de tu familia cuando eras pequeña; háblanos de tus primeros recuerdos».

> Éramos una familia normal, yo diría incluso feliz. Solíamos jugar todo el tiempo, paseábamos con mis padres a menudo, no hubo muchos momentos en que se alzara la voz, si los hubo, fueron escasos. En general, todo iba muy bien. Recuerdo una vez que fuimos todos en un viejo camión a un paseo por la playa con uno de mis tíos maternos: fue muy divertido. Pero a veces no entiendo por qué la semana pasada mis padres hicieron un paseo parecido, pero sólo convidaron a mi hermano y a sus hijos, ni siquiera nos llamaron. No sé por qué lo han hecho. Me duele; desearía que dejaran de favorecerlo siempre, pero en realidad ya no me importa, ya lo estoy superando. Me gustaría que dejara de ser así.

Este relato nos aproxima a la vivencia interna de una madre cuyo estado mental con respecto al apego correspondería al de preocupado; se podría, incluso, considerar como enmarañado.

La intromisión del pasado en el presente

La narración indica que el pasado sigue presente y es fuente de preocupación en la vivencia del adulto. En otras historias de carencias afectivas más severas, cuando se le pide a las madres o a los padres evocar recuerdos de su pasado familiar, ellos se refieren a las relaciones actuales con sus progenitores de una manera hostil, temerosa o mostrando una cierta indiferencia.

Las respuestas a las preguntas contenidas en la Entrevista del Apego Adulto revelan la violación de las máximas del discurso de Grice, relativas a la cantidad, modo y relevancia. Esto se traduce en que la narración no es sucinta y no contempla directamente las preguntas formuladas por el entrevistador. La madre o el padre, como la mujer del ejemplo, se ven asaltadas fácilmente por los recuerdos de su infancia, que se funden con sus vivencias actuales, de modo que de una forma admitida, o no, su experiencia relacional infantil con sus progenitores en el pasado le sigue influyendo y, a veces, determinando sus relaciones presentes y, en particular, aquéllas con su cónyuge e hijos (Main y Goldwyn, 1998).

Las vivencias infantiles de los adultos con modelos de apegos preocupados explican sus inquietudes y su desconfianza permanente en las relaciones actuales en lo que se refiere a la capacidad de los demás, incluyendo a sus figuras de apego actuales, de satisfacer sus necesidades. Simultáneamente, existe un poderoso deseo y necesidad de proximidad afectiva, acompañado de un temor intenso a las pérdidas. Esto explica que los adultos con este modelo preocupado se sientan muy a menudo en un estado de ansiedad y confusión respecto al apego de sus propios hijos e hijas. Los modelos mentales de las relaciones con sus progenitores, en particular con sus madres, contaminarán las percepciones y expectativas presentes, de modo que esas personas pueden proyectar masivamente sus propias experiencias en su relación con los demás y, en lo que a nosotros nos interesa, con sus hijos e hijas.

La confusión emocional y las preocupaciones de los progenitores por lo vivido en el pasado explican también la existencia de los patrones de sintonización, incoherentes con los estados mentales de sus hijos. Esto se observa en las múltiples interacciones de padres y madres e hijos en contextos diferentes y, en particular, en la prueba de la Situación Extraña.

Las preocupaciones relativas al pasado pueden dominar los modelos de crianza de uno o ambos padres, pudiendo relacionarse a menudo con sus hijos como si éstos fueran el espejo de ellos cuando eran niños y se sentían mal queridos y abandonados. Las memorias emocionales de los padres, cargadas de inseguridad, miedo y dolor, así como los recuerdos de situaciones de soledad, falta de afecto y pérdidas en su propia infancia, se entrometen en el modo de relacionarse con sus hijos.

Lo antedicho resulta más evidente en las madres y padres que presentan un modelo de apego considerado como categoría particular del tipo de apego adulto preocupado: el «modelo de apego adulto preocupado, sobrecargado por un trauma» (Hesse, 1999). Las respuestas a la Entrevista del Apego Adulto (EVA) de estos progenitores revelan frecuentes referencias a experiencias traumáticas en sus infancias. Las referencias repetidas a un pasado doloroso y traumático guardan una relación orientada y organizada. A diferencia de los estados desorientados desorganizados, que revisaremos más adelante, donde ocurre todo lo contrario. Lo injusto para los hijos y las hijas reside en que los contenidos traumáticos de la infancia de sus padres siguen entremetiéndose en la relación con ellos.

De esta manera, tanto los niños con apego ansioso-ambivalente, como sus progenitores preocupados, presentan formas de relacionarse con los demás repletas de discursos y comportamientos, donde los límites entre el pasado y el presente son confusos e imprecisos. La experiencia parental se ve influida por las activaciones de los modelos de apego inseguro de su propia infancia, lo cual significa que las percepciones, las emociones y las dificultades desencadenadas por la crianza de sus hijos se contaminan con la incertidumbre del pasado infantil de los padres. De esta manera, las nuevas relaciones vuelven a experimentarse como incoherentes y no confiables. Estos padres y madres casi siempre quieren ser afectuosos con sus hijos, y lo son a su manera. Anhelan conectarse y relacionarse emocionalmente con ellos, pero, la mayoría de las veces, la carga del pasado les impide hacerlo de una manera sana, confiada, permanente y segura. Los hijos y las hijas reaccionan a esta dificultad con comportamientos disruptivos, inseguros o agresivos, que interpretados como desagradecidos, refuerzan la insatisfacción afectiva de estos padres y les confirma sus modos mentales de preocupación.

La vivencia preocupada de haber sido o haberse sentido abandonado o rechazado por su propia madre o decepcionado por un padre ausente puede contaminar continuamente sus percepciones presentes. Por ejemplo, una conducta de oposición de su hijo de tres años o el hecho de que su hijita de cuatro años se niegue a abrazarlo y darle un beso pueden producirles un secuestro emocional negativo, resultado de la contaminación del presente actual con sus experiencias del pasado. La madre o el padre son aspirados por un estado mental anciano, sintiendo miedo, rechazo, decepción o ira en contra de sus hijos y, en ocasiones, puede traducirse en golpes, gritos o insultos. Si para cualquier observador externo la conducta del hijo o la hija es totalmente normal en esa etapa del desarrollo, para el cerebro emocional de ese padre o madre esos comportamientos evocan una amenaza vital y producen una respuesta de autodefensa; puede parecer increíble, porque en el nivel de la realidad ningún niño o niña de esas edades representa un peligro real para un adulto. El progenitor con un modelo de apego adulto preocupado, la mayor parte de las veces, no es consciente de que su dificultad para controlarse y modular sus emociones tiene que ver con ese programa de preocupaciones angustiosas que arrastra desde el pasado.

Los conocimientos actuales sobre el origen de la memoria nos permiten una lectura complementaria para explicar la influencia del pasado en el presente de estos progenitores. En lo que se refiere a la memoria, en los progenitores que presentan reacciones como las descritas más arriba, sus experiencias actuales están siendo «improntadas» por los recuerdos de sus experiencias infantiles (Siegel, 1997, 2007). El concepto de impronta se usa aquí para referirse a esa parte normal de los procesos de la memoria, en la cual algunos elementos son más propensos a ser recordados ante determinadas señales contextuales. Para los progenitores preocupados la presencia misma de los hijos y las hijas determina un contexto en el que pueden revivir, por evocación de los recuerdos de infancia, algunas de las características de su propia infancia, por ejemplo, la vergüenza, la angustia de abandono, la injusticia relacional o el rechazo.

Las dinámicas conyugales también pueden producir climas emocionales que despiertan recuerdos implícitos y explícitos de sufrimientos infantiles. Por ejemplo, un padre puede sentirse rechazado ante lo que él considera la forma de relación distante y poco afectiva de su esposa, en contraste con la solicitud que presenta con su hijo o hija pequeña. Esta dinámica relacional tiende a crear en él un estado mental que le hace recordar el estado mental de niño y adolescente rechazado. En otra situación, el interés de una esposa por el bebé que acaba de nacer puede despertar en un marido la sensación de pérdida y abandono de su infancia, provocándole miedo, irritabilidad y, en casos más extremos, comportamientos violentos hacia su esposa y también hacia su bebé.

Desde el punto de vista neurofisiológico, el estado mental con respecto al apego de tipo preocupado puede ser descrito como el reflejo de obstáculos en el flujo de información y energía, cada vez que un progenitor con estas características se encuentra en contextos relacionales afectivos. Así, la intrusión de información (memorias implícitas del pasado) en las situaciones presentes deteriora la habilidad del adulto para ofrecer una comunicación contingente y colaboradora con personas con quienes se vincula afectivamente y, en particular, con sus hijos e hijas.

El mecanismo, mediante el cual esta intromisión de la memoria del pasado influye sobre las relaciones sociales y afectivas del presente, se encuentra en los circuitos de la región orbitofrontal, descritos en los primeros capítulos de este libro.

Otro aspecto interesante a considerar es lo que se refiere a otra capacidad que tiene que ver con la memoria, la denominada consciencia autonoética. Como hemos explicado al tratar el apego adulto temeroso, esta capacidad es responsable de la habilidad de la mente para viajar a través del tiempo, para experimentarse a sí mismo en el pasado, presente y futuro. Los contextos de entrevistas, como la prueba de la Entrevista del Apego Adulto (EVA), las relaciones emocionales o las continuas experiencias de crianza de hijos, pueden evocar contextos relacionados con el apego infantil, que activan la recuperación de parte del córtex orbitofrontal de representaciones autonoéticas. Lo característico del estado de mente preocupado es que la consciencia autonoética evoca, a la vez, una gama de representaciones mentales de experiencias dolorosas, que se deslizan fácilmente creando un estado de la mente errante. En éste se mezclan las preocupaciones del pasado, del presente y del futuro lo que se expresa en el cuestionario EVA a través de respuestas que siguen un patrón característico.

Como ya hemos explicado, la Entrevista del Apego Adulto (EVA) plantea al progenitor entrevistado una doble tarea: por una parte, mostrar un discurso colaborador y coherente, y, por otra parte, indagar en la memoria. Estas tareas pueden ser un reto particular para la región orbitofrontal de todos los progenitores con *estados de mente inseguros respecto del apego*. Es importante recordar que la región orbitofrontal del cerebro tiene una función mediadora entre la percepción de las señales emocionales y la cognición social.

Para el estado preocupado, tal desafío puede conducirle a una avalancha de recuerdos implícitos y explícitos, así como de representaciones episódicas. Todos ellos pueden ser responsables de impedir el buen funcionamiento de la región orbitofrontal con alteraciones de la percepción emocional y de la cognición social del progenitor entrevistado (Siegel, 1997, 2007).

En el contexto del cuidado de los hijos, tal avalancha puede deteriorar también la capacidad de la región orbitofrontal para regular los estados emocionales en el progenitor y orientar la sensibilidad parental hacia las señales del niño. El resultado puede ser una comunicación sin sintonía emocional del padre o de la madre con su cría, por lo que ésta queda privada del proceso relacional que le debería proporcionar una referencia afectiva y social coherente y previsible. En estos procesos ya no le sirve de mucho al niño o a la niña fijarse en cuáles son las respuestas no verbales del progenitor para «saber cómo se siente» y, de esta manera, aprender a regular sus propios estados internos.

Todo lo enunciado configura el núcleo de la incoherencia e intromisión de los comportamientos que caracterizan a los progenitores preocupados, así como las respuestas emocionales, conductuales y las representaciones que tienen los niños con apegos ambivalentes.

4. Características de los padres con estilo de apego no resuelto/desorganizado (U/D) y de sus hijos e hijas con apego desorganizado/desorientado (D)

a) Los hijos y las hijas de padres con apego no resuelto/desorganizado (U/D)

En este tipo de apego, los niños y las niñas presentan frecuentes conductas caóticas o desorientadas. Por ejemplo, en presencia del progenitor se dirigen en primer lugar hacia él o ella para rápidamente retroceder. En los casos más graves y preocupantes, los niños pueden comenzar a moverse en círculos, se dejan caer o entran en unos estados de trance, desvían con frecuencia la mirada y se balancean hacia adelante y hacia atrás. Los niños con apegos desorganizados/desorientados, si no son protegidos precoz y adecuadamente, son quienes más dificultades presentan en etapas posteriores de su vida. Sus deterioros emocionales, sociales y cognitivos son importantes, así como también presentan una mayor probabilidad de padecer problemas de salud mental, como trastornos en la regulación del afecto, trastornos conductuales severos, dificultades de integración social, déficit atencional, trastornos importantes de la consciencia moral y, como se ha enunciado antes, diferentes grados y tipos de sintomatología disociativa. Estos niños y niñas son los que, por no haber recibido una protección temprana y adecuada, se dañan en todos los aspectos de su personalidad y, por lo tanto, presentan en la adolescencia trastornos conductuales severos, que a menudo los conducen a tener problemas con la ley o, en otros casos, problemas graves de salud mental. En la vida adulta, estos niños y niñas, al margen de presentar diferentes trastornos en el funcionamiento de la personalidad, muestran severas incompetencias a la hora de establecer relaciones conyugales o ejercer la parentalidad.

A diferencia de las otras formas de apego inseguro que hemos analizado, que constituyen respuestas adaptadas y organizadas en función del patrón de comunicación parental, el apego desorganizado emerge de una mente infantil con una coherencia mínima, por el tipo de apego adulto de sus progenitores o cuidadores. Los cambios repentinos en los estados mentales de estos niños, producidos por la desorganización de sus figuras parentales, generan las incoherencias en su funcionamiento cognitivo, emocional y conductual, que crean alarma y preocupación fuera del entorno familiar, escolar y social.

Sus interacciones sociales desde muy pequeños suelen ser hostiles y agresivas con sus compañeros, también presentan rasgos de conductas manipuladoras. La tendencia al desapego también puede aparecer precozmente, tanto si desarrollan un estilo controlador de interacción, como un estilo desapegado; esto les dificulta seriamente las relaciones con sus pares y con los adultos. Este modelo de relación se exacerba cuando se intensifican las dificultades y conflictos familiares. El apego desorganizado se ha asociado, en diferentes investigaciones, con la disfunción familiar grave, violencia conyugal, la depresión materna crónica o grave, el maltrato infantil y las conductas parentales controladoras, inútiles y coercitivas (Lyons-Ruth y Jacobwitz, 1999).

El ejemplo siguiente sirve como ilustración:

> Una madre separada de su marido consiguió, después de muchos intentos, que una jueza de menores se interesara por su situación; se había separado desde hacía un año de su marido porque recibía descalificaciones y amenazas constantes y, en varias oportunidades, estuvo a punto de golpearla. Tenía una hija que, en el momento de la separación, tenía once meses, su marido no quería la separación, pero no le quedó más remedio que aceptarla. Sus abogados consiguieron para él la custodia compartida de la niña, a pesar de la oposición de la madre, de manera que, en el momento de nuestra intervención, la niña que tenía ya veinte meses, vivía una semana con el padre y otra, con la madre. Es este contexto, la niña fue derivada con la petición de que se evaluaran las competencias parentales de ambos progenitores y se emitiera un informe.
>
> Al observar los comportamientos de la niña, en un contexto análogo a la Situación Extraña, los profesionales describieron que la niña estaba inquieta en presencia del padre. Sus conductas frente a la evaluadora, a la que veía por primera vez, fueron de una curiosidad vaga por ella y el entorno, sin un foco preciso de atención, mostrando casi una actitud de indiferencia por los juguetes de la sala.
>
> Su actitud no cambió demasiado cuando se hizo salir al padre. Al pedir a éste que vuelva, tras el reencuentro que siguió a esa corta separación, la niña se subió al regazo del padre, pero se quedó quieta y de repente se puso a llorar sin mirarlo. El padre, manifiestamente molesto, trató de consolarla de una forma torpe e inadecuada, sin lograrlo. Sólo la intervención del otro profesional, que sacó a la hija de la presencia del padre, logró consolarla. Desafortunadamente, la Situación Extraña para esta niña y su padre reveló comportamientos que no correspondían a los ya descritos para los apegos inseguros. Cuando el padre volvió al recinto, la niña se levantó bruscamente de donde se encontraba jugando y corrió en dirección a la pared, alejándose del padre; después pareció dirigirse hacia él, pero su mirada fija en el sentido contrario indicaba lo contrario.

La conducta de esta pequeña en presencia de su padre difería significativamente con la que presentaba cuando la que la acompañaba era su madre; en este caso, la niña buscaba su proximidad, era fácilmente tranquilizada por ella y exploraba la sala sin dificultad.

Los comportamientos de esta niña en la Situación Extraña en presencia del padre son una buena ilustración de una reacción de apego desorganizado/desorientado (D). La observación de la relación del niño o de la niña con el progenitor con quien tiene el problema permite descubrir rápidamente que la comunicación del padre o la madre está llena de mensajes paradojales del tipo «ven aquí y aléjate». Tales comunicaciones, que en la teoría de la comunicación se conocen como de «doble vínculo» (Watzlawick y cols., 1997), colocan al niño ante una situación problemática e irresoluble. Además, estos padres se relacionan con sus hijos desde el nacimiento con conductas temerosas, desorientadas y amenazantes que son intrínsecamente desorganizadoras para los bebés. Por la edad del bebé y por ser estas respuestas disruptivas, es casi imposible que un niño o una niña pequeño pueda anticipar una respuesta organizada a los mensajes confusos de sus progenitores. Lo que agrava la situación es que el niño no puede recurrir al progenitor para que lo alivie o para que lo oriente, porque el progenitor es, de hecho, la fuente del miedo o de la desorientación. En estas circunstancias, a diferencia de los modos inseguros, es imposible para el niño responder de una manera organizada. El resultado de esto es la ausencia de coherencia interna en la mente del niño, que traduce a su vez un estado de desorganización cerebral.

A medida que se ha avanzado en el conocimiento de las consecuencias de los malos tratos en los niños, se ha podido determinar que en niños en situación de alto riesgo, que habían padecido maltrato familiar, se produce un apego desorganizado en el 80 por 100 de la muestra; otro estudio muestra que, cuando una intervención en el hogar logra introducir más organización en el funcionamiento familiar, la incidencia cae a un 55 por 100 (Lyons-Ruth y otros, 1991). En este caso, la niña del ejemplo no muestra un comportamiento desorganizado con la figura materna, gracias al modo en que esta madre interactúa con ella. Otras investigaciones han demostrado que el apego desorganizado se presenta también en muchas situaciones en que los malos tratos no son evidentes, pero en que los progenitores muestran con frecuencia una conducta atemorizada, disociada, desorganizada o desorientada frente a las demandas de cuidado de sus hijos (Hesse, 1999).

No es difícil imaginar que la vivencia de los bebés y los niños pequeños, obligados a vivir en estos contextos, está teñida de ansiedad, miedo y, en los casos severos, de terror hacia sus figuras de apego. Por esto, en las situaciones en que el progenitor reaparece bruscamente en la escena de su vida cotidiana o en la Situación Extraña, el bebé o el niño o la niña experimentan una situación extrema, desesperada y sin salida. Resulta así, porque el sentimiento de miedo intenso que experimentan no puede ser modulado por la misma fuente causante de su terror. Al no tener la opción de luchar o huir, quedan atrapados entre un movimiento de aproximación y de evitación: sólo pueden ir hacia adelante o hacia atrás, como lo describíamos en el ejemplo. La otra posibilidad es «congelarse», es decir, quedarse en una quietud equivalente al trance. Éste es a menudo el inicio de un trastorno disociativo, a saber, la fragmentación de la consciencia, los estados mentales y el procesamiento de información. En los casos más graves, puede dar origen a una personalidad disociada. Las conductas parentales amedrentadoras o las atemorizantes se consideran como las fuentes infantiles del apego desorganizado/desorientado. Estas conductas expresan cambios bruscos en estados de la mente de los padres y son del todo independientes de las señales que los niños o las niñas les puedan enviar.

Los niños y las niñas, obligados a vivir en contextos familiares violentos, caóticos y desorganizados por la inoperancia de los sistemas sociales de protección, crecen con el sufrimiento crónico de estas experiencias. El aspecto recursivo del desarrollo mental reforzará la misma incoherencia que está generando sus dificultades. Las relaciones familiares desorganizadas y desorientadoras crean en el niño una desorganización interna que, a su vez, deteriora las interacciones futuras con los demás, las cuales desorganizarán aún más el desarrollo de la mente.

En estos contextos, el niño o la niña padecen un doble trauma, por una parte, la de experimentar el caos, la violencia directa e indirecta y la incoherencia de sus padres y, por otra parte, la de no tener acceso a una figura confiable que les aporte seguridad y protección. El impacto de estas experiencias traumáticas precoces se puede entender, si se considera que estas conductas parentales amedrentadoras, confusas y negligentes existen ya desde antes del nacimiento, en la vida intrauterina, y que continúan después del nacimiento. Dado el escaso desarrollo del cerebro, éstas no quedan como recuerdos explícitos, pues en los comienzos de la vida existe un período normal de amnesia infantil. Antes de que esté disponible la memoria explícita, las experiencias sensoriales y emocionales serán procesadas sólo de un modo implícito a modo de sensaciones y emociones. La negación familiar y la falta de comunicación sobre lo que les aconteció a los bebés y a los niños pequeños, en ese período, pueden impedir que estos recuerdos se transformen en recuerdos explícitos, creando así un contexto para que estos sucesos, en gran manera traumáticos, se transformen en traumas irresueltos, al no existir condiciones relacionales que permitan que estas experiencias se conviertan en parte de la memoria autobiográfica de los niños y las niñas, por lo que tales sucesos pueden permanecer de forma no resuelta y sin posibilidades de elaboración. Por esta razón, más tarde estos recuerdos implícitos pueden manifestarse en trastornos conductuales, crisis de pánico u otro tipo de trastorno mental, sin que el niño, el adolescente o el adulto tengan consciencia de sus orígenes. Por lo tanto, los contextos que favorecen los apegos desorganizados deterioran la habilidad de la mente para integrar estos aspectos en la memoria, que quedan como traumas no resueltos, favoreciendo, a su vez, a las tendencias disociativas y a la incoherencia de la mente, que a menudo se observan en niños, jóvenes y adultos con este modelo de apego.

b) Las características de los padres y cuidadores con estilo de apego adulto no resuelto/ desorganizado (U/D) o el estado mental de los padres desorganizados con respecto al apego

Los adultos más preocupantes son aquellos que se transforman en padres y madres, teniendo un modelo de apego de tipo no resuelto desorganizado, pues, en general, se relacionan con sus hijos de forma negligente, abusiva y maltratante. Su modo de relacionarse con sus hijos e hijas pronto parece a los ojos de los profesionales como caótico, incoherente, emocionalmente frío o en el otro extremo, emocionalmente exagerado e invasivo. En este modelo, los hijos o las hijas no son reconocidos como sujetos legítimos en la relación, sino más bien son utilizados por los padres para satisfacer sus necesidades y deseos, para reparar sus carencias o, por último, como chivos expiatorios de sus dificultades presentes o de sus historias infantiles infelices. El grupo de padres con este modelo de apego adulto no resuelto/desorganizado (U/D) presenta una correlación significativa con el grupo de hijos e hijas con apegos desorganizados/desorientados (Main y Hesse, 1990).

Las historias vitales incoherentes y cambios bruscos en los estados de la mente

Por lo general, este tipo de apego está asociado a incompetencias parentales severas; muchas veces estos padres presentan una resistencia infranqueable a las intervenciones destinadas a ayudarlos a encontrar formas bientratantes de relación con sus hijos. Este grupo de madres y padres corresponde a adultos que en diferentes estudios realizados (para determinar el tipo de apego en los adultos y la relación de éstos con sus historias de vida infantiles) presentaron una desorganización y desorientación en el razonamiento y en los discursos, cuando respondían las preguntas de la Entrevista del Apego Adulto o EVA (Main y Goldwyn, 1984).

Esto se producía preferentemente en las respuestas que tenían que ver con la existencia de pérdidas o malos tratos y abusos severos vividos en la infancia. Las respuestas desorganizadas y la existencia de contenidos, que los investigadores atribuyeron a traumas no resueltos, condujeron a denominar a este tipo de apego adulto: *no resuelto/desorganizado*.

Otras investigaciones (Main y Hesse, 1990, citados por Siegel, 2007) descubrieron que adultos con traumas infantiles severos no resueltos, si tenían hijos o hijas, en la prueba de la Situación Extraña, reaccionaban con las características de un apego desorganizado (D).

El ejemplo siguiente permite ilustrar las características de los relatos de padres y madres con este modelo de apego adulto. Se trata de una madre cuyas competencias marentales fueron evaluadas con la adaptación de la Entrevista del Apego Adulto (EVA), contenida en nuestra Guía:

> A Montse, madre de dos hijos pequeños, se le retiró la custodia por presentar indicadores de negligencia severa. A menudo, en sus respuestas hace referencia a sus padres, a su propia madre, fallecida ya hace varios años a consecuencia de un alcoholismo crónico, como si estuviera viva. Pero, además, se refiere a ella como una madre cuidadora, que la guía y le sirve de ejemplo de cómo tiene que ser una buena madre. La historia real de esta persona contradice su discurso, pues ella fue separada de su madre cuando tenía seis años por una situación de negligencia severa y por la sospecha de que era testigo de las relaciones sexuales que su madre tenía con los hombres que recibía en su casa.

Los padres con apego desorganizado manifiestan sus traumas o pérdidas no resueltas con una disrupción en las representaciones, necesarias para un discurso coherente. Es como si sus mentes no desarrollaran la habilidad para integrar, en un todo coherente, diferentes aspectos de las representaciones existentes en la memoria. La desorganización de los lóbulos prefrontales, en especial, del córtex orbitofrontal, resultado de los malos tratos y las carencias de la primera infancia, desempeñan un papel fundamental en los estados de la mente no resueltos tal como se valora en la Entrevista del Apego Adulto. Estos trastornos de la integración de la experiencia se manifiestan por los cambios abruptos en los estados mentales, la intrusión de sensaciones y emociones pasadas, contenidas en la memoria implícita y explícita como elementos «disociados» o en los bloqueos transitorios o crónicos de la capacidad para mostrar una comunicación social colaboradora. A esto se agrega la dificultad para mantener una fluidez de los contenidos conscientes de la experiencia. Así se puede explicar la dificultad que presentan estos padres para reflexionar y aceptar, aunque sea una mínima responsabilidad, en lo que acontece a sus hijos e hijas.

Antes de que sean padres, ya en la adolescencia, nos podemos encontrar con jóvenes que presentan una marcada incapacidad para regular las respuestas emocionales y el flujo de sus estados mentales, estableciendo una tendencia hacia la disociación, las conductas disruptivas, los deterioros en la atención y en la cognición. Además de limitaciones importantes en la consciencia moral y las capacidades de manejo constructivo de las relaciones sociales. En general, presentan, además, una mayor incidencia de trastornos de estrés postraumático (Cicchetti y Toth, 1995). Autores como Hesse y Main (1999) han subrayado el papel que desempeña el miedo y a menudo el terror, al revivir en el recuerdo estas experiencias traumáticas de los errores de razonamiento o del discurso observados en los adultos con esta modalidad de apego, cuando se les pregunta sobre su infancia y, en particular, sobre su relación con sus padres. Otro ejemplo puede servir para ilustrar lo ya señalado:

> Se trata de Óscar P., un padre separado con problemas de impulsividad, adicción al alcohol y antecedentes de conductas violentas con su ex esposa y su hija, cuyas capacidades parentales fueron evaluadas cuando solicitó un cambio del régimen de visitas a su hija de cinco años. Ésta llevaba dos años acogida en un hogar infantil, como medida de protección, debido a las lesiones provocadas por una paliza que el padre le había propinado cuando tenía tres años. La niña tenía un régimen con visitas los fines de semana a la casa de su madre y con visitas supervisadas de dos horas con su padre, cada quince días, en la institución. El padre solicitó tener a su hija en su casa dos fines de semana al mes, argumentando que había hecho todo lo necesario para recuperarse de su alcoholismo y que las visitas de su hija serían un pilar para él en esta fase de rehabilitación. Los profesionales que intervenían en el caso estaban divididos entre los que apoyaban la demanda del padre y los que defendían la reticencia de la madre, basada en sus malas experiencias conyugales; ésta fue la razón por la que se propuso una validación de las competencias parentales usando la Guía contenida en este libro. En las respuestas a las preguntas para evaluar la Entrevista del Apego Adulto, que se refieren a su infancia y a su relación con sus padres, aparecen una sucesión de incoherencias en su narración que sugieren la existencia de una serie de traumas infantiles no resueltos, que en este

caso influenciaban su modelo de apego adulto en la forma de un apego desorganizado de tipo agresivo y hostil.

La incoherencia de su relato, que denota la existencia de traumas no resueltos, queda de manifiesto en su respuesta a la pregunta: ¿En qué momentos se sentía amenazado por sus progenitores?

> Ya sé que no me gustaba que mi madre estuviera siempre deprimida y que, a veces, no se levantara en una semana, pero no creo que me sintiera amenazado por ella. Mi madre, a menudo, estaba bien algunas veces; otras, no. Creo que la mayoría de las veces yo solía estar decepcionado y triste. Sobre mi padre, bueno, esto es un tema diferente. Trato de no pensar en ello demasiado. Él era imprevisible e impulsivo siempre, aunque creo que puede controlarse, aunque algunas veces no lo logre, y yo no estaba en condiciones de imaginar si lo haría o no, por eso, no sé, quiero decir que no podía saber cómo manejarlo... (Pausa de treinta segundos.) Sucedería algo... (Pausa de siete segundos.) Y no eran muy felices, quiero decir que provocaban miedo. Sí, siento miedo: él es muy grande y muy temible, Sí.

Dentro de las incoherencias más notorias está el uso del tiempo presente para describir el pasado, esto es una señal de desorientación. Las frases incompletas y las pausas prolongadas en el discurso son otras señales de desorganización cognitiva. Durante esta parte de la entrevista, algo ocurría en la mente de este padre que contaminaba su respuesta, que él no podía reconocer, ni menos relacionarlo con sus terrores infantiles y sus sentimientos de abandono y desprotección. Esto es un indicador de la existencia de traumas severos no resueltos en su infancia. Estos contenidos disociados bloquean sus capacidades para narrar una historia coherente sobre su infancia, mientras trata de recordar lo sucedido realmente cuando era niño. Narraciones como éstas revelan rupturas e incoherencias en el flujo normal de comunicación que quedan manifiestas, tanto por las extensas pausas sin explicación alguna, como por el contenido incoherente del discurso.

Las experiencias traumáticas infantiles no resueltas o los dolores no resueltos, por la pérdida de un ser querido, pueden revelarse a

151

través de esta desorganización en el flujo narrativo de un padre o una madre gravemente traumatizados en su infancia.

Los modelos mentales de los niños, con apegos desorganizados, y de sus progenitores, con traumas o dolores por pérdidas no resueltas, son incoherentes, conflictivos o inestables. Por esta razón, se pueden producir en ellos cambios abruptos en sus estados mentales, que se expresan, externamente, por conductas desorganizadas e, internamente, por la experiencia de una disociación en la consciencia.

Es importante insistir en que es la falta de resolución de las pérdidas o de los acontecimientos traumáticos severos y crónicos en la infancia y adolescencia lo que afecta directamente las experiencias emocionales de estos padres. Esta misma irresolución, no las agresiones ni las pérdidas en sí, es la que provoca los patrones de respuesta desorganizados de estos padres a sus hijos.

En general, los traumas y pérdidas crean dolor y sufrimiento en los padres y, por ende, pueden contaminar las relaciones con los hijos, aunque no necesariamente crear contextos de negligencia y malos tratos severos y crónicos. Es evidente que pueden existir muchos padres y madres que han sido afectados por traumas o pérdidas, pero cuyas narraciones en la Entrevista del Apego Adulto (EVA) no revelen esta desorganización en su discurso.

Como es el caso de una madre, hija de un embarazo no deseado, que habiendo sido rechazada y denigrada crónicamente por su madre, manifiesta en la entrevista dolor y puede llorar al evocar los momentos dolorosos de su infancia. Esto es un indicador de que ha podido resolver o elaborar sus experiencias traumáticas durante su infancia. Esta misma madre, al solicitarle más detalles de sus vivencias infantiles, responde que le resulta demasiado doloroso hablar de ello y prefiere no contestar. Este último ejemplo revela que el dolor emocional de los traumas está aún activo, pero disponible para la mente consciente de esta persona y de que en sus respuestas no existen señales de desorientación o desorganización.

Una situación diferente del todo corresponde al caso expuesto antes en que los sufrimientos infantiles y el daño de esa madre, así como el de muchos otros padres encontrados en nuestra práctica, fueron precoces, intensos y duraderos, de tal manera que el apego desorganizado infantil se transformó en un apego adulto no resuelto/desorganizado. Esto crea un contexto en el que los hijos y las hijas de estos padres corren un riesgo importante de conocer un destino análogo al de sus padres.

Desde el punto de vista de la intervención, es importante, en el caso de madres y padres con antecedentes de haber sido maltratados en sus infancias, apoyarlos a fin de que puedan elaborar o resolver sus traumas infantiles. Y, de este modo, prevenir la transmisión a las siguientes generaciones de las consecuencias de sus traumas, a saber, el desarrollo de un modelo de apego inseguro o desorganizado con sus hijos e hijas.

En el caso de padres y madres que ya manifiesten en EVA indicadores de traumas infantiles no resueltos severos, y tengan otros indicadores de incompetencia parental severa y crónica, es prioritario ofrecer a los hijos e hijos una medida precoz de protección para prevenir el daño a su desarrollo cerebral y al funcionamiento de sus mentes, al mismo tiempo que ofrecer también una oportunidad terapéutica y educativa a los padres. La ausencia o el fracaso de las intervenciones en la primera o segunda situación pueden permitir que la disfunción siga transmitiéndose, o no, a las siguientes generaciones con los devastadores efectos del apego desorganizado y de los diferentes tipos de malos tratos, como consecuencia de ellos.

El impacto del modelo de apego parental no resuelto/desorganizado en los hijos y las hijas

Un niño o una niña pequeños, que tratan de comprender lo que pasa a su alrededor para darle sentido al mundo que los rodea, es muy vulnerable a un progenitor que presenta cambios abruptos en su propio estado mental; se manifiesta por respuestas incoherentes, desorganizadas y, a menudo, violentas a las señales del niño o de la niña. Lo más terrible para los bebés y los niños pequeños es la indefensión completa en que se encuentran y que, además, en la mayoría de los casos, éstas corresponden a conductas, llantos y gestos a través de los cuales los niños comunican sus necesidades para que éstas sean satisfechas.

Las conductas caóticas, abruptas e incoherentes de los padres, en la medida en que son manifestaciones de sus estados mentales influenciados por sus traumas, carencias y dolores por pérdidas no resueltas, no son contingentes ni previsibles para el niño o la niña.

Por esta razón la capacidad de los niños y las niñas para anticipar la conducta del progenitor se ve muy perturbada o impedida la mayoría de las veces, por lo que no pueden crearse expectativas de la relación por un modelo mental organizado. Cuando, por ejemplo, una madre con este tipo de apego interactúa con su bebé o niño pequeño, éste intenta alienarse a los cambios abruptos de su madre. Como estos cambios son incoherentes, la mente del niño no puede desarrollar las capacidades de adaptarse y responder a estos cambios de una forma adecuada, por lo que el niño o la niña, ya desde muy temprana edad, mostrarán también reacciones abruptas y, a veces, caóticas.

En los niños y las niñas bientratados, sus estados mentales comienzan a permitir reacciones y comunicaciones cada vez más moduladas a partir del segundo año de vida. En los contextos de malos tratos las respuestas parentales atemorizantes, productoras de dolor y estrés, bloquean este paso evolutivo. Lo más grave es cuando el niño o la niña, por ausencia de protección, aprenden a recrear las conductas incoherentes y disruptivas del progenitor y se sintonizan con el funcionamiento parental.

Main y Hesse (1999), entre otros, han insistido y demostrado que los traumas infantiles severos y las pérdidas no elaboradas de los padres son el origen de los comportamientos cargados de miedo que estos progenitores presentan frente al desafío de la parentalidad. Lo mismo vale para sus comportamientos y acciones temerarios y violentos, generadores de conflicto y confusión para sus hijos e hijas.

Este miedo y su expresión conductual pueden desencadenarse por las preguntas contenidas en la Entrevista del Apego Adulto (EVA) o por contextos relacionales que se asemejen a los que vivieron en su infancia con sus propias figuras de apego.

Los contextos vividos en su infancia, ampliamente resonantes con experiencias de la vida actual, son por ejemplo: las formas violentas o incongruentes en que sus figuras de apego establecieron las normas; la sobrerreacción frente a las angustias expresadas como niño o niña; las respuestas desmesuradas e, incluso, violentas o, al contrario, indiferentes frente a las conductas infantiles destinadas a los límites de sus padres; los comportamientos parentales negligentes, caóticos y violentos ante sus comportamientos de oposición a la hora de comer, acostarse u obedecer. Se agregan a esto, las incongruencias conductuales, resultado del alcoholismo, la toxicomanía o la esquizofrenia de uno o de ambos progenitores.

En esos lapsos, los padres están saturados por la confusión, los conflictos internos, los recuerdos sensoriales y emocionales, los cambios rápidos y abruptos de estados mentales, los momentos de trance como respuesta al estrés y la dificultad para regular sus propios afectos y, por supuesto, ayudar a los hijos a modular los suyos. Todas estas vivencias, consecuencias de traumas severos y crónicos de la infancia o pérdidas no resueltas, así como enfermedades mentales, debido a sus reacciones desorganizadas e incoherentes hacia sus hijos, son las causas del apego desorientado/desorganizado en sus hijos e hijas.

Por ejemplo, en el caso de Montse, la madre del primer caso expuesto, durante su proceso terapéutico pudo verbalizar que cuando ella se sentía rechazada, ya fuera por cualquiera de sus hijos o por su pareja, experimentaba un cambio brusco en su estado mental. Al describir esta experiencia expresaba:

> Me ocurre algo que no sé explicar, que me hace perder el equilibrio, es como si algo fuera a estallar en mi cabeza y en todo mi cuerpo. Me tiritan las manos y parece que me estuviera cayendo en el vacío o en una espiral. Cuando estoy cayendo, siento que me alejo del mundo y de las personas, sólo sentía que todo mi cuerpo se ponía tenso. En este estado me iba cargando de rabia y no podía controlarme, gritaba a mis hijos, a menudo golpeaba a mi hija del medio o la empujaba...

En este punto, la madre se detiene y luego continúa, intentando minimizar sus conductas violentas.

Traumas infantiles severos no resueltos y malos tratos infantiles severos

Los diferentes tipos de malos tratos, sobre todo cuando son severos y crónicos, son profundamente traumáticos para los niños y las niñas, porque conllevan una amenaza profunda a la integridad física o psicológica de la víctima (Siegel, 1995; Van der Kolk y otros, 1996; Barudy, 1999; Zeitlin y MacNally, 1991).

Como el productor de esta amenaza es el padre o la madre, se explica la vivencia que tienen los niños no sólo de sentirse amenazados, sino traicionados, desamparados y culpables.

Óscar, el padre de nuestro ejemplo, fue objeto de los estallidos de cólera y de violencia de un padre impulsivo, sádico y distante, que no sólo golpeaba a sus hijos, sino también a su mujer delante de ellos. Su madre, pasiva, depresiva y dependiente de su marido, era incapaz de protegerlos. El hijo aprendió que estos repentinos cambios de su padre podían anticiparse por el cambio en la entonación de su voz y por sus gestos: «Con sólo escuchar las pisadas o la forma en que golpeaba la puerta o abría con las llaves o con la forma en que nos saludaba al entrar en casa, podía adivinar si venía violento, o no».

Óscar creció, se casó y tuvo una hija, su esposa tenía una personalidad que su madre nunca tuvo: era capaz de decir lo que pensaba y defender sus puntos de vista. Esto provocaba disputas frecuentes y, en varias ocasiones, desbordado por la ira, había golpeado a su mujer. A medida que crecía su hija, también se afirmaba y no le obedecía con la rapidez que su padre pedía; y lo que más le afectaba eran las crisis de enfado de la pequeña cuando él la contrariaba. Sus reacciones desmesuradas a los comportamientos de su hija provocaban el enfado de su esposa, quien defendía e intentaba proteger a su hija, lo que aumentaba la violencia del padre. Todo esto se traducía en un aumento de los conflictos, la tensión y el estrés familiar que, a su vez, influían negativamente en la niña quien, en el momento de su evaluación, presentaba un trastorno del apego desorganizado/desorientado de tipo hostil. Esta situación duró hasta que la niña cumplió tres años. La madre tenía la esperanza de que su marido podía cambiar, pues, educada en un modelo tradicional de familia, se representaba la separación como un fracaso mayor. Sus esperanzas eran alimentadas por la reacción de arrepentimiento y promesas de su marido. Cuando la niña tenía tres años, en una ocasión en que no quiso comer y rechazó la comida que el padre insistía en darle, éste no pudo contenerse, tomó a la niña por los brazos, y la golpeó además de zamarrearla, provocándole fracturas en ambos brazos y una hemorragia cerebral. Este padre, que afirmaba que quería a su hija como a nadie en el mundo, no sabía que estaba bajo la influencia de sus traumas infantiles no resueltos, por lo que no tenía ningún control sobre sus emociones ni sus actos en el momento en que su esposa y su hija lo contrariaban.

Las teorías actuales sobre el funcionamiento de la memoria nos amplían la lectura de lo que le sucedía a este padre. De acuerdo con éstas, las reacciones de enfado de la esposa y de la hija activaban en su memoria una representación perceptual o engrama.[5] En el caso

---

5. La mente, reactiva a experiencias dolorosas o estresantes, no almacena en la memoria recuerdos como nosotros los conocemos, sino tipos particulares de imágenes mentales, llamados engramas. Estos engramas son un registro completo, hasta en el más mínimo detalle, de cada percepción presente en un momento de «inconsciencia» total o parcial, debido a un acontecimiento altamente amenazante o traumático. Un ejemplo de engrama podría ser el siguiente: el marido derriba a su mujer con un golpe en la cara, quedando ella «inconsciente» (las comillas significan que si bien la mujer está inconsciente analíticamente, no lo está reactivamente). Luego, enardecido, le da un puntapié en el costado y le dice que es una farsante, que no es buena, que siempre está cambiando de opinión. Contemporáneamente a estos hechos, una silla cae al suelo con estrépito y de un grifo abierto está saliendo con gran ruido un chorro de agua. Además, en el momento en que la mujer está desmayada pasa un automóvil frente a la ventana de la cocina haciendo sonar con estruendo la bocina. *El engrama contiene un registro continuo de todas estas percepciones*. El problema con la mente reactiva es que «piensa» en identidades; en el recuerdo, una cosa es idéntica a otra. La ecuación es A=A=A=A=A. En el futuro, cuando el entorno presente de la mujer contenga suficientes elementos similares a los que se encuentran en el engrama, ella experimentará una reactivación del engrama.

Es decir, si una tarde el grifo estuviera abierto y ella escuchara el sonido de un coche que pasa afuera y al mismo tiempo su marido (el hombre en su engrama) la reprendiera por algo, en un tono de voz similar al que usó en el engrama

de este padre, este engrama se vinculaba con otras representaciones relacionadas con la percepción de un rostro enfadado. Cuando su hija o su esposa mostraban enfado, estas interacciones incluían para él la representación emocional de sentirse rechazado y los recuerdos implícitos asociados de sus experiencias infantiles pasadas volvían a estar presentes. Él revivía sentimientos de amenaza extrema, sensaciones corporales de tensión y quizá de dolor intenso, que le desencadenaban impulsos conductuales de fuga, pero ahora, ya adulto, no podía huir. Lo más probable es que estas sensaciones estuvieran asociadas con un engrama; de su padre furioso o de su madre pasiva y deprimida, pero estas asociaciones se establecían en él con rapidez y ajenas a la consciencia. Por supuesto que este padre, cuando se sentía terriblemente afectado por los gestos y las reacciones de su hija y de su esposa, no experimentaba que estuviera bajo la influencia dramática de su pasado. Pero, desde el punto de vista teórico, éstos le despertaban sensaciones que lo transportaban a su pasado traumático reaccionando con el mismo sentimiento de amenaza que cuando era niño, pero ahora con el poder y la fuerza de un adulto. Estas experiencias del pasado se manifestaban en el aquí-y-ahora y, por desgracia, a través de comportamientos violentos hacia su esposa y su hijita, con las consecuencias ya señaladas. En otras palabras, el engrama del enfado determinaba su mundo subjetivo, organizando sus experiencias internas y motivando sus conductas violentas actuales, a pesar de que su esposa y su hija no eran realmente ninguna amenaza vital.

Es evidente para nosotros que la ideología patriarcal que colorea la experiencia de socialización de muchos, o de demasiados hom-

---

original, ella experimentaría dolor en el costado (donde fue golpeada anteriormente). La mente reactiva no es una ayuda para la supervivencia de esta mujer, por la excelente razón de que aunque es lo bastante fuerte como para resistir durante el dolor y la «inconsciencia», no es muy inteligente. Intenta «impedir que una persona se ponga en peligro», y al imponer el contenido de su engrama, puede causar temores y emociones no deseados y desconocidos, enfermedades psicogénicas y reactivación de experiencias dolorosas que sería mejor no tener.

bres, aun en nuestra cultura, desempeña también un papel en la explicación de estos comportamientos violentos, en la medida que las creencias machistas disminuyen las posibilidades de control interno.

Volviendo al caso de este padre, cuando su hija no quiso comer rechazándole la comida, se produjo en su mente una cascada de activaciones de la memoria implícita que lo inundaron, provocando un cambio repentino de sus estados mentales, un secuestro emocional y una respuesta disruptiva y violenta. Esta irrupción de su pasado traumático en el presente es un indicador de un funcionamiento discontinuo en el flujo de su consciencia, en otras palabras, una manifestación de un trastorno o de una personalidad disociada.

Esta disociación se manifiesta en el discurso incoherente de este padre en la Entrevista del Apego Adulto (EVA) cuando se le pide que hable sobre su relación con sus progenitores. En otras partes de la evaluación, por ejemplo, cuando se evalúa su capacidad de reconocer su responsabilidad de lo que le provocó a su hija, su respuesta es ambigua y autojustificativa. Le atribuye una parte de la culpa a la reacción de su mujer que le hacía perder los estribos. Incluso en su demanda de ampliación de las visitas existe una manifestación de esta misma índole; no pide una oportunidad para reparar el daño infligido a su hija, pide más visitas, porque es su derecho y una necesidad para la rehabilitación de su alcoholismo. Esto explica que, cuando se le aplicaron a este padre los instrumentos para evaluar sus capacidades empáticas, los resultados fueron compatibles con trastornos severos de la empatía.

En algunos casos de madres y padres que durante su infancia vivieron en contextos de malos tratos severos y por períodos prolongados, los cambios repentinos de sus estados mentales como expresión de sus traumas no resueltos se pueden manifestar también por un estado de mente paralizado o equivalente a un trance que puede durar desde minutos hasta días. Cuando el trastorno de apego adulto forma parte del funcionamiento de estos padres, este tipo «de parálisis mental» se mezcla con explosiones de ira, como la que presentaba el padre del caso propuesto. Al aceptar este padre entrar en el programa psicoterapéutico, pudo describir a su terapeuta que, cuando algo o alguien lo ponía nervioso, tenía la sensación de sentir que su cabeza le iba a estallar y su mente se le iba a salir. Lo que la terapia le permitió a este padre fue entender que, en esos momentos, su mente ya no funciona en el presente, sino que, a partir de un engrama o imagen mental (que podía ser el enfado de su hija, el negarse a comer o el que alguien no satisficiera sus deseos), su mente adulta y actual se sumergía en las memorias implícitas, por lo que su estado mental adulto era reemplazado por el estado mental infantil en el que se encontraba de nuevo con la vieja y familiar sensación de amenaza vital, rechazo, miedo, ira y desesperación. Además, pudo integrar que, en esos contextos donde él sentía que «no le hacían caso», se le activaba una sensación de impotencia y desconexión que, además, experimentaba con vergüenza, porque la subsiguiente percepción del enfado de su hija, como ira hacia él, le inducía a sentirse humillado. Antes de poder salir de esta avalancha, se enfurecía, y este estado disociado de alteración lo llevaba a comportarse de un modo terrible con su hija, que de ordinario nunca hubiera escogido. Literalmente, se encontraba fuera de control.

Traduciendo sus experiencias al modelo de autoorganización del cerebro y de la mente, podemos afirmar que, cuando era niño, los malos tratos y la desprotección de sus padres habían permitido que los estados de la mente de este padre se engranaran en sus redes neurales. Éstos eran estados mentales cargados de temor, dolor, amenazas, desamparo, vergüenza y humillación. Los estados de mente que se activan repetidas veces pueden convertirse en rasgos de un individuo (Perry y otros, 1995). La naturaleza no resuelta de las experiencias traumáticas de este hombre lo colocaba en la situación de riesgo de entrar, precisamente en el presente, en los estados temidos y reaccionar violentamente, cosa que ocurría. El trabajo terapéutico con esta familia requeriría la comprensión de estos rápidos cambios en estados y su asociación con patrones relacionales del pasado. Si podemos ayudar a las personas con traumas no resueltos, entonces podemos alterar el ciclo de transmisión intergeneracional de trastornos relacionales, un ciclo que produce y perpetúa el sufrimiento emocional devastador.

El impacto de la salud mental de los padres y las madres en el apego y las relaciones con sus hijos e hijas

A partir de lo ya enunciado, se puede aceptar que la salud mental de un padre o una madre está en estrecha relación con la calidad de las relaciones que haya conocido en su infancia, cuando el tipo de apego con sus progenitores o cuidadores es fundamental.

Salud mental y competencias parentales

El núcleo del apego seguro, fundamental para asegurar la salud mental de una persona, depende de la sensibilidad y de la responsividad parentales adecuadas a las señales de sus hijos, lo que en otras palabras corresponde a la capacidad parental que emerge de su modelo de apego seguro autónomo. Esto es una garantía para las relaciones de buen trato con sus hijos e hijas, y se expresará en una lista de recursos que le permitirán hacer frente a los desafíos de la parentalidad, aun en situaciones difíciles. Estos recursos se refieren a rasgos personales que traducen capacidades: para una comunicación colaboradora y contingente, un estado mental coherente y organizado, interacciones mutuamente compartidas que amplifican estados afectivos positivos y la reducción de los negativos, reflexión sobre los estados mentales de sí mismo y de sus hijos e hijas. Así también, otros rasgos, como la existencia y el consiguiente desarrollo de modelos mentales de seguridad personal, que se expresan por una inteligencia emocional y expectativas positivas para futuras interacciones.

Incompetencias parentales y problemas de salud mental de los progenitores o cuidadores

La investigación actual sobre la correlación entre trastornos del apego en la infancia y problemas de salud mental de los niños y las niñas transformados en padres y madres entrega información relevante para la evaluación de las capacidades parentales. Así, por ejemplo, los apegos inseguros en la infancia están asociados a una mayor incidencia de trastornos en la salud mental parental incluidos la ansiedad, la depresión y otros trastornos en los estados anímicos (Van Ijzendoorn y otros, 1997). Otros estudios demuestran que la presencia de una pérdida no resuelta en la historia infantil de un adulto, que presentaba un modelo inseguro, exhibe una reacción frente al duelo más alterada que un adulto con un modelo de apego seguro (Schuengel y otros, 1997). En estudios sobre el trastorno por estrés postraumático, las personas que utilizan mecanismos disociativos (entrando en estados de mente alterados), durante y después de los traumas, parecen ser los más propensos a manifestar estos trastornos de forma crónica y severa. Sus manifestaciones pueden ser un obstáculo a la hora de ofrecer una relación de apego seguro a sus crías. Por otra parte, existen evidencias de que los estados mentales adultos, con respecto al apego de tipo inseguro y no resuelto/desorganizado, son mucho más prevalentes en personas con trastornos psiquiátricos que en la población general (Van Ijzendoorn y otros, 1997). Los trastornos graves de la salud mental de estos padres condicionan sus incompetencias parentales que, en la mayoría de los casos, corresponden a incompetencias severas y crónicas, con frecuencia irrecuperables. Estos progenitores, al entrar en rápidos cambios de los estados mentales, producen experiencias terroríficas y dañinas para sus hijos e hijas. Los padres con ese estilo de apego no son capaces, además, en la mayoría de los casos, de crear una sensación de unidad y continuidad sobre sí mismos a lo largo del pasado, presente y futuro, ni para sí mismos ni para con los demás ni, en particular, para con sus hijos e hijas. Su deterioro mental se revela, entre otros aspectos, por su inestabilidad emocional, la falta de inteligencia emocional, y sobre todo por trastornos severos de la empatía, la disfunción social, el consumo de tóxicos, las conductas violentas, las respuestas deficientes al estrés y a la desorganización, así como la desorientación cognitiva, que puede expresarse por síntomas cercanos a la psicosis. En nuestro libro, proponemos una Guía para identificar en los padres los rasgos más evidentes de un probable trastorno de salud mental. Estos rasgos o síntomas han sido organizados, según su gravedad, y asociándolos a los modelos de apego adulto temeroso, preocupado y no resuelto/ desorganizado. La identificación de estas manifestaciones permitirá al evaluador relacionarlos con los diferentes tipos de incapacidades parentales con respecto al apego.

II) LA EVALUACIÓN DEL APEGO DE LOS HIJOS Y LAS HIJAS A SUS PADRES

Una de las características principales de las relaciones sanas entre padres e hijos son aquellas en que su resultado es un modelo de apego infantil suficientemente seguro. Por esta razón, evaluar la calidad de las relaciones de los hijos y las hijas con sus padres implica estudiar los modelos de apegos de los hijos, que nos llevarán directamente a poder distinguir los diferentes grados de capacidades de los padres de los hijos e hijas estudiados. Para poder obtener la información necesaria sobre la calidad de la relación nos parece útil la metodología de observación participante, adaptada a las diferentes edades de los niños y las niñas. Para proceder a esta evaluación es importante que el o la profesional que evalúa conozca el desarrollo normal de un niño o de una niña en sus diferentes edades. Este conocimiento es necesario sobre todo porque los bebés y lactantes evolucionan y cambian de una forma muy rápida en los primeros años de vida. Así, por ejemplo, lo que es normal al mes o al segundo mes constituirá un signo de perturbación grave al cuarto u octavo mes. En lo posible, la evaluación deberá ser el resultado de varias observaciones o, si esto no es posible, deberá intentarse, por lo menos, comparar lo observado con lo registrado en informes de otros observadores fiables. Por otra parte, el evaluador o la evaluadora tienen que tener en cuenta que los patrones repetitivos y esperables de las relaciones interpersonales entre un niño o una niña y la figura de apego, en especial, la figura de apego primario que en la infancia temprana es fundamentalmente la madre y es sinónimo de una relación sana, futuro motor de un desarrollo adecuado de los hijos.

Aun en los apegos seguros más sanos, siempre existen momentos en que los niños muestran signos de estar vinculados con sus figuras de apego, en especial, la figura de apego primario que en la infancia temprana es fundamentalmente la madre y es sinónimo de una relación sana, futuro motor de un desarrollo adecuado de los hijos.

Aun en los apegos seguros más sanos, siempre existen momentos en que los niños muestran signos de estar vinculados con sus figuras de apego y, en otros momentos, al contrario, parecen estar desvinculados. Lo importante, sobre todo en los bebés menores de un año, es que la figura de apego tenga la capacidad de tomar la iniciativa de la vinculación, ya sea para repararla o para reforzarla. Lo primero ocurre a través de conductas que calman los estados de excitación del bebé, producto de sus estados internos de hambre, frío, estrés o, simplemente, necesidad de contacto físico. Lo segundo, para reforzar el vínculo y estimularlo, sea tomándolo en brazos, meciéndolo, ofreciéndole objetos, como un sonajero o un cascabel o, simplemente, hablándole.

Que el niño o la niña experimenten momentos de desvinculación ayudan a éste o a ésta a desarrollar una representación de sí mismos diferenciada, que será la base de su individuación relacional (Stierlin, 1981). Lo importante es que estos momentos sean seguidos por una respuesta vinculadora por parte de los cuidadores.

En cada una de las formas del apego inseguro, y aun más en los apegos desorganizados, existe un problema en la regulación de la vinculación y la desvinculación, lo que va a determinar una forma particular de relación de los niños y de las niñas con sus padres. En las relaciones con apego evitativo, las conexiones para responder al malestar de las necesidades del bebé, por parte de la figura de apego, son sistemáticamente poco frecuentes, y las iniciativas para reforzar el vínculo son también escasas, por lo que el bebé parece que estuviera desconectado de su figura de apego. En la diada relacional con apego ambivalente, las conexiones de la figura de apego son imprevisibles y, en algunos momentos, agobiantes y emocionalmente intrusas. Existe por parte de los progenitores una gestión irrespetuosa e incoherente del ciclo infantil, que tiene momentos en que el bebé comunica sus necesidades y otros momentos «de soledad» para estar en contacto consigo mismo. Los comportamientos de refuerzo del vínculo son más bien conductas de estimulación exagerada que despiertan estados mentales en los hijos o las hijas de excitaciones inútiles y desagradables. Éstos son más el reflejo del deseo de un progenitor intruso que impone conexiones invasivas a partir de sus estados mentales que lo asaltan. Estos progenitores muchas veces persisten en sus esfuerzos por establecer un contacto o alineamiento directo e inmediato con su bebé, cuando precisamente lo que éste necesita, en ese momento, es que le dejen tranquilo.

La consecuencia más nefasta para el bebé reside en que la reacción de una madre de este tipo puede bloquear o desorganizar sus comportamientos destinados a regular la presencia del otro. La presencia, o no, de indicadores de este tipo, es lo que se pretende detectar a través de la observación de los comportamientos de un bebé según la pauta propuesta.

En el caso de la relación que produce un apego desorganizado/desorientado, la situación es aun más dura para los pequeños, pues las interacciones propuestas por la figura de apego pueden ser fuente de terror y desesperación agobiante, que es mucho más dañina que la falta de sintonización o la sintonización intrusiva. En este caso, el niño o la niña se encuentran en un estado mental de sobreexcitación angustiosa y sin recibir ningún consuelo o efecto tranquilizador de su figura de apego, pues es ésta la fuente de sus miedos. El apego desorganizado se desarrolla a partir de estas repetidas experiencias en las que el cuidador reacciona como si estuviera asustado o amedrentado ante el niño o la niña. Los bebés o los niños pequeños, con este tipo de apego, pueden dar la impresión de estar en trance o emocional y conductualmente congelados. En estos casos, la desorganización se expresa por la desvinculación, pero, a diferencia de los bebés con modelos evitativos, esta desvinculación está plagada de terror, por lo que el pequeño se va, en verdad, retirando de la relación como si no esperara nada de ella o como si la pudiera controlar.

La evaluación del tipo de apego infantil

Para la evaluación del tipo de relación de apego de los niños con sus figuras de apego se proponen pautas diferentes de examen según la edad de los niños.

Para proceder a esta evaluación, es importante que el profesional conozca el desarrollo normal de un niño y de una niña en sus diferentes fases evolutivas. Como se ha indicado unos párrafos atrás, este conocimiento es necesario, sobre todo en el caso de los bebés y lactantes, porque evolucionan y cambian de una forma muy rápida en el primer año de vida. Así, por ejemplo, lo que es normal al mes o al segundo mes, constituye un signo de perturbación grave al cuarto u octavo mes. En lo posible, la evaluación deberá ser el resultado de varias observaciones o, si esto no es posible, intentar, por lo menos, contrastar lo observado con lo registrado en informes de otros observadores fiables.

El examen considerará la evaluación del tipo de relación del niño con su figura de apego primaria, sea o no progenitor, u otro adulto que el entrevistador considere como su cuidador principal. Se puede aplicar este examen también a otros cuidadores referentes, cuando esto contribuya a la exploración de estilo de apego del niño. Según las siguientes edades, este examen consta de:

1) La valoración de la calidad de la relación de los bebés de cero a doce con su figura de apego.
2) La valoración de la calidad de la relación de niños y niñas de doce meses a dos años y medio con su figura de apego.
3) La valoración de la calidad de la relación de niños y niñas de dos años y medio a siete años con su figura de apego.
4) La valoración de la calidad de las relaciones de niños y niñas de siete años a la adolescencia con sus figuras de apego y con otros cuidadores.

1. Valoración de la calidad de la relación de los bebés de cero a doce meses con los padres/cuidadores

Esta parte del examen está dirigida a examinar, a través de una observación participante, los comportamientos de los lactantes como indicadores de la calidad de la relación con sus padres. A diferencia de los niños a partir de un año, aquí no utilizaremos la observación directa y orientada de los procesos de apego, pues éste está todavía en vías de formación. Podemos hablar aquí de una observación indirecta de este proceso a través de los indicadores indirectos que nos entrega la observación de los bebés.

Para este examen se propone observar comportamientos que corresponden a seis de las áreas del desarrollo de un bebé, que dependen en gran parte de la calidad de relación ofrecida por la figura de apego. Esto corresponde a:

- La reacción del bebé a su entorno en los estados de vigilia.
- El seguimiento visual.
- La desviación de la mirada.
- El ofrecer los brazos.
- Los signos de sufrimiento en presencia de un adulto significativo.
- La capacidad de balbucear o de reaccionar a las vocalizaciones de adultos significativos o de otras personas.

2. Valoración de la calidad de la relación de niños y niñas de doce meses a dos años y medio con su figura de apego

El método para evaluar el apego infantil en estas edades es una adaptación del procedimiento conocido como el de la Situación Extraña (Ainsworth y Bell, 1970, 1978), al cual nos hemos referido antes. Este procedimiento consiste en observar la manera en que el niño organiza su conducta en relación con sus figuras parentales, en especial, la materna, durante una serie de episodios más o menos estresantes de corta duración, inducidos por los investigadores, donde se asocian: una situación desconocida, un encuentro con una persona desconocida y una separación corta de su madre. Este método se basa en el trabajo propuesto por la psicóloga norteamericana Mary Ainsworth, quien colaboró con John Bowlby en la década de 1950. Como psicóloga infantil, le interesaba encontrar un instrumento cuantificable capaz de diagnosticar la seguridad de base o su ausencia, el apego infantil de un niño o de una niña determinados. Su idea básica fue estudiar las interacciones madre-bebé durante el primer año de vida y, al final de éste, clasificar el modelo de apego observado durante este período (Ainsworth, 1978). La prueba de la Situación Extraña, que proponemos en nuestra Guía, se basa en las experiencias de esta investigadora. Su procedimiento consistía en observar durante veinte minutos lo que sucedía, dejando al bebé primero con su madre, luego con ella y una persona desconocida, luego solo con la persona desconocida y, por fin, al bebé a solas durante un tiempo que podía durar unos tres minutos. La idea era separar al bebé de hasta un año de edad de su figura de apego en un contexto desconocido y, a ratos, en presencia de una persona extraña, lo que activaría el sistema de apego del bebé. En efecto, esto ocurrió y sigue ocurriendo así. En nuestra práctica, utilizamos esta prueba con buenos resultados con niños y niñas hasta los dos años y medio.

Las evaluaciones más útiles se produjeron en los momentos en que los bebés se reencontraban con sus madres u otra figura de apego primario. Lo que Ainsworth descubrió en su estudio es que los bebés, durante el reencuentro, presentaban patrones conductuales específicos, lo que hemos comprobado cada vez que los profesionales han aplicado esta prueba. Esto, aplicado a nuestra metodología de evaluación de las competencias parentales, implica que las examinadoras identifiquen el modo en que el niño o la niña buscan la proximidad de su madre o cuidadora examinada, la facilidad con la que pueden ser tranquilizados y la rapidez con la que vuelven a jugar.

Los bebés, cuyas madres les han permitido desarrollar un modelo de trabajo interno de apego seguro, serán capaces de usar la presencia de sus progenitores para calmarse rápidamente y volver a su tarea infantil de exploración y juego.

En el caso contrario, cuando las madres no han podido ofrecer un contexto de buenos tratos, sea por descuido o agresiones, la reaparición del progenitor no facilitará la función tranquilizadora ni favorecerá que el niño utilice la presencia del progenitor para volver a jugar. Esta respuesta corresponde a la de niños con apego inseguro o desorganizado.

En el marco de la Guía, ofrecida en este libro, proponemos que, cuando los evaluadores no estén en condiciones de reproducir la Situación Extraña, a la manera de Mary Ainsworth, se permitan «homologar» ciertas situaciones creadas en el marco de su trabajo como «situaciones extrañas». Por ejemplo, una visita a domicilio puede contener gran parte de este procedimiento. La situación es desconocida, en parte, pues los pequeños no saben de qué se trata y las evaluadoras son desconocidas; se le puede pedir a la madre que se retire de la sala o se le solicita ir a buscar algo, como un vaso de agua, y así se observa la reacción del niño o de la niña, lo mismo cuando la madre vuelve. Una vez finalizada la visita, se anotan las observaciones que servirán como material para hacer una hipótesis sobre qué tipo de relación existe entre los hijos y la figura de apego observada.

Los diferentes tipos de apego pueden evidenciarse a partir de la edad de un año, y la Situación Extraña puede ser un instrumento de evaluación hasta los dos años y medio, aunque en nuestra práctica la utilizamos, en algunos casos, en niños y niñas de hasta cinco años. Según la reacción de ellos en la Situación Extraña los evaluadores o evaluadoras se pueden encontrar con los siguientes tipos de apego infantil:

a) Niños con apego seguro:

Estos niños se alejan de la madre para explorar la sala y los juguetes después de un corto período de familiarización; no se inquietan de manera ostensible por la separación, pero su exploración disminuye por un rato. Cuando la madre regresa, la reciben con alegría, buscan en forma activa la interacción con ella y tornan progresivamente a la conducta de exploración. El apego seguro es aquel que evoca sentimientos de pertenencia, de aceptación de sí mismo y de confianza de base. En este caso, las figuras de apego son una fuente de seguridad a partir de la cual el niño o la niña obtienen la confianza para establecer relaciones sanas y atreverse a explorar el medio ambiente. Los niños que tienen un apego seguro son hijos de padres suficientemente competentes, sobre todo madres; corresponden a adultos disponibles de tal manera que cuando, por ejemplo, sus hijos lloran o buscan la proximidad, ellas se muestran acogedoras y ofrecen enseguida un contacto.

b) Niños con apego inseguro:

Los investigadores distinguieron dos tipos de comportamientos de apego inseguro en la Situación Extraña: el modelo de apego ansioso-ambivalente y el modelo de apego evitativo.

- Los niños con *apego ansioso-ambivalente* tienen miedo de las personas desconocidas, ejercen una exploración mínima de su entorno, aun antes de que su madre abandone el cuarto; la presencia de ésta, después de una corta ausencia, no los calma y manifiestan una actitud ambivalente. Pueden reaccionar hacia su madre con cólera, rechazando el contacto o la interacción, pero enseguida buscar con ansiedad el contacto. Las madres de los niños que poseen esta modalidad de apego presentan diferentes grados de incompetencias parentales, por lo que producen discursos y comportamientos negligentes e invasivos, tanto en el ámbito de los cuidados corporales, como en los psicosocioafectivos. Así, y en general, estos adultos no responden de modo adecuado a las señales de los niños a través de las cuales manifiestan sus necesidades, no los pegan necesariamente ni los rechazan activamente. Por otra parte, estos niños han sufrido a menudo separaciones y rupturas precoces con personas y elementos significativos de su entorno, lo que explica también el carácter ansioso y desconfiado de sus modelos relacionales.
- Los niños con un modelo de *apego evitativo* tienden a evitar o a rechazar el contacto con sus padres. Así, por ejemplo, estos niños tienden a ignorar o esquivar a su madre, tanto antes como después de la separación, presentan más señales de miedo y de desconfianza delante de sus progenitores que delante de personas extrañas o no muestran ninguna diferencia significativa en sus comportamientos en presencia de su madre o de desconocidos.

Pueden dar también la apariencia de ser indiferentes y fríos frente a los intentos del adulto de establecer relación con ellos. Estas madres presentan, en general, diversos tipos de incompetencias muy a menudo severas y crónicas. Así, por ejemplo, las madres de estos niños o niñas «huidizos y rechazantes» no sólo son insensibles a las comunicaciones y demandas del niño, sino que, además, impiden o bloquean activamente los esfuerzos de éste para acceder a ellas. En las familias maltratadoras, en las que los padres por sus incompetencias golpean y rechazan en lo psicológico a sus hijos, encontramos con más frecuencia niños con apego de este tipo. Los comportamientos evitativos corresponden a menudo a una estrategia defensiva del niño para afrontar las amenazas de golpes, insultos y rechazo de sus padres. Desgraciadamente, estas reacciones no siempre lo protegen, porque son interpretadas por los padres como signos de rechazo y de agresión. Los padres responden entonces con más violencia, estableciendo de esta manera una espiral trágica de consecuencias lamentables para el niño.

- Los niños que muestran un trastorno de *apego desorganizado* presentan modelos relacionales caracterizados por el carácter caótico de éstos, es decir, son cambiantes y además indiscriminados; esto último quiere decir que estos niños, con la misma facilidad que se apegan a una persona, se desapegan de ella para apegarse a otra, pero siempre de una manera superficial y muchas veces sin tomar realmente en cuenta las necesidades del otro. El contenido de las experiencias traumáticas de estos niños, sumado con múltiples experiencias de separaciones y rupturas, los ha predispuesto a desarrollar modelos de vinculaciones predominantemente «utilitarias» con el mundo adulto, con el fin de protegerse de la frustración y la vulnerabilidad frente al poder de los adultos. El «síndrome del peloteo», resultado de la incoherencia de las políticas de protección, agrava la situación de estos niños. Se trata de infantes y jóvenes que han sufrido las consecuencias de un proceso de protección con idas y venidas entre su familia de origen y diferentes recursos de acogimiento, familiar o institucional, y que, por lo tanto, se les han «atrofiado» sus posibilidades de apegarse de una manera estructurada y profunda con personas significativas de su historia. Los niños que presentan este modelo se relacionan con los adultos de una forma desorganizada y cambiante. Así, por ejemplo, en presencia de sus progenitores o cuidadores pueden presentar signos de agitación o, lo contrario, de inmovilidad o mostrar signos visibles de miedo y desconfianza, y luego presentar comportamientos agresivos y provocadores. También puede ocurrir que, por momentos, el niño presente comportamientos de evitación evidentes, para luego presentar comportamientos provocadores y agresivos. Estas manifestaciones hablan de una relación adulto-niño profundamente perturbada, en donde los padres presentan diferentes tipos de incompetencias severas y crónicas. Esto corresponde a lo que con frecuencia se observa en familias, cuyos padres producen simultáneamente diferentes tipos de maltrato. Las niñas y los niños, abusados sexualmente por tiempos prolongados, pueden también presentar este modelo de apego. Ello se puede explicar por la confusión relacional que los abusadores inducen en sus víctimas, provocándoles sentimientos de impotencia, traición, sexualización traumática y estigmatización (Finkelhor y Browne, 1985).

La aplicación experimental de la Guía propuesta en este libro nos ha permitido constatar la utilidad de la prueba de la Situación Extraña, y confirmar lo que la teoría y las investigaciones del apego han mostrado, a saber, que el patrón de comunicación entre el progenitor y el niño ha modelado la forma en que el sistema de apego de este último se ha adaptado a las experiencias con su figura de apego. Para nosotros, no existe ninguna duda de que los sistemas de apego innatos, genéticamente predeterminados, se ven modelados por la experiencia. Por esta razón, las conductas de los niños en la Situación Extraña son indicadores fiables de las capacidades de sus padres para cuidarlos, protegerlos y educarlos. Pero junto con esto, la obligación de los niños a adaptarse a los comportamientos de sus padres tiene una implicación fundamental para el desarrollo de su cerebro. Estas formas de adaptación se traducen en patrones de organización cerebral y en el modo en que la mente del niño se desarrollará. Esto es lo que explica cómo la mente y los patrones de comunicación del adulto modelan directamente la organización del cerebro en el desarrollo de los niños, como ya hemos señalado. La activación de un estado particular, en presencia de un cuidador específico, constituye para el niño un proceso adaptativo. Tanto el apego seguro como las formas «organizadas» de los apegos inseguros (evitativos y ambivalentes) representan modos efectivos de adaptación a las características de la ofrecida por su figura de apego; esto les permite, en cierto modo, controlar su angustia y el miedo del abandono o de ser destruidos por la figura de apego de la cual dependen. Por contraste, las formas no organizadas de apego (desorganizado/desorientado) revelan que al hijo o a la hija se le ha presentado un dilema irresoluble, haga lo que haga no tiene ningún control sobre la relación. Esto es así porque sus progenitores o cuidadores no sólo lo agreden o lo privan de los cuidados básicos, sino que están permanentemente cambiando sus modos de reaccionar. Esto impide a los hijos o a las hijas el logro de un estado relacional adaptativo efectivo y organizado (Liotti, 1992). Frente a la imposibilidad de retirarse de la relación, la única alternativa que les queda es desarrollar estrategias extremas para crearse la ilusión de tener control en la relación. En cada niño y niña, sus patrones de función cerebral (o sus diferentes estados de la mente) se activan dentro del contexto de una relación específica, fundamentalmente, con la de sus progenitores o cuidadores primarios, como pueden ser otros adultos que los crían. Un niño o una niña puede tener diferentes estrategias de apego hacia cada progenitor o adulto que se ocupa significativamente de él o de ella. En este sentido, según las investigaciones realizadas en el campo del apego, el niño puede desarrollar simultáneamente dos o más estilos de apego, en función de sus cuidadores. Algunos estudios sugieren que la interacción niño-madre influencia la interacción padre-niño (Steele, Steele y Fonagy, 1996; Bretherton, 1985), apoyando más bien el modelo jerárquico. Otros autores, como Van Ijzendoorn (1990), Howes y Hamilton (1992) y Sagi (1989), postulan más un modelo independiente e integrador, en que la calidad de cada apego es independiente de otra relación de apego. Sin embargo, existen investigaciones empíricas (Fox, Kimmerly y Schaefer, 1991) que sostienen una modesta concordancia e independencia de la calidad de apego entre niño-madre y niño-padre.

Lo esencial de lo mencionado es mantener en mente que las interacciones con cada cuidador, si éstas son de buen trato, influencian de una forma específica el estado neurobiológico del cerebro infantil. Estos estados orientan los estados atencionales y un conjunto de representaciones mentales que desempeñan un papel importante en la capacidad de minimizar la angustia, regular sus conductas y organizar su *self* (Main, 1995). Cuando las interacciones son de malos tratos, puede ocurrir todo lo contrario y las experiencias de los niños serán la angustia crónica, la desorganización conductual y los trastornos de sus identidades (Barudy y Dantagnan, 2005).

3. Valoración de la calidad de la relación de niños y niñas de dos años y medio a siete años con su figura de apego

Las diferentes etapas de este examen tienen como eje *una observación participante,* dirigiendo la atención a los comportamientos que presentan los niños y las niñas de este rango de edad en las interacciones naturales con una o más figuras de apego, según sea el caso. La observación permite evaluar las reacciones de los niños y las niñas a la capacidad del adulto para asegurar, o no, una relación de apego estable y de calidad a sus hijos e hijas, asegurándoles pertenencia y autonomía.

Para organizar la observación se propone el examen de cinco áreas relacionales:

a) *La regulación de la distancia*: es decir, la forma en que el niño o la niña definen la relación con su madre o cuidador o cuidadora, para mantenerse junto a él o ella, lejos o con una modulación de la distancia que denota ambivalencia y, en los casos más graves, una desorganización.
b) *La orientación del cuerpo*: es una prolongación de lo anterior; se trata de observar cómo utiliza su postura corporal para asegurarse

una relación de proximidad con su figura de apego o, al contrario, para protegerse, por medio de una postura corporal, de una probable amenaza de éstos.

c) *El contenido y la forma de los diálogos de los niños con su cuidador*: la forma y el contenido de los diálogos espontáneos de los niños o niñas con sus padres o cuidadores son indicadores útiles para evaluar la seguridad y confianza que ellos están aportando a sus hijos o, al contrario, indicadores de relaciones amenazantes, intrusivas o desorganizadas.

d) *El clima o ambiente emocional*: es un indicador importante de la tendencia general de los padres a tratar bien a sus hijos o, al contrario, de hacerles daño. El ambiente emocional nos señala la tendencia al «afinamiento» o al «desafinamiento afectivo» existente entre los padres y sus hijos; por lo tanto, a la existencia o no de malos tratos y, en consecuencia, trastornos de la relación.

e) *Las reacciones del niño en el reencuentro con su madre o cuidador después de momentos de separación*: indican el grado de seguridad de base que el adulto ha podido, o no, procurar para su hijo a partir de sus competencias.

4. Valoración de la calidad de las relaciones de niños y niñas de siete años a la adolescencia con sus figuras de apego y otros cuidadores

En los niños y las niñas de más edad, las características predominantes de las relaciones entre ellos y sus padres o cuidadores están a menudo influenciadas no sólo por las interacciones cotidianas producidas durante años entre los miembros de su familia nuclear, sino además por la influencia de los miembros de la familia extensa, la escuela, los pares y otros.

Para tratar de examinar la calidad de la relación que los niños o niñas mayores de siete años tienen con sus padres o cuidadores presentamos en la Guía una lista de preguntas destinadas a animar una conversación con ellos, de tal manera que el entrevistador o la entrevistadora se hagan una idea de las vivencias que les despiertan la relación con sus progenitores y cuidadores más significativos. Esta entrevista tiene además como finalidad recordar a los evaluadores el carácter indispensable de tomar siempre en cuenta lo que viven, piensan y quieren los niños y las niñas, puesto que la evaluación de las competencias de sus padres tiene como objetivo fundamental ayudarlos a mejorar sus condiciones de vida familiar y social.

Es importante que el examinador o la examinadora recuerde siempre que la finalidad de la Guía de Evaluación propuesta es ser un instrumento para facilitar una valoración clínica lo más integral posible y de forma estructurada y coherente. Por lo tanto, los resultados obtenidos en esta entrevista son sólo una aproximación a la vivencia del niño o de la niña con relación a sus progenitores y cuidadores, en un momento determinado y en un contexto determinado.

En este sentido, debemos recordar que los niños, las niñas y los adolescentes que se entrevistan se encuentran, por su situación, en una posición de inestabilidad, por lo que pueden cambiar a menudo sus sentimientos en relación con sus cuidadores u otros adultos de su entorno, según sus expectativas, ilusiones, presiones de sus progenitores y cuidadores e, incluso, de los profesionales que tratan de ayudarlos.

Como se verá en la Guía, que presentamos en la segunda parte de este libro, la metodología de la entrevista consiste en presentar al entrevistado una serie de preguntas que permitan a los examinadores extrapolar la información sobre la calidad de las relaciones de los niños y las niñas con sus progenitores o cuidadores para obtener, como si se tratara de un sociograma afectivo, cuáles son las personas más cercanas, las más lejanas, las que los amenazan o, al contrario, las que les proporcionan apoyo social y afectivo.

Nunca dejaremos de insistir en la necesidad de que el examinador tenga «las competencias profesionales» para ofrecer a sus entrevistados una relación acogedora, empática y de apoyo y, en el caso de los niños y de las niñas, que comprenda y se interese por los dilemas relacionales en los que se encuentran. En este sentido, no sólo son las respuestas verbales a las preguntas y demandas lo que nos interesa del niño, sino también su lenguaje corporal, sus gestos y toda su comunicación.

RELACIÓN ENTRE EL TIPO DE APEGO INFANTIL CON EL RESULTADO DE LA ENTREVISTA DEL APEGO DE SUS PROGENITORES

I) Apego infantil seguro. Apego adulto seguro/autónomo (F)

Cuando los niños de entre uno y dos años y medio presentan en la Situación Extraña propuesta por el evaluador reacciones que corresponden a un *apego seguro,* en la Entrevista del Apego Adulto las respuestas de los progenitores corresponden al patrón seguro/autónomo, designado con una letra F (Hesse, 1999).

APEGO SEGURO Reacciones infantiles	APEGO SEGURO/AUTÓNOMO Relato del adulto
• El niño o la niña se muestran cómodos con el progenitor que le acompaña. • Examinan el recinto y los juguetes con interés en los momentos previos a la separación. • Muestran señales de echar de menos a su progenitor cuando éste sale de la sala. Pueden llorar si es sometido a una segunda separación. • Muestran una preferencia evidente por su progenitor frente al examinador. • Saludan al progenitor activamente cuando éste vuelve; reestablecen el contacto físico que mantienen durante cierto tiempo para volver a interesarse por los juguetes y a jugar.	• El progenitor responde a las preguntas con un relato coherente. • Su comunicación es colaboradora. • Valora las experiencias y relaciones de apego, pero parece objetivo al establecer una relación entre los hechos y el contexto relacional donde ocurrieron. • La descripción y evaluación de las experiencias relacionadas con el apego son coherentes, tanto si las experiencias son favorables como si son desfavorables • Su discurso no viola de modo significativo ninguna de las máximas de Grice.

II) Apego infantil evitativo. Apego adulto temeroso (TS)

Cuando los niños de entre uno y dos años y medio presentan en la Situación Extraña propuesta por el evaluador reacciones que corresponden a un *apego evitativo*, en la Entrevista del Apego Adulto las respuestas de los progenitores corresponden al patrón temeroso, en nuestro caso designado con las letras TS (Hesse, 1999).

APEGO EVITATIVO Reacciones infantiles	APEGO TEMEROSO Relato del adulto
• El niño o la niña se muestran distantes y a veces temerosos con el progenitor que los acompaña. • El niño o la niña no lloran; en algunos casos se muestran aliviados durante la separación del progenitor. • Evitan e ignoran activamente al progenitor en el reencuentro, después del lapso de la separación, alejándose, mirando en otra dirección o soltándose de los brazos cuando se los alza. • Escasa o ninguna proximidad ni búsqueda de contacto; no hay señales de angustia ni de ira. • La respuesta del progenitor parece carecer de emoción. • Se interesan más por el recinto y los juguetes que por la presencia de su progenitor.	• El relato es incoherente. • Rechaza las experiencias y las relaciones referidas al apego. • Tiende a normalizar las conductas de sus cuidadores, «una madre excelente, un padre normal»; acompaña relatos que reflejan representaciones generalizadas de historias que manifiestan falta de afecto y apoyo. • Se muestra contrariado cuando se le insiste en que aclare. • Viola la máxima de calidad de Grice. • Las transcripciones de sus relatos tienden a ser excesivamente breves, violando la máxima de Grice de cantidad.

III) Apego infantil ansioso-ambivalente (C). Apego adulto preocupado (E)

Cuando los niños de entre un año y dos años y medio presentan en la Situación Extraña propuesta por el evaluador reacciones que corresponden a un apego *resistente o ambivalente (C)*, en la Entrevista del Apego Adulto las respuestas de los progenitores corresponden al patrón de apego adulto preocupado (E) (Hesse, 1999).

APEGO AMBIVALENTE Reacciones infantiles	APEGO PREOCUPADO Relato del adulto
• Pueden mostrarse cautos o angustiados antes de la exploración, con escasa exploración. • Se muestran preocupados por el progenitor durante todo el proceso; pueden parecer furiosos o pasivos. • No logran recuperarse y calmarse en el reencuentro con el progenitor; casi siempre continúa llamando su atención y llorando. No logran volver a explorar el entorno tras el reencuentro.	• Su relato no es coherente. • Muestra preocupación al abordar sus relaciones y experiencias de apego del pasado. • El progenitor parece airado, pasivo o temeroso durante la entrevista. • Sus frases en el relato son con frecuencia largas y gramaticalmente complejas o repletas de términos vagos. • Sus relatos violan la norma de Grice sobre el modo y la relevancia. • Además, las transcripciones suelen ser excesivamente largas, violando la máxima de cantidad de Grice.

IV) Apego infantil desorganizado/desorientado (D). Apego adulto no resuelto/desorganizado (U/D)

Cuando los niños de entre uno y dos años y medio presentan en la Situación Extraña propuesta por el evaluador reacciones que corresponden a un modelo de apego *desorganizado/desorientado (D)*, en la Entrevista del Apego Adulto las respuestas de los progenitores corresponden al patrón de apego adulto no resuelto/desorganizado (U/D) (Hesse, 1999).

APEGO DESORGANIZADO Reacciones infantiles	APEGO NO RESUELTO/ DESORGANIZADO Relato del adulto
• Ya desde bebé, el niño o la niña muestran conductas desorganizadas o desorientadas en presencia del progenitor, lo que sugiere un colapso de las estrategias conductuales, lo cual indica que el bebé no sabe qué hacer. • Por ejemplo, el niño o la niña pueden quedarse quietos, como si estuvieran congelados, con una expresión equivalente al trance con sus manos abiertas. • Pueden pararse bruscamente frente a la entrada de su progenitor y después tirarse al suelo o acurrucarse sobre el suelo. • Pueden aferrarse al progenitor, llorando amargamente mientras se distancian mirando en otra dirección. • Presenta características de los tres modelos propuestos.	• Durante los comentarios sobre pérdidas, malos tratos o abusos en su infancia, el progenitor muestra lapsos notables en su discurso y en su razonamiento. • Por ejemplo, el padre o la madre pueden indicar que creen, brevemente, que una persona fallecida está aún viva en el sentido físico o que esta persona fue asesinada por un pensamiento infantil. • El progenitor o la progenitora pueden entrar en prolongados lapsos de silencio o de discursos incoherentes. • Si no tienen estas características, el entrevistado o la entrevistada corresponderán a las otras categorías de estado mental con respecto al apego TS, E, F.

2. La capacidad empática de los padres o la empatía parental

Apego seguro, empatía y organización de la mente infantil

Como lo explicamos en el capítulo II, uno de los aportes más significativos en la investigación sobre el desarrollo del cerebro infantil es el que demuestra que la mente, en proceso de desarrollo de un niño, utiliza los estados mentales de una figura de apego para que le ayude a organizar el funcionamiento de sus propios estados (Siegel, 2007; Fonagy y otros, 1991, 1997; Stern, 1985). Cuando la comunicación entre la madre u otra figura de apego primaria y su bebé está corregulada y es contingente, los estados mentales de ambos están sintonizados; lo cual ocurre cuando el estado de la mente de la figura de apego primaria, con respecto al apego con su bebé, es de tipo seguro autónomo. De esta manera, la actividad cerebral de una madre o de un padre competente influye positivamente en la organización de la actividad cerebral de su hijo o hija. Durante toda la infancia, tales conexiones interpersonales permiten la creación de conexiones cerebrales, que son vitales para el desarrollo de la capacidad de autorregulación del niño y, por ende, del desarrollo del apego, la empatía y la resiliencia primaria (Barudy, 2008). La sensibilidad de los padres ante las señales de sus hijos es uno de los componentes fundamentales de la construcción de los sistemas de apego seguro y de la empatía infantil. En este aspecto, las capacidades de apego y empatía se articulan. En este tipo de interacción, el cerebro de la madre y del bebé se influencian mutuamente y constituyen un sistema de corregulación (Hofer, 1984, citado por Siegel, 2007).

Así, por ejemplo, un bebé bientratado es capaz de reconocer la tristeza que provoca en su madre, cuando él está triste, y percibir cómo ésta le influye aportándole alegría mediante unas palabras amables o una sonrisa. Para que se produzca este alineamiento momentáneo de estados mentales emocionales, es fundamental que la madre u otros cuidadores tengan la sensibilidad para percibir las señales del bebé y reaccionen en función de lo que éste necesita. Este proceso es el resultado de las capacidades básicas, que conforman las competencias parentales. En este proceso es cuando la capacidad de apego y empatía se articulan. Por ejemplo, la expresión de tristeza de la madre en sintonía con la tristeza del bebé y, luego, la transmisión de alegría con su sonrisa, permiten a este último desarrollar poco apoco las capacidades reguladoras que podrán ser utilizadas en el futuro para el desarrollo de la empatía infantil y, posteriormente, la empatía parental.

Otro ejemplo cotidiano es aquel en el que un bebé de pocos meses llora de hambre, comunicando con sus gestos y la intensidad del llanto que se encuentra en un estado de desesperación. Una madre cuya propia historia de apego le ha permitido desarrollar sensibilidad ante los gestos del otro, puede sentirse incómoda, e incluso desesperada, pero tendrá la capacidad de transformar estas sensaciones en gestos, palabras y acciones destinadas a calmar a su bebé, dándole de mamar. Del mismo modo, un padre competente y presente en los cuidados de sus crías podrá reaccionar de una forma similar, y le proporcionará el alimento que requiere, por ejemplo, preparando y dándole un biberón con ternura masculina.

En una ocasión, en una conferencia en una gran asamblea de madres, en el marco de una campaña para promover los buenos tratos infantiles en Chile, mi país de origen, en presencia de unas trescientas personas, y mientras hablábamos de la importancia del apego en los términos descritos en este libro, un bebé de unos dos meses comenzó a llorar estrepitosamente. Esto atrajo la atención de los presentes, en ese instante la madre del bebé, una mujer joven, dirigió una tranquila mirada a su bebé y al público que la observaba, como queriendo decirles, «tranquilos, sólo tiene hambre» y acto seguido con mucho pudor se descubrió un pecho y comenzó a darle de mamar a su bebé, quien «milagrosamente» se tranquilizó, transformándose en un bebé gozoso y relajado. La escena plasmaba lo que intentábamos explicar en ese momento, en el que nos referíamos a la empatía marental. Pero, además de la intervención espontánea de esta mamá, produjo una experiencia casi mágica de ternura colectiva que hizo que, en ese momento, todos los presentes nos sintiéramos parte de un mismo tejido humano.

En la vida cotidiana esto ocurre todo el tiempo, ya que mediante el llanto el bebé no sólo expresa que tiene hambre, sino también sed, frío, calor, incomodidad por la posición en que lo han dejado o, simplemente, pide contacto físico, que lo tomen en brazos y lo acaricien. Si los padres tienen un sistema de apego seguro, responden proporcionándole lo que el bebé necesita, lo que permite que la mente del bebé se organice de tal manera que cuando sea más mayor, aproximadamente alrededor de los tres años, pase de una corregulación a una autorregulación.

Esta experiencia relacional es el cimiento de la seguridad y la base de la empatía. Como ya se ha señalado, a medida que los niños y las niñas de padres competentes crecen, internalizan sus relaciones con las figuras de apego, lo que les proporciona la habilidad para desarrollar un esquema o un modelo mental de seguridad denominado una «base segura».[6] Según Siegel (2007), hacia los dieciocho meses, el desarrollo cerebral del bebé le permite disponer de una memoria evocativa mediante la cual es capaz de suscitar en su mente una imagen sensorial de uno de los progenitores, a fin de ayudarlo a tranquilizarse y regular su estado emocional. Es como si los hijos e hijas de padres y madres competentes los llevaran en sus mentes, aunque no estén presentes, porque pueden evocar sus caras, sus voces, olores, sabores, así como sus representaciones mentales de la relación con ellos, fuente de apoyo afectivo que les da seguridad y la sensación permanente de poder contar con ellos cuando lo necesiten. Un niño con padres competentes, confrontado a una

---

6. Cuando se afirma que un modelo interno de apego es una forma de modelo mental o esquema mental, se refiere a que éste es un modo fundamental a través del cual la memoria implícita (una de las formas de memoria en la cual se registran emociones, percepciones, conductas y sensaciones somato-sensoriales, sin que exista una experiencia subjetiva de un recuerdo) permite a la mente infantil crear generalizaciones y síntesis de experiencias pasadas. Lo interesante en el tema que nos ocupa es que ahora se sabe que estos modelos se utilizan para sesgar la cognición presente, de modo que la mente infantil pueda realizar un análisis más rápido de lo que está percibiendo en el instante, pudiendo, además, anticipar los acontecimientos que se producirán a continuación. Así, los modelos mentales constituyen una manera singular mediante la cual la mente del cerebro infantil aprende del pasado, interactúa con el presente y planifica las acciones futuras.

situación de amenaza, busca casi de modo automático su proximidad, porque esta cercanía le da seguridad.

Esta seguridad es la base que permite a los hijos y a las hijas de padres competentes aprender a modular, primero, sus estados emocionales, luego, sus conductas, para seguir con la modulación de sus representaciones y creencias. Todo esto constituye los cimientos de esta capacidad empática. Un niño o una niña, con apego seguro y empatía, son y serán personas adultas, mentalmente sanas, responsables, altruistas, resilientes y con competencias parentales.

Los padres o los cuidadores empáticos, al ofrecer refugio o tranquilidad a sus hijos no sólo consiguen calmarse, sino aprender un modelo de acción, que, al repetirse infinidad de veces, se integrará en el niño o la niña como un modelo de reacción frente a las necesidades de los demás. Esto constituirá en un futuro, la base de la capacidad parental empática y protectora. En el caso de padres incompetentes, sea con sistemas de apego inseguro o desorganizado, esto no ocurre así. La presencia de sus progenitores no les proporciona siempre un refugio seguro, y menos una respuesta empática, sino que, al contrario, ésta es fuente de mayor inseguridad, por lo que existen muchas posibilidades de que la capacidad empática protectora no se desarrolle.

La danza singular del apego seguro como generador de la empatía

Como ya proponía Bowlby en 1969, los bebés humanos, del mismo modo que los bebés de los primates, disponen de un sistema motivacional innato, genéticamente determinado, que los conduce a vincularse con sus cuidadores. Los bebés se vinculan sea como sea con sus cuidadores, tanto si éstos son insensibles y agresivos como si no lo son. Nos parece importante insistir en que el apego sano emerge cuando existe una comunicación parental previsible, sensible y sintonizada, mediante la cual el progenitor demuestra interés y alinea sus estados de la mente con los de su cría. La siguiente situación ilustra lo que sostenemos:

Una amiga viene a nuestro despacho a presentarnos a su bebé de cuatro meses, un bebé que tiene todo el aspecto de ser cuidado y querido por sus padres. Aunque nos ve por primera vez, se conecta con nosotros, nos contagia su alegría y responde a nuestros estímulos cariñosos con iluminadas sonrisas. De repente, comienza a llorar intensamente, su llanto también nos contagia, pero a diferencia de nosotros, su madre lo toma, lo mira y le dice dulcemente «tienes sueño, te ayudaré a dormir...», mientras lo mece en sus brazos. A los pocos minutos el bebé dormía plácidamente.

Éste es un ejemplo de cómo los estados mentales compartidos permiten la amplificación de los estados emocionales positivos y la reducción de los estados emocionales negativos en dinámicas caracterizadas por el apego seguro y la empatía parental.

Diferente es la situación que se da cuando los cuidadores primarios no ofrecen estas respuestas que caracterizan el apego seguro. En esos casos los niños deben adaptarse a interacciones que los hacen sufrir, pero que son vitales para su subsistencia. Cuando los progenitores los rechazan, los golpean o no responden a sus demandas de cercanía, los niños modelan sus expectativas y se adaptan a través de conductas que minimizan la frustración. De este modo, los niños, e incluso los bebés, pueden actuar como si pareciera que no necesitan a sus padres. Por ejemplo, los niños de un año de edad, sometidos a la prueba de la Situación Extraña, cuando sus progenitores se van, actúan del mismo modo que si no se hubiesen ido. En los casos más extremos, incluso se relajan y calman, interesándose por el extraño que les resulta más fiable que su padre o su madre.

Daniel Siegel (2007) nos explica que la sensibilidad hacia las señales y la sintonización entre progenitor y niño conlleva el alineamiento de los estados de la mente. Cuando los estados de la madre y su bebé se alinean, como en los casos descritos, puede producirse lo que Siegel denomina «estado de resonancia mental», en el cual el estado del bebé influye en el de su madre y el estado de ella, a su vez, influye en él.

También existirán momentos en que los niños necesitan disfrutar del no contacto y de no estar alineados con sus progenitores. Los padres competentes, sintonizados y apegados con sus hijos, saben también cuando retirarse y detener el proceso de alineación. Todo esto es parte de la capacidad empática parental.

Los padres y las madres más dañados interactúan con sus hijos, mezclan conductas negligentes con conductas invasivas y crean contextos que, por su desorganización, resultan impredecibles para los niños. Estos contextos, más allá de ser fuente de estrés y ansiedad, no permiten el desarrollo de la seguridad de base y menos de la autorregulación.

Para el bebé, que aún no habla, la comunicación sintonizada, íntima y cuidadora se produce a través de gestos, posturas corporales y la voz de sus padres. Esta sintonización no verbal persiste durante toda la vida. En el caso de las interacciones adultas, existe un predominio de la palabra, pero cuando se observa un excesivo predominio de ésta sobre una comunicación no verbal, escasa o incongruente, la comunicación se percibe como fría, vacía o incoherente, por lo tanto, carente de información sobre los estados internos de la persona.

En padres sin empatía o con trastornos graves de ella, se observa a menudo este patrón comunicacional, lo que provoca que los profesionales no sientan a estas personas, ni se sientan sentidas por ellas. Esto es un indicador de una incompetencia parental severa. Ésta es la razón de que exista una ficha para describir la vivencia de los examinadores al entrevistar a los padres, incorporada en la Guía de Evaluación de Competencias y la Resiliencia Parentales y presentada en la segunda mitad de este libro.

Incompetencias parentales, trastornos del apego y de la empatía: la desorganización de la mente infantil

Una suerte diferente tendrán los bebés cuyas madres o padres no pudieron desarrollar un sistema de apego seguro y, como consecuencia, presentan un trastorno de la empatía parental. Lo más probable es que, por ejemplo, frente al llanto del bebé reaccionen prioritariamente en función de sus molestias, por lo cual no podrán sintonizar con lo que le pasa y aportarle lo que necesita. En los casos de incompetencias severas, la ofuscación puede llevar a reacciones impulsivas expresadas por gritos, golpes, o zamarreo, que pueden conducir a hemorragias endocraneanas con lesiones irreversibles en su cerebro. Esta forma de reaccionar obstaculiza e impide la corregulación figura de apego/bebé y, más tarde, los procesos de autorregulación de la mente. Desde muy temprana edad, los hijos y las hijas de estos padres pueden mostrar una falta de interés por lo que les pasa a los demás e, incluso, en casos más graves esta falta de empatía infantil puede conducir a conductas sádicas con animales o con otros niños o niñas.

La indiferencia, que presentan algunos adultos frente a las expresiones de malestar o necesidad de sus hijos y que compone las diferentes formas de negligencia, puede ser otra manifestación de los trastornos de la empatía parental. Del mismo modo, una reacción ansiosa y exagerada de los progenitores frente a las demandas de los bebés también puede ser un indicador de un trastorno de la empatía parental.

Es importante insistir en que el origen de estas incapacidades empáticas hay que encontrarlo en las historias de vida de estos padres, sobre todo en el tipo de relación que sus progenitores les ofrecieron y que estructuraron su sistema de apego y empatía, pero también en elementos contextuales que circunstancialmente favorecían dar respuestas inadecuadas. Nos referimos, por ejemplo, a la violencia conyugal, a los contextos de pobreza, a la inmigración o al estrés cotidiano, resultado del funcionamiento social con sus desigualdades insoportables, o a las crisis económicas, consecuencia del modelo económico neoliberal globalizante. Es evidente que situaciones sociales carenciales, cargadas de inestabilidad y estrés, alteran los recursos empáticos de las personas, en general, y de los padres con sus hijos, en particular. Para los niños y las niñas las situaciones más graves son aquellas en las que la falta de empatía de sus padres se potencia por los factores adversos del entorno (Barudy y Marquebreuq, 2007).

En este grupo de niños se encuentran los bebés y lactantes que son acogidos en centros u orfanatos, quienes, por razones estructurales o por falta de formación de su personal, no tienen una figura de apego permanente que responda a sus necesidades y a sus estados emocionales de forma afectiva, empática, efectiva y personalizada. Esto explica que, en los casos en que estos bebés pasan a una familia de acogida o son adoptados, los nuevos cuidadores tienen que enfrentar el desafío de responder no sólo a sus necesidades presentes, sino también ayudarlos a recuperarse del daño sufrido durante la institucionalización. Esto justifica reconocer que la parentalidad adoptiva, así como el acogimiento familiar, constituyen una especialización de la parentalidad social y que las madres y los padres que se implican en estos procesos tienen derecho a ser informados, capacitados y acompañados en sus tareas parentales.

Todo lo que hemos expuesto en los capítulos anteriores debe permitir a los lectores admitir, sin ninguna duda, que cuando un niño o una niña no han tenido la posibilidad de establecer un apego primario o selectivo de calidad en el curso de su primer año o en el máximo de los dos primeros años de vida él o ella pueden presentar, a menudo, lagunas en su desarrollo, en especial en el ámbito de sus comportamientos sociales. Estas lagunas podrán alterar la capacidad de vincularse, en forma positiva y empática, con los demás, así como de obtener buenos resultados en los procesos de aprendizaje y, en particular, en el ámbito escolar. Existe una relación directa entre trastornos del apego, trastornos de la empatía infantil y la incompetencia conyugal y parental. Nuestras experiencias clínicas nos permiten afirmar que en todos los tipos de malos tratos existe un trastorno grave del apego y de la empatía. Las malas condiciones de vida, los contextos sociales cargados de estrés y los malos tratos crónicos son los factores que más pesan en el origen de las incompetencias parentales. Éstas, a su vez, participan de la espiral que se alimenta a sí misma y que se transmite de generación en generación, a menos que existan intervenciones sociales y terapéuticas que permitan la emergencia de los buenos tratos y la resiliencia infantil y parental (Barudy y otros, 1998, 1999).

Apego, sintonización afectiva y empatía

El siguiente ejemplo nos permite presentar la relación entre estos tres elementos del funcionamiento mental, que se activan en una interacción donde la empatía está presente:

> Una adolescente de catorce años permanece sentada frente a su madre, con quien vive desde que ésta se separó de su marido que la maltrataba. En la época de los malos tratos la niña tenía cinco años. En una sesión de terapia familiar, su madre le pregunta cómo le fue en la visita que hizo a sus abuelos paternos, la niña guarda silencio, hace una mueca, mira al suelo y los ojos se le llenan de lágrimas. El terapeuta mira a la madre y percibe que le ha cambiado la expresión de su rostro, que se ha emocionado; su cuerpo cambia de postura, se aproxima a su hija y le toma la mano. Si alguien hubiese observado los gestos del terapeuta, habría constatado que a éste también le había cambiado la expresión. En su rostro hay gestos que expresan tristeza en cercanía emocional con la niña y también con la madre. El terapeuta se dirige a la joven diciéndole: «Parece que fue un fin de semana duro». La actitud corporal de la adolescente comienza a distenderse y con lágrimas en los ojos dice: «Horrible...».

La situación descrita corresponde a una comunicación emocional plena. Lo sucedido entre la madre y la hija, incluyendo al terapeuta, como nos explica Daniel Siegel (2007), es más que un mero entendimiento o el resultado de la percepción de los mensajes verbales y no verbales, es una transmisión de estados mentales. Los cambios emocionales de la adolescente son también experimentados por la madre y el terapeuta. El cambio de los estados mentales, que experimentan la madre y el terapeuta, es el resultado de sus procesos internos, que les permiten ser conscientes de las rápidas y microscópicas señales no verbales, emitidas como comunicación del estado emocional de la adolescente. La forma de sentir de ambos adultos les permite tener una experiencia tan cercana, como es posible, al mundo subjetivo de la joven.

La sensibilidad de ambos adultos es la manifestación de sus capacidades de estar conscientes de sus percepciones, sobre la experiencia de la adolescente. La madre, porque posee dos capacidades básicas de la parentalidad: apego y empatía; y el terapeuta también, porque su formación, su experiencia profesional y quizá su propio proceso terapéutico le permiten afiliarse afectivamente con sus pacientes y ser consciente de que su propia vivencia emocional es una resonancia de lo que vive la joven. En este caso, podemos afirmar que así como el apego seguro y la empatía son dos capacidades fundamentales para la parentalidad competente, éstas también lo son para el ejercicio de las profesiones terapéuticas.

Desde otra perspectiva, lo sucedido entre estas tres personas es un alineamiento emocional que se expresa analógicamente, es decir, a través de una comunicación no verbal; la adolescente se siente «comprendida» o «es sentida» por otras personas.

La empatía, uno de los pilares de la inteligencia emocional

La capacidad de una persona para manejar su mundo emocional poniéndolo al servicio de una finalidad altruista es lo que se conoce hoy como inteligencia emocional (Goleman, 1996).

El ejercicio de la parentalidad requiere este manejo emocional; por lo tanto, para ser una madre o un padre, suficientemente adecuados, hay que tener suficiente inteligencia emocional. Esto implica la capacidad de poder reconocer sus emociones, es decir, poder discriminar en qué registro emocional se está funcionando, por ejemplo, el del miedo, rabia, tristeza, alegría, etcétera. Pero para poder manejar las emociones, no basta discriminarlas: el padre o la madre deberán también poder aceptarlas como naturales para, luego, canalizarlas constructivamente mediante comportamientos y discursos que las apacigüen. Esto forma parte a su vez del complejo proceso de conocerse a sí mismo y de tener una vivencia positiva consigo mismo, es decir, una autoestima positiva. Por lo tanto, el aprendizaje del manejo constructivo de las emociones (elemento fundamental de la inteligencia emocional) depende también de la forma en que el niño o la niña son tratados por los adultos significativos que los rodean. En las relaciones de malos tratos, de cualquiera tipo que sean, uno o los dos progenitores están continuamente enviando mensajes negativos, verbales y analógicos, que menoscaban la posibilidad de mentalizar lo que los hijos sienten. Por esta razón, es muy difícil que éstos puedan discriminar los dominios emocionales que determinan sus conductas y, por lo tanto, presentan una dificultad para modular tanto las emociones como los comportamientos desencadenados por éstas. En las prácticas parentales de buenos tratos, el apego y la empatía se manifestarán en mensajes de aceptación incondicional de los dominios emocionales del niño o de la niña, con lo que éstos tendrán todas las posibilidades de integrar en su desarrollo la capacidad de autorregularse, capacidad que representa una parte importante de la empatía.

La empatía es uno de los componentes fundamentales de la inteligencia emocional y un recurso indispensable para el ejercicio de una parentalidad sana. La empatía es la capacidad de comprender las emociones de los demás y de poder responder en consonancia con estos sentimientos. En otras palabras, la empatía es la capacidad de *ponerse en los zapatos del otro*, manejando sus propias emociones e impulsos para enviar un mensaje de comprensión y de reconocimiento de la legitimidad del otro.

La empatía parental

Podemos definir la empatía parental como «la capacidad de percibir las vivencias internas de sus hijos e hijas a través de la comprensión de sus manifestaciones emocionales y gestuales por medio de las cuales manifiestan sus necesidades, y responder adecuadamente a ellas». Los padres que tienen esta capacidad son hábiles para sintonizar con el mundo interno de sus hijos y para responder adecuadamente a sus necesidades. Los trastornos de la empatía están en estrecha relación con los trastornos del apego; en la mayoría de los casos son una consecuencia de éste. La prevención de los malos tratos pasa también por promover, en los futuros padres y madres, una vivencia de aceptación incondicional de sus hijos e hijas, en especial, cuando son bebés, como sujetos que poseen necesidades singulares y una forma particular de expresarlas. La detección precoz de los trastornos de la empatía y las intervenciones terapéuticas para estimular el desarrollo de ésta significan una intervención fundamental para prevenir situaciones de malos tratos, negligencia y abuso.

La capacidad empática de una madre o un padre está íntimamente relacionada con la capacidad de reconocer, aceptar y manejar sus emociones; cuanto más abiertos se hallen a reconocer y aceptar sus propias emociones, mayor será su destreza para comprender y manejar las vivencias emocionales de sus hijos.

Como lo exponen diferentes autores, que nos han influenciado en nuestras prácticas (Maturana, 1984, 1990; Varela, 1984; Acarín, 2001; Goleman, 2006; Siegel, 2007), nuestro sistema neuronal está programado para conectarse con los demás y para ser empáticos, ya que el diseño del cerebro nos hace sociables y establece inexorablemente un vínculo «intercerebral» con las personas con las que nos relacionamos.

Existen elementos científicos suficientes que muestran la existencia de un sistema cerebral vinculado con la capacidad empática; existen unas células neuronales, las células fusiformes que conectan la corteza orbitofrontal con la parte superior del sistema límbico, que corresponden a la corteza cingulada anterior, que orientan rápidamente nuestra atención y coordinan nuestros pensamientos, emociones y respuestas corporales con los sentimientos que nos producen las otras personas y provocan una reacción a mayor velocidad cuando tenemos que tomar decisiones sociales repentinas.

Cuando una madre, por ejemplo, escucha el llanto de su hijo o hija, el escáner cerebral muestra una activación especial en esa zona; esto explica que una madre bientratante reaccione, casi sin pensar, para atenderlo o protegerlo cuando su hijo llora. Estas células son responsables de lo que se conoce como empatía instantánea (Goleman, 2006); lo mismo vale cuando un adulto suficientemente sano ve que un niño está en peligro de caerse, actúa de modo espontáneo y con rapidez para evitarlo, sin tener un proyecto consciente.

Por otra parte, en 1996, el equipo de Giacomo Rizzolatti, de la Universidad de Parma (Italia), estudiando el cerebro de monos descubrió un curioso grupo de neuronas. Estas células cerebrales no sólo se *encendían* cuando el animal ejecutaba ciertos movimientos, sino simplemente con contemplar a otros hacerlo, también se activaban. Se las llamó *neuronas espejo* o especulares. El descubrimiento de estas neuronas espejo es otro elemento que confirma que los seres humanos son, en verdad, seres sociales. Uno de los hallazgos más sorprendentes, relacionados con este tipo de neuronas, es que permiten captar el estado mental de los otros. Las neuronas espejo registran, por ejemplo, el movimiento que otra persona está a punto de hacer y sus sentimientos, y nos predisponen instantáneamente a imitar este movimiento; en consecuencia, a sentir lo mismo.

En esta misma dirección, la investigación neurofisiológica ha permitido establecer que la conexión central entre las personas que se están relacionando se ubica principalmente en la vía inferior, de manera que los impulsos visuales van del ojo hasta al tálamo, y desde éste a la corteza visual. La información se transmite también del tálamo a la amígdala. Esta parte del cerebro emocional extrae el significado emocional de los mensajes no verbales, microsegundos antes que tomemos consciencia de lo que estamos viendo. Esta consciencia, inconsciente y refleja, nos proporciona indicios de la emoción, movilizando en nosotros el mismo sentimiento de la otra persona con quien interactuamos. Éste es un mecanismo clave en el «contagio» de las emociones o los sentimientos ajenos. La vía superior o cortical discurre a través de sistemas neuronales que, conectados con los lóbulos prefrontales operan más lenta, deliberada y sistemáticamente. Estas vías corticales son las que permiten que podamos también ser conscientes de lo que está ocurriendo y disponer de un cierto control sobre lo que nos está pasando en nuestra vida interna.

Como hemos expuesto en el capítulo II, la corteza orbitofrontal conecta la vía superior con la vía inferior, es decir, conecta corteza cerebral (o cerebro pensante), amígdala (el centro de las reacciones emocionales) y tronco cerebral (la región que controla las respuestas automáticas). Esta conexión permite la coordinación instantánea entre el pensamiento, el sentimiento y la acción. Ocurre de manera integrada y coherente cuando los buenos tratos infantiles han permitido una organización adecuada del cerebro y de la mente.

La corteza orbitofrontal ejerce una influencia moduladora «descendente» sobre el funcionamiento de la amígdala, fuente de impulsos y oleadas emocionales ingobernables. Las personas que tienen lesionados o desorganizados estos circuitos inhibidores, entre otras causas, por experiencias de estrés y de carencias en su infancia temprana, no tienen la capacidad para modular sus impulsos emocionales, porque, al carecer de este dispositivo de seguridad emocional, se encuentran dominados por las respuestas de la amígdala. Estas personas pueden hacer una descripción detallada de lo que son las normas sociales o de lo que se debe hacer en una determinada situación, pero al mismo tiempo pueden olvidar estas normas y romperlas, como si el mal funcionamiento de la corteza orbitofrontal impidiera el control de la vía superior sobre la vía inferior (Goleman, 2006); parece como si el razonamiento y la emocionalidad caminaran por distintos caminos: estas personas pueden razonar sin sentir y sentir sin razonar, y, en consecuencia, no pueden controlarse frente a situaciones emocionalmente estresantes.

Lo expuesto nos confirma la necesidad de los buenos tratos en la infancia, los cuales son indispensables para el desarrollo cerebral y la conexión entre áreas cerebrales, como la zona orbitofrontal que, como ya se ha explicado, conecta la zona prefrontal (la vía superior) con el sistema límbico (la vía inferior). Gracias a esta conexión la persona podrá razonar sus experiencias emocionales y, así, poder responder a las demandas de forma funcional, sin dañar a sus seres queridos, y socializarse con eficacia. Podemos decir, por tanto, que si el desarrollo cerebral se logra con eficacia, la persona tendrá los recursos necesarios para desarrollar la inteligencia social.

La emergencia de la empatía infantil: desde los modelos psicológicos a las neuronas espejo

Antes del descubrimiento de las neuronas espejo, ya Winnicott en 1956, en una conceptualización pionera propuso, a partir de sus observaciones de la relación entre las madres y sus bebés, que cuando éstos miran a la madre y ella responde con la mirada y con otros gestos están reflejando el estado mental del niño o de la niña, y lo que éstos captan en las expresiones de la madre es su propio estado.

Esto corresponde, en el modelo de Daniel Siegel (2007), a la toma de consciencia de sus estados mentales, gracias a lo que su madre reflejaba en su rostro y en sus reacciones. De esta manera, la función especular de la madre se considera, en los modelos psicológicos, como esencial para que se establezca en el niño o la niña la representación de sí mismos. En nuestro modelo, esto ocurre con pocas distorsiones cuando el apego adulto es suficientemente seguro y autónomo (Barudy y Dantagnan, 2005). Por otra parte, Erikson (1964) veía la confianza de base de los niños y las niñas bientratados como un producto de «experienciar a la persona que lo cuida como un ser coherente, que corresponde a las necesidades del otro, tanto físicas como psíquicas, de la manera que éste espera y, por ello, merece que se lo invista de confianza, una cara a la cual reconoce y en la cual se siente reconocido». El modelo de Fonagy (2004) nos parece muy útil para entender el proceso de conexión empática entre los progenitores y sus hijos, en especial, la madre como figura de apego primaria. Este autor plantea que es de vital importancia que los progenitores o cuidadores hayan tenido la posibilidad de adquirir una consciencia social para poder sintonizar y empatizar con sus hijos. Según este autor, los niños y las niñas se dan cuenta de que tienen sentimientos y pensamientos sólo de manera gradual y van siendo capaces de distinguirlos también lentamente. Ello ocurre, sobre todo, cuando van aprendiendo que sus experiencias internas tienen sentido para la madre, mediante las expresiones y otras respuestas de ella. Estas reacciones habituales a sus expresiones emocionales focalizan la atención del niño o de la niña, desde que son bebés, sobre sus experiencias internas, que les permiten hacer sentido y los hagan más manejables. El progenitor que no puede representarse la experiencia mental de sus hijos, es decir, mentalizarlos, los priva de los cimientos necesarios para llegar a tener un sentido viable de ellos mismos.

La ausencia o distorsión de la función especular en la madre o el padre es una de las consecuencias de los trastornos del apego, causado por las incompetencias parentales. Los padres incompetentes no están en condiciones de hacer de espejo de las emociones del hijo o de la hija. Esto puede generar un mundo psicológico o estado mental en el niño o la niña en el cual las experiencias internas estén pobremente representadas y, por ello, aparece una necesidad desesperada de vías alternativas que contengan la experiencia psicológica y el universo mental. Estas vías pueden tener, por ejemplo, diversas formas de autoagresión, o agresión dirigida a los otros.

Para que la mentalización de la madre tenga un efecto positivo y se exprese en el desarrollo de la empatía infantil, que más tarde será la base de la empatía adulta, se necesita una sutil combinación de la función especular de la madre, unida a la comunicación del afecto que emana de ella.

El papel de las reacciones parentales a las manifestaciones emocionales de sus hijos

Las investigaciones de diferentes autores españoles –F. López, I. Etxebarria, M. J. Fuentes y M. J. Ortiz, (2003)–, han influenciado nuestras observaciones y nos han permitido distinguir diferentes estrategias usadas por los padres y las madres frente a las expresiones emocionales de sus hijos e hijas. Están las estrategias destructivas, asociadas con las incompetencias parentales severas y crónicas, y las constructivas, asociadas con la parentalidad sana y competente:

1. *Estrategias destructivas:*

- *Minimizar y castigar la expresión emocional de los hijos:* estos padres pierden la oportunidad de permitir a sus hijos e hijas, cuando son pequeños, acceder y conocer su mundo emocional interno. Cuando son mayores y han desarrollado la capacidad de hablar les impiden la posibilidad de hablar de sus emociones y, por lo tanto, bloquean la posibilidad de que expresen con palabras su mundo emocional interno, de discriminar, simbolizar y representarse sus estados emocionales y, por ende, modularlos. Todo ello perturba la posibilidad del desarrollo de sus capacidades empáticas. En nuestras observaciones, este tipo de estrategias las usan más a menudo padres con estilos de apego adulto temeroso y preocupado.

- *Interpretación errónea y despectiva de la expresión emocional del niño o de la niña:* en estos casos, los padres y las madres viven las expresiones emocionales de sus hijos como molestias e interpretan sus expresiones emocionales como formas que éstos usan para obtener y hacer lo que quieren, llamar la atención, manipularlos y, en los casos más extremos, les atribuyen intenciones maléficas e irrecuperables.

  Uno de los discursos más extremos que nos ha tocado conocer, reseñado por testigos presenciales, fue el de una madre que cada vez que su hija de cuatro añitos se frustraba y se ponía a llorar, la gritaba diciéndole: «*Eres y serás los clavos de mi ataúd y, si no dejas de llorar, te mataré yo a ti antes que termines conmigo*». Con frecuencia se trata de padres y madres con modelos de apego no resuelto y desorganizado. Sus reacciones frente a las expresiones emocionales de sus hijos desencadenan reacciones extremas, desorganizadas e incoherentes, la mayoría de los casos como consecuencia de una reactivación de sus traumas no resueltos. En estos contextos, los hijos y las hijas tienen una casi nula posibilidad de discriminar y mentalizar sus estados mentales emocionales y, desde muy pequeños, presentan trastornos severos de la empatía.

- *Aceptaciones pasivas de la expresión emocional de los hijos acompañadas de reacciones altamente permisivas:* estos padres aceptan incondicionalmente las expresiones emocionales de sus hijos, sea como manifestación de sus ambivalencias, como es el caso del modelo de apego temeroso, o por indiferencia negligente severa, en el caso de un modelo de apego no resuelto/desorganizado. En otros casos menos graves, esta reacción puede ser consecuencia de creencias educativas. Los niños pueden expresar sus emociones, pero como no tienen una respuesta parental que les sirva como información especular, no pueden discriminar lo que sienten y, menos, gestionar sus emociones de un modo constructivo. Por lo tanto, estos niños y niñas crecen teniendo como referencia su propio mundo emocional y con la incapacidad de comprender y aceptar el mundo emocional de los otros. Estos hijos no aprenden a regular sus emociones, no saben calmarse y pueden presentar problemas importantes de empatía y, más tarde, trastornos conductuales severos, resultado de un déficit de su consciencia moral (Kusche y Greenberg, 1989). Si estos hijos e hijas crecen y se desarrollan en estos contextos relacionales, sin conocer una medida de protección, experiencias resilientes o intervenciones terapéuticas reparativas, existe una alta posibilidad de que, siendo adultos, formen parte de grueso contingente de padres y madres con incompetencias parentales severas.

2. Estrategias constructivas:

Los padres y las madres con competencias parentales no inhiben ni distorsionan la expresión emocional de sus hijos, aceptan que son reacciones de sus estados mentales y que, en la mayoría de los casos, expresan estados de necesidad. Es decir, aceptan que son mensajes destinados a los adultos, que emergen de las necesidades y deseos de los hijos y las hijas. Por lo tanto, se validan las emociones, se empatiza con el hijo o hija, tratando de alinearse con sus estados mentales y ayudándolos a identificar y nombrar las emociones. Poco a poco, los hijos aprenden a expresar sus emociones de una forma constructiva y modulan su expresión, tomando en cuenta los contextos sociales y, sobre todo, las otras personas. Una forma de ayudar a los niños a comprender sus emociones y las respuestas que se pueden tener frente a ellas consiste en verbalizar los estados del niño o de la niña y la respuesta que le darán para calmarlos. La respuesta materna de la modulación de emociones de sus hijos aumenta la sensación de control de los niños de sus propias emociones (Kusche y Greenberg, 1989).

Los padres y las madres, que reaccionan de modo constructivo a estos estados emocionales, son aquellos que responden especularmente con gestos y palabras que permiten a los hijos discriminar lo que están sintiendo. Por ejemplo, es el caso de una madre que le habla amorosamente a su hija de casi cinco años, que llora con desconsuelo porque se le ha roto su juguete preferido, y le dice, con una gestualidad congruente: «Lo siento que se haya roto; te da mucha pena y un poco de rabia, ¿no? Trataremos de repararlo, pero será difícil, a lo mejor papá que es un manitas puede ayudarnos a repararlo».

Los padres y madres competentes utilizan a menudo, como reacción constructiva, frente a las emociones de los hijos e hijas, reflejar la emoción para contribuir a su mentalización y, luego, tratar de contenerlos con afecto y empatía, como es el uso «de la silla de pensar». Cuando un niño de dos años y medio está frustrado y muy agobiado, proponer algún cambio en su foco de atención para distraerlo o, en otros casos, ofrecerle la silla de pensar para que el niño se calme son ejemplos de intervenciones de madres y padres competentes para inducir experiencias de modulación emocional y reforzar el camino hacia el desarrollo de la empatía.

Los componentes de la empatía parental

La empatía parental es una capacidad que tiene varios componentes, cada uno destinado a responder a los diferentes estados mentales de los hijos y de las hijas, cuando interactúan con sus padres y madres.

A todo este proceso, Daniel Goleman (2006) lo denominó «la inteligencia social». En el marco de nuestro modelo, nos referiremos a «la inteligencia social parental» como sinónimo de capacidad empática parental y describiremos sus dos componentes: *la consciencia social parental*, o tener consciencia de lo que significa ser padre o madre de sus hijos e hijas, y la *aptitud relacional*, o capacidad para comprenderlos y atenderlos como tales.

A) La consciencia social o la capacidad de vivenciar a los hijos como sujetos

Esto implica tener consciencia de la existencia de los hijos como sujetos legítimos en la convivencia (Maturana, 1984). Abarca la capacidad instantánea de vivenciar el estado interior que el hijo manifiesta a través del llanto, gestos, comportamientos o sus conversaciones; de comprender las emociones, sentimientos, pensamientos y comportamientos de los hijos, aun en situaciones sociales complejas, y capacidad de responder con palabras o con actos a fin de comunicar esa empatía a su hijo o hija. La consciencia social tiene diferentes componentes:

a) *Empatía básica*: corresponde a la capacidad de sentir lo que sienten los niños, interpretando adecuadamente su lenguaje emocional. Permite que una madre o un padre suficientemente sanos, por tanto competentes, sientan, por ejemplo, que su bebé de tres meses está llorando porque está incómodo, lo toman en brazos con ternura y le dan unos golpecitos en la espalda, facilitando la emisión de los eructos que le molestaban. Esta situación ilustra a la perfección lo que denominamos la empatía básica.

La empatía básica corresponde a la capacidad de detectar las expresiones de los hijos y las hijas, por muy fugaces que éstas sean, vislumbrando sus emociones. Esta capacidad es una modalidad intuitiva y visceral, resultado de la actividad de las *neuronas espejo* a las que hacíamos alusión en unos párrafos anteriores. Las neuronas espejo son neuronas especializadas que «nos permiten entender lo que sucede en la mente de los demás, no a través del razonamiento y el pensamiento conceptual, sino de la simulación directa y el sentimiento» (Rizzolatti, 1999).

La función de estas neuronas permite que una madre o un padre reproduzcan mentalmente las acciones que observan en su hijo e imiten o tengan el impulso de imitarlas. Estas neuronas son las que explican que, cuando un bebé sonríe a una madre o un padre sanos, éstos sienten que el mundo entero sonríe con él. Es muy probable que los grandes senderos de la vida afectiva discurran a través de este tipo de neuronas.

Las neuronas espejo se activan cuando le estamos dando de comer a un niño de dos años y repetimos, casi espontáneamente, los gestos y muecas que éste hace cuando recibe la comida en su boca. Esto quiere decir que, parte de la activación neuronal de nuestro cerebro imita la del niño, y que la información de lo que estamos viendo se transmite a nuestras neuronas motoras. Esto es lo que nos permite participar en las acciones del niño que está comiendo, como si fuésemos nosotros quienes en realidad las estuviésemos ejecutando. En un estudio, tras la activación de una sola neurona en una persona despierta, con un electrodo que producía rayos láser, se observó la excitación de la neurona, tanto cuando la persona anticipaba el dolor de un pinchazo, como cuando veía que alguien lo recibía, en una especie de instantánea neuronal de los rudimentos de la empatía. En un principio, se pensó que simplemente se trataba de un sistema de *imitación*. Sin embargo, los múltiples trabajos que se han hecho desde su descubrimiento indican que el sistema de espejo, creado por estas células, permite hacer propias las acciones, sensaciones y emociones de los demás.

Investigaciones recientes han demostrado que una buena parte de estas neuronas espejo se encuentran también en las zonas premotoras de la corteza cerebral, que son las que gobiernan actividades como el lenguaje, los movimientos y la simple intención de actuar. El hecho de que estas neuronas se sitúen junto a las neuronas motoras implica que las regiones cerebrales, desencadenantes de un determinado movimiento, se pueden ver fácilmente activadas por la observación de alguien ejecutando ese mismo movimiento. Incluso, el ensayo mental de una determinada acción (como imaginar que le damos una lección a alguien que nos ha tratado mal) estimula las mismas neuronas de la corteza promotora, que se activan cuando efectivamente nos encontramos confrontando a una persona que no ha sido correcta con nosotros. Desde una perspectiva neurológica, simular un acto es lo mismo que realizarlo, sólo que, en el primer caso, la ejecución real se encuentra, por así decirlo, inhibida.

Las neuronas espejo del ser humano son mucho más flexibles y diversas que las de los simios, reflejando así nuestras habilidades sociales más sofisticadas. Al imitar lo que otra persona siente o hace, las neuronas espejo establecen un ámbito de sensibilidad compartida, que reproduce en nuestro interior lo que ocurre fuera, lo cual permite a los padres sentir lo que sienten sus hijos. De esta manera, todas las personas entendemos a los demás, convirtiéndonos, al menos parcialmente, en ellos. Esta sensación virtual de lo que alguien está experimentando coincide con una noción emergente en el campo de la filosofía de la mente, según la cual entendemos a los demás traduciendo sus acciones a un lenguaje neuronal que nos predispone a ejecutar sus mismas acciones y, así, nos permite sentir lo mismo que él está sintiendo. Dicho con otras palabras, yo entiendo las acciones del otro, creando de ellas un modelo en mi cerebro que me permite transmitirle lo que éste siente.

Son muchos los sistemas de neuronas espejo que alberga el cerebro humano. Algunos se ocupan de imitar las acciones de los demás, mientras que otros se encargan de registrar sus intenciones, interpretar sus emociones o comprender las implicaciones sociales de sus acciones.

En investigaciones de laboratorio se observa que cuando, por ejemplo, voluntarios que están siendo sometidos a una resonancia magnética funcional[7] contemplan un vídeo que muestra el semblante ceñudo o risueño de otra persona, las regiones que se activan en su cerebro son las mismas que operan en la persona que experimenta la emoción, aunque, obviamente, no de un modo tan intenso (Goleman, 2006).

Por otra parte, el fenómeno del contagio emocional, que hace llorar a una persona al observar una escena triste de una película o leer un capítulo donde la protagonista expresa sus sufrimientos, se asienta en estas neuronas espejo. Éstas son las células que permiten a los padres que las manifestaciones de los sentimientos de sus hijos fluyan a través de ellos, pudiendo así entender lo que les está sucediendo y «hacer que se sientan sentidos». Este fenómeno es clave para asegurar los cuidados que los hijos y las hijas necesitan, sobre todo, cuando son pequeños, antes de que tengan la capacidad de expresar con palabras lo que necesitan. Los padres que tienen intactos estos circuitos cerebrales «sienten a sus

---

7. La resonancia magnética funcional es un examen, resultado de un avance sorprendente en los medios que se disponen hoy en día, para explorar el funcionamiento del cerebro.

hijos», en el más amplio sentido de la palabra, experimentando los efectos de sus sentimientos, de sus movimientos, de sus sensaciones y de sus emociones. Desgraciadamente, estos circuitos cerebrales se atrofian o se desorganizan, cuando las experiencias relacionales tempranas están teñidas de carencias afectivas y estrés producto de los malos tratos.

Las neuronas espejo son esenciales en el aprendizaje infantil. Hace ya tiempo que sabemos que el aprendizaje por imitación constituye el principal camino del desarrollo infantil, pero el descubrimiento de las neuronas espejo explica la importancia de la empatía, que permite que los niños puedan aprender más fácilmente en climas emocionales positivos. Así, la observación y la experiencia se van grabando en su cerebro como un repertorio de emociones y conductas que le permiten conocerse mejor a sí mismos y al mundo que lo rodea.

En el caso de los padres y las madres el hecho de sentir lo que sienten sus hijos y actuar en consecuencia discurre a través de la vía inferior o «cerebro emocional», por lo tanto, es una operación veloz y automática. Por muy pequeño que sea un bebé, está permanentemente emitiendo señales o mensajes, sea a través de gestos, comportamientos o por el llanto con el que transmite a su cuidadora lo que está sintiendo. Por otra parte, la cuidadora puede, o no, tener la capacidad de fijarse en esos gestos y entenderlos como medio de comunicación. Por lo general, las mujeres se desenvuelven mejor que los hombres, y las madres mejor que los padres en este aspecto de la empatía. Esta empatía básica aumenta con el tiempo y, sobre todo, con la experiencia. Las madres primerizas la desarrollan con sus primeros hijos o hijas. Por esta razón, podemos decir que los hermanos menores tienen una deuda con los mayores, porque han permitido el entrenamiento de sus madres. Esto no sólo es válido para la empatía, sino también para todos los aspectos de la parentalidad.

Los signos externos del fenómeno de la empatía básica, más exactamente lo que los neurocientíficos llaman «resonancia empática», han sido minuciosamente estudiados y descritos por Daniel Stern (2004), que durante décadas ha observado en forma sistemática la relación temprana entre madre e hijo. Sus investigaciones han llevado a este investigador a concluir que nuestro sistema nervioso «está construido para ser registrado por el sistema nervioso de los demás y sentir lo que sienten, como si estuviéramos dentro de su piel, momento en el cual resonamos con su experiencia y ellos hacen lo mismo con la nuestra».

«Ya no podemos –añade Stern– seguir considerando nuestra mente como algo independiente, separada y aislada, sino que debemos entenderla como algo "permeable" y que se halla en continua interacción con otras mentes y uniéndonos a ellas con una especie de vínculo invisible. Estamos continuamente sumidos en un diálogo inconsciente con las personas con las que nos relacionamos, sintonizando nuestros sentimientos con los suyos. Como mínimo, y por el momento, nuestra vida mental parece una cocreación, una matriz de la relación interpersonal.»

En opinión de Daniel Stern: «Las neuronas espejo se ponen en marcha cada vez que experimentamos el estado de ánimo de otra persona y nos hacemos eco de sus sentimientos. Este "vínculo intercerebral" es el que permite que nuestros pensamientos y emociones discurran por los mismos senderos y que nuestros cuerpos se muevan a la vez. Cuando las neuronas espejo establecen un vínculo intercerebral, emprenden un dueto tácito que desbroza el camino para transacciones más sutiles y poderosas».

b) *Comprensión empática*: es la capacidad de comprender lo que los hijos están sintiendo, pensando y haciendo, como producto de su mundo interno o, dicho de otra manera, de los estados mentales que le son propios. Esta capacidad implica el evitar imponerles lecturas de sus estados mentales que no les corresponden. En otras palabras, la comprensión empática parental corresponde a la capacidad de «ponerse en los zapatos» de sus hijos e hijas. Esta capacidad se asienta en la empatía básica, pero va más allá, porque para cumplir con esta función es necesaria una activación del cerebro cognitivo, lo que añade a la empatía básica el complemento de la actividad neocortical propia de la vía superior, en particular, la región prefrontal. Con esta capacidad, el padre o la madre no solamente sienten lo que les pasa a sus hijos, sino que piensan y reflexionan sobre lo que les puede estar pasando. Gracias a esta aptitud, podrán responder más adecuadamente a los mensajes de sus hijos que, como hemos señalado, expresan siempre una o varias necesidades.

Por otra parte, la comprensión empática es una de las capacidades adultas fundamentales para una dinámica conyugal bientratante y sana, que es un requisito necesario para cooperar en la «crianza» de los hijos. Un déficit de tal capacidad puede detectarse precozmente cuando, por ejemplo, uno de los cónyuges le muestra a su pareja que se siente mal y éste no hace ningún esfuerzo para apoyarlo, sea porque no puede comprender lo que le está pasando o simplemente porque no quiere.

Si las neuronas espejo conectan a una madre o a un padre subliminalmente con lo que su hijo o hija necesita o pretende hacer, la consciencia de estas situaciones facilita una empatía más exacta. Esto permite predecir lo que hará. Una comprensión lo más explícita posible de los motivos subyacentes de los hijos o las hijas es de vital importancia para afinar la respuesta a través de las palabras, gestos y comportamientos que permitan a los hijos sentirse comprendidos por sus padres.

c) *Sintonía*: es la capacidad de escuchar con interés los relatos de los hijos de una manera activa y receptiva, enviándoles señales de estar conectados con las vivencias internas que son el telón de fondo de las palabras.

Es una forma de prestar atención a los hijos, en la que se transmite una presencia sostenida que favorece el establecimiento de una vinculación o apego seguro.

Los padres y las madres que poseen esta habilidad pueden dejar a un lado sus preocupaciones, deseos e intereses para brindar espacios de presencia y de escucha atenta y completa.

Todos los cuidadores pueden ejercitar y mejorar su capacidad de sintonizar con la comunicación de los niños y las niñas, sólo prestando más atención.

El modo de hablar y de actuar de un padre o de una madre nos proporciona indicadores de su capacidad de sintonía empática. Cuando intentan estar en una conexión auténtica con sus hijos, tienen en cuenta lo que sienten, dicen y hacen. En el caso contrario, sus palabras y sus comportamientos se basan exclusivamente en sus estados de ánimo, sus deseos, de modo que ignoran a sus niños.

Esto es también posible sentirlo a través del diálogo con ellos, en el cual el profesional detecte que lo están ignorando, sea porque para el padre o la madre no cuentan para nada, como si fueran invisibles, o porque se sienten profundamente mal interpretados, digan lo que digan. Cualquiera que sea la intención del profesional, el progenitor le impondrá su lectura de los hechos que, en general, es hostil y negativa.

El profesional puede sentirse rehén de una conversación en la cual se siente agredido, mal interpretado y en especial, no respetado. Nuestro cerebro emocional es muy sensible a este tipo de interacción y, por lo general, produce sensación de amenaza y malestar. Esto es común en todos los casos de personas con incompetencias parentales crónicas y severas que a menudo son irrecuperables.

La sintonía implica un saber escuchar verdadero, en la que el interlocutor motiva para sintonizar con sus sentimientos y así poder expresar lo que se tiene que decir de un modo tal que la comunicación tome un camino en el cual ambos se sientan reconocidos y respetados como sujetos.

Es lo que vivencia un niño o una niña cuando sus padres tienen esta capacidad, que es la que promueve un diálogo auténtico entre padres, madres e hijos.

Escuchar atenta y cuidadosamente orienta los circuitos neuronales hacia la conexión y sintoniza a los padres en la misma longitud de onda que sus hijos. En esta dinámica existen grandes posibilidades de que emerjan los otros ingredientes del apego seguro, como son la sincronía y los sentimientos positivos.

d) *Contextualización empática o cognición social*: quiere decir disponer de la capacidad de incluir el estado del desarrollo, la dependencia y la vulnerabilidad de los hijos, así como los contextos relacionales, en la comprensión de lo que dicen, hacen o sienten. Uno de los factores contextuales más importantes para los niños es la asimetría de poder en sus interacciones con los adultos, en general, y con los padres, en particular. La contextualización empática es la cuarta característica de la capacidad de considerar a los hijos y a las hijas como sujetos legítimos de relación.

Se trata de una forma de sabiduría adquirida, como las otras características, en dinámicas familiares caracterizadas por modelos de crianza en que se considera al niño o a la niña como un sujeto cuyas necesidades deben ser satisfechas por los adultos, en especial, por sus padres; se toma en cuenta que la diferencia de poder entre padres e hijos no es para abusar de ellos, sino para garantizar el acompañamiento competente de su crecimiento y educación. Esta cognición social es la que permite a los padres tomar consciencia de que, en los contextos culturales creados por los adultos, existen creencias y valores violentos y no solidarios que no favorecen el desarrollo sano de sus hijos. Esto impulsa a actuar para introducir en el trato y la educación de los hijos, modelos alternativos de buen trato y valores de respeto, justicia y solidaridad.

El conocimiento del contexto social en el que crecen sus hijos permite a los padres protegerlos de la violencia institucional y social que podría dañarlos.

La contextualización empática, como un nivel más sofisticado de la empatía, implica el cerebro cognitivo y las vías superiores, y es lo que ayuda a los padres a representarse y organizar las diferentes formas de cuidar y atender a sus hijos, en un sentido evolutivo. Esto ocurre porque son capaces de dar sentido y atribuir significado a los diferentes comportamientos de sus hijos y de los cambios que experimentan en función de su edad evolutiva.

A modo de conclusión: el impacto de estos diferentes componentes de la inteligencia social de los padres depende de la oportunidad y adecuación del uso de ellos en la relación con los hijos, considerando sus edades y sus singularidades.

La empatía básica se produce por la activación de circuitos neuronales que conectan la corteza sensorial con el tálamo y la amígdala y, desde ahí, con los circuitos encargados de proporcionar la respuesta adecuada. En lo que respecta a los contenidos más cognitivos de la empatía lo más probable es que vayan desde el tálamo hasta la corteza y la amígdala y, desde ahí, hasta los circuitos encargados de dar una respuesta adecuada, lo que en nuestro modelo corresponde a los modos de crianza (Blair y Pershardt, 2002, citado por Goleman, 2006). Todas ellas constituyen los cimientos de las aptitudes sociales, segundo componente de la empatía.

La parte de nuestra Guía destinada a evaluar las capacidades empáticas parentales ha sido diseñada tomando en cuenta todos los elementos descritos y los instrumentos que proponemos tienen como objetivo determinar tanto los niveles de empatía como la calidad de sus componentes de los padres examinados.

B) Las aptitudes relacionales

Se refieren a las capacidades para poder responder a los hijos con comportamientos y discursos adecuados. El hecho de poder experimentar cómo se sienten los hijos y permitir que se sientan sentidos por sus padres es el resultado de una interacción donde los padres operan desde su empatía parental. Comprender lo que experimentan, dicen y hacen ya es una buena parte de las capacidades empáticas parentales; actuar de modo que los hijos se sientan cuidados y bien tratados es otra. Esta última habilidad social depende también no sólo de los recursos cerebrales que hemos descrito, sino también de las propias historias infantiles de cuidado, educación y protección. El hecho de que el cerebro sano y organizado de un padre o de una madre les permita resonar con lo que advierten que sucede en sus hijos, los predispone a dar además una respuesta rápida y adaptada a sus demandas y necesidades. Pero son los modelos construidos social y culturalmente los que determinarán el tipo y la adecuación de las reacciones a esas intenciones o demandas explícitas de cuidado, protección, modulación, educación y socialización. Esto es lo que conformarán *los modelos de crianza* (Barudy y Dantagnan, 2005), que dependen de las creencias y la forma de pensar de los padres, así como de lo que han aprendido sobre las normas y reglas sociales implícitas y explícitas que regulan las relaciones entre adultos y niños.

4. Necesidades infantiles y habilidades parentales: modelos de crianza y participación en redes sociales

LAS NECESIDADES INFANTILES

El mérito de los adultos que deben ejercer la parentalidad social, sean madres o padres biológicos, padres adoptivos o de acogida, así como cuidadores y educadores de hogares infantiles, reside en el hecho de que deben responder a múltiples necesidades de los niños o niñas, necesidades que además evolucionan con el tiempo. Deben, por consiguiente, disponer no sólo de recursos y capacidades, sino también de una plasticidad estructural para adaptar sus respuestas a estas necesidades en los cambios evolutivos de sus hijos, así como responder de una forma singular a cada uno de ellos.

En el caso de los padres o cuidadores que no disponen de competencias suficientes para satisfacer las necesidades de los niños y, además, los maltratan es muy probable que a las necesidades propias de su edad se agreguen otras necesidades especiales, consecuencia del sufrimiento y el daño que han conocido. Cuanto más tardía e incoherente sea la intervención protectora, mayores serán estas necesidades.

Para responder y satisfacer «suficientemente bien» al conjunto de las necesidades infantiles de los hijos, las madres y los padres han debido desarrollar en sus historias familiares y sociales lo que hemos llamado *competencias parentales*. Junto con las dos capacidades básicas ya analizadas, apego y empatía, trataremos en este capítulo las habilidades parentales que son las responsables de los modelos de crianza y la capacidad de participar en redes sociales.

Si bien es cierto que a través de la parentalidad social se asegura la satisfacción de las necesidades infantiles y, por tanto, su desarrollo, esto no quita que sean los padres o cuidadores quienes tienen toda la responsabilidad del bienestar y del desarrollo de sus hijos. El esfuerzo de los padres permitirá alcanzar este objetivo, si la sociedad, a través del Estado, asume la responsabilidad de promover y defender los derechos de todos los niños y las niñas. Para ello, las diferentes autoridades gubernamentales tienen el deber de desarrollar acciones y programas destinados a apoyar los recursos parentales y a disminuir el impacto de los contextos sociales productores de estrés.

El paradigma de las necesidades infantiles nos permite no sólo profundizar sobre este aspecto fundamental, sino, además, insistir sobre lo importante que es para el bienestar y la sanidad de los hijos que sus padres tengan las capacidades y habilidades para satisfacer estas necesidades (López, 1995; Pourtois y Desmet, 1997; Barudy y Dantagnan, 2005). Por otra parte, enunciar y describir el cúmulo de necesidades que deben ser satisfechas para asegurar un contexto de buenos tratos a todos los niños y las niñas puede ayudar a reforzar la idea de que, para que la parentalidad sea competente, son necesarios los aportes y el apoyo social de toda la comunidad. Esta descripción puede ayudar a todos los adultos y, en especial, a los profesionales de la infancia a comprender las dificultades reales y los desafíos que implican ser madre y padre, en general, y, en particular, para aquellos que por su falta de recursos y competencias dañan a sus hijos. En el caso de las madres y los padres que maltratan a sus hijos, no se trata de justificar sus prácticas por sus dificultades y sufrimientos, sino de tomar en cuenta los elementos históricos y contextuales que los han condicionado, para intentar ayudarlos en lo posible en su rehabilitación y adquisición de las competencias necesarias para la crianza y educación de sus hijos.

El paradigma de las necesidades infantiles

Aunque al mundo adulto le ha costado siglos aceptar y reconocer que los niños y las niñas tienen necesidades propias y el derecho a que éstas sean satisfechas, todavía la humanidad está muy lejos de asegurar la satisfacción de estas necesidades a todos ellos.

Para describir las necesidades infantiles, las dividiremos en dos grandes grupos:

1. Las necesidades fisiológicas: necesidades físicas y biológicas.
2. Las necesidades fundamentales asociadas con el desarrollo psicosocial del niño y de la niña: las necesidades afectivas, cognitivas, sociales y éticas (Pourtois y Desmet, 1997).

1. Las necesidades fisiológicas:

- Existir y permanecer vivo y con buena salud.
- Recibir comida en cantidad y calidad suficientes.
- Vivir en condiciones e higiene adecuadas.
- Estar protegido de los peligros reales que pueden amenazar la integridad.
- Disponer de asistencia médica.
- Vivir en un ambiente que permita una actividad física sana.

Que los niños y las niñas tienen necesidades de cuidados materiales y fisiológicos para permanecer vivos y desarrollarse sanamente es evidente. Lo que no es evidente es que los adultos sigan creando contextos económicos, sociales y culturales con los que, si no existe un cambio significativo, la infancia podría correr el riesgo de llegar a ser una «especie en vías de extinción». Como afirma Boris Cyrulnik (2006): «La vergüenza del siglo xx habrá sido la existencia de los campos de la muerte. La vergüenza que se prepara para el siglo xxi ¿será acaso la de la masacre de los niños y las niñas?».

2. Las necesidades fundamentales asociadas con el desarrollo psicosocial del niño

La necesidad de lazos afectivos seguros y continuos o de apegos seguros

La satisfacción de necesidades afectivas, así como la alimentación, no sólo asegura una organización sana del cerebro y de la mente, sino que permite al niño vincularse, primero a su madre, y luego a su padre, con un modelo de apego seguro. Al mismo tiempo, esto le permitirá desarrollar una experiencia de familiaridad y de pertenencia con sus hermanos y los otros miembros de su familia extensa. Los niños y las niñas tienen derecho a vivir en un contexto de seguridad emocional y a disponer de lazos afectivos de calidad con adultos «suficientemente disponibles», y accesibles, capaces de transmitirles una aceptación fundamental, de proporcionales el apoyo indispensable para la aventura de crecer y un clima emocional donde la expresión de los afectos sea posible. Esto los preparará no sólo para tejer lazos seguros con su medio familiar, sino, además, para desarrollar un sentimiento de pertenencia a su comunidad y a la condición humana. Si los niños reciben el afecto que necesitan serán capaces de aportarlo a los demás y desarrollar la capacidad de participar en la creación de apegos seguros y de ser empáticos en sus relaciones interpersonales.

La esfera afectiva del buen trato

La esfera afectiva del buen trato está constituida por la satisfacción de las necesidades infantiles de vínculo, de aceptación y de compromiso:

A.1 *La necesidad de vínculos*: uno de los desafíos de la parentalidad productora de buen trato es el de asegurar un apego sano y seguro. Esta fuente de amor y seguridad es la responsable, entre otras, del desarrollo de la empatía y la seguridad de base (Bowlby, 1972). Una experiencia de vínculo seguro en la tierna infancia asegura el desarrollo de la capacidad de diferenciarse, para convertirse en una persona singular, psicológicamente sana y con vínculos de pertenencia a su familia de origen y a su comunidad.

A.2 *La necesidad de aceptación*: los niños y las niñas desde que nacen necesitan ser respetados y confirmados como sujetos legítimos en las relaciones, primero por su madre, luego, por su padre para continuar con otros adultos significativos. Antes de la emergencia de la palabra, esta necesidad se satisface a través de gestos, vocalizaciones y palabras emitidas principalmente por sus figuras de apego. Lo importante es el contenido analógico de esta comunicación, es decir los gestos, la entonación de la voz, el tomarlo en brazos o el mecerlo; todos ellos transmiten, como mensaje al niño, que es aceptado, querido, acogido y confirmado como parte del cuerpo social que constituye la relación con su madre, con su padre y con su cuerpo familiar. Para que esto ocurra, los padres, los otros miembros de la familia y, más tarde, los profesores y otros adultos de la red social, deben tener las competencias para producir estos mensajes en calidad y cantidad suficiente para crear alrededor del niño un verdadero mundo afectivo en el cual se sienta incondicionalmente aceptado como persona. Los mensajes analógicos aportados por los cuidados, la ternura y la educación tienen como objetivo satisfacer esta necesidad.

A.3 *La necesidad de ser importante para otro u otra*: ser importante y sentirse importante, al menos para un adulto, es una necesidad que se encuentra en estrecha relación con el proyecto que cada padre y madre tienen para sus hijos. Cuando esto ocurre de una forma adecuada, ambas necesidades se complementan, provocando una armonía emocional y afectiva que se traduce por una sensación recíproca de bienestar. El proyecto que cada madre o padre suficientemente competentes tienen para su futuro hijo es complejo porque pone en juego componentes psicológicos y sociológicos. Hay una misión para cada niño, una demanda de parte de los padres. Esta «delegación» se funda sobre los sentimientos de lealtad que se crean por la extrema dependencia de los hijos de sus padres (Stierlin, 1973). En una relación de buen trato, los deseos de los padres son la expresión de un proceso relacional necesario y legítimo. Al dejarse guiar en una primera instancia por esos proyectos, la vida de un hijo o una hija adquieren una dirección y un sentido, por ejemplo, estudiar, comportarse adecuadamente, hacer que sus padres se sientan orgullosos. Pero, además, esto se inscribe en una ecuación de derechos y deberes que contribuye a asegurar la continuidad de los cuidados a lo largo de las generaciones. De esta manera, los hijos y las hijas bientratados reconocen sus derechos, pero también cumplen sus deberes en relación con sus padres y, luego, con la comunidad. Cuando sus padres sean ancianos podrán con facilidad aceptar su deber de cuidarlos y acompañarlos en el estado de dependencia que crea la vejez.

Por otra parte, todos los padres experimentan una serie de contradicciones que oscilan entre la reproducción, «sé como nosotros», y la diferenciación, «sé diferente de nosotros». El proyecto parental puede estar también en oposición con el proyecto personal del niño y originar un cúmulo de tensiones. Si el proyecto parental es indispensable para la construcción de la trayectoria del individuo, éste puede volverse demasiado invasivo y no dejar lugar para el desarrollo de un proyecto personal. Una parentalidad competente y bientratante es aquella que permite encontrar un equilibrio entre pertenencia y diferenciación.

3. Las necesidades cognitivas e intelectuales

El buen trato a los hijos implica también proporcionarles el máximo de oportunidades que faciliten el desarrollo de sus capacidades cognitivas, pues otra de las necesidades fundamentales de la infancia es poder comprender y encontrar un sentido al mundo en el que deben vivir, adaptarse y realizarse. En esta óptica, los niños y las niñas son sujetos de conocimiento. Como ya hemos señalado en el capítulo anterior, los niños necesitan la estimulación de sus padres, cuidadores y educadores para lograr un desarrollo adecuado de su cerebro y su mente. Los niños necesitan en cada fase evolutiva una forma de estimulación adecuada y específica. Al principio de la vida, la estimulación de sus capacidades cognitivas significa la satisfacción de sus necesidades fisiológicas, acompañada de estímulos necesarios para el desarrollo de sus capacidades motoras y sensoriales, sus percepciones, la atención y la memoria. Luego, se va incorporando la necesidad de estímulos para el desarrollo del lenguaje verbal y la capacidad de pensar y de reflexionar.

Satisfacer las necesidades cognitivas e intelectuales de los hijos implica que los adultos que ejercen la parentalidad social les briden experiencias de estimulación, experimentación y refuerzo:

a) *Necesidad de estimulación*: para lograr aprender y desarrollar sus capacidades cognitivas e intelectuales, los niños requieren la presencia de, por lo menos, un adulto que los estimule de manera permanente. Es evidente que un niño o una niña, aunque tengan un potencial de aprendizaje enorme dictado por la genética, sólo pueden realizar este aprendizaje en el marco de una relación. Es importante recordar que los niños desde muy pequeños aprenden con alguien y para alguien. Ese alguien que, en la mayoría de los casos es el padre o la madre biológicos, favorece el aprendizaje siempre y cuando se asegure la satisfacción de las necesidades afectivas de sus hijos. Sin afecto, el aprendizaje no se produce de una forma adecuada y constructiva. La ausencia de estimulación como la sobreestimulación resultan nefastas para el desarrollo cognitivo infantil.

b) *Necesidad de experimentación*: el cerebro humano, en especial el de los niños, está también programado para crear contextos que le permitan conocer nuevas experiencias. La curiosidad es una de estas manifestaciones y es intensa en los niños ya a partir de los primeros meses de vida. Ésta es indispensable como instrumento para entrar en relación con el medio ambiente. Apoyar esta necesidad infantil de conocer su medio de vida, facilitando nuevas experiencias, respondiendo a sus preguntas o compartiendo relatos ilustrativos sobre su entorno, es una actividad fundamental para satisfacer esta necesidad de experimentación. Estimular y apoyar esta necesidad de experimentar y de descubrir el mundo, ya desde la primera infancia, son parte de las habilidades que configuran la parentalidad social competente.

La satisfacción de las necesidades de experimentación está muy vinculada con las necesidades de apego. Los niños se permiten la exploración de su entorno a partir de la seguridad que les proporciona la presencia de sus figuras de apego.

c) *Necesidad de refuerzo*: los niños y las niñas necesitan que los adultos significativos para ellos, en especial sus padres, les refuercen, es decir, les manifiesten su apoyo y su alegría por los esfuerzos y los logros que van alcanzando en su proceso de crecimiento y de desarrollo. Ésta es una importante contribución a su desarrollo intelectual, puesto que las opiniones de los padres les sirven como indicadores para tomar consciencia del impacto de sus conductas, para corregir sus errores y reforzar sus conductas adecuadas. No olvidemos que los niños aprenden con alguien y para alguien, por lo tanto, las palabras y los gestos los alientan. Gracias a este proceso el niño llegará a reconocer sus propias capacidades y a reconocer las de los otros.

A menudo existe una confusión entre el hecho de ejercer una autoridad y el de reforzar de modo positivo la capacidad del niño. Como vestigio cultural de la pedagogía autoritaria, existen padres, educadores y profesores que siguen creyendo que la mejor manera de educar o de reeducar a un niño es indicarle continuamente sus faltas y sus errores. No son conscientes de que esos mensajes son una forma de maltrato y que, lejos de ayudar a los niños a superarse y a convertirse en personas autónomas, estimulan en ellos la rebelión o la sumisión. Estas dos posiciones son las que mantienen a los niños emocionalmente dependientes de los adultos, impidiéndoles madurar con responsabilidad. Más que una técnica educativa, este tipo de modelo es un instrumento para mantener la ilusión de control y poder de los adultos sobre los niños.

4. Las necesidades sociales

A medida que el hijo o la hija desarrollan su autonomía, irá participando directamente en las dinámicas relacionales con su entorno social. Pero, previamente y gracias a los cuidados y la educación de una parentalidad competente, la habrá experimentado y ensayado en la microsociedad que es la familia. La familia de origen es, en primer lugar, la que asegura la mediación entre el tejido social más amplio y el niño. De esta manera, poco a poco, los niños se inscriben en su comunidad con un sentimiento de alteridad y de pertenencia, pudiendo disfrutar así de un sentimiento de protección y de apoyo social. Los adultos bientratantes son aquellos que facilitan la autonomía de los niños y de las niñas, apoyan sus capacidades y los ayudan a ser responsables tanto en el ejercicio de sus derechos, como en el cumplimiento de sus deberes. Como resultado de estos procesos, los niños pueden aceptar su interdependencia, lo que equivale a aceptar las reglas sociales que aseguran el respeto a toda persona y a sí mismos. A partir de ahí, los niños tendrán acceso a la convivencia social, cumpliendo sus deberes y sus responsabilidades hacia su comunidad.

Para facilitar el desarrollo de las potencialidades sociales de los niños, los adultos deben contribuir a satisfacer tres tipos de necesidades específicas, a saber: comunicación, consideración y estructura educativa.

a) *Necesidad de comunicación*: las primeras comunicaciones entre un bebé y su madre ocurren prematuramente cuanto éste crece en el seno uterino. Las investigaciones sobre la vida fetal nos enseñan que, ya a partir de la vigésima semana, el futuro bebé se comunica de forma activa con su madre, por supuesto, de una forma analógica. A través de sus movimientos, el feto reacciona ante los estímulos del cambio de posición del cuerpo de su madre, a su voz y también a su olor que impregna el entorno acuoso, brindado por el líquido amniótico. Esta comunicación, que toma la forma de un intercambio sensorial y que continúa con el nacimiento, es la base de la impronta, componente fundamental del apego entre los hijos y sus progenitores. Después del nacimiento, y gracias a la maduración cerebral y el desarrollo de la mente, los bebés comienzan ya muy pronto a participar en una comunicación más compleja. En primer lugar, comunican a través del llanto, los gestos y la sonrisa sus estados internos, pero también para mostrar lo que sienten frente a los estímulos externos, incluyendo las reacciones de la madre o de otros cuidadores. En este proceso, la comunicación del bebé a través del balbuceo tiene un importante papel. Alrededor de los dos meses de edad, empieza a emitir sonidos que provienen de la parte posterior de la boca, como respuesta a las comunicaciones afectivas que, por ejemplo, la madre le prodiga. El balbuceo puede considerarse un lenguaje particular que precede a la emergencia de la palabra y permite que el bebé ejercite los órganos del habla. En su sexto mes, el bebé se interesa, en particular, en sus gorgoritos y esto lo estimula a experimentar nuevas vocalizaciones, empezando a repetir sílabas como ma-ma, pa-pa, ta-ta, etcétera. La imitación de lo que el bebé oye y la observación de las reacciones que los padres tienen lo ayudan a reemplazar los balbuceos por sonidos cada vez más parecidos a las palabras, sobre todo, a medida que se aproxima a su primer cumpleaños, logrando en ese período acceder a lo que se conoce como lenguaje comprensivo, es decir, entender el sentido de las palabras. El lenguaje expresivo aparece un poco más tarde de modo que un niño o una niña, que han crecido en un entorno de buenos tratos, ya pueden expresar a los dieciocho meses parte de su mundo y de lo que lo rodea. Por desgracia, los niños y las niñas afectados por malos tratos presentan diferentes alteraciones de este proceso. Es fundamental que los padres o cuidadores hablen con sus hijos para que ellos accedan al dominio de la palabra. Gracias a esas conversaciones, los hijos y las hijas reciben las informaciones indispensables para la construcción de su identidad, así como para situarse en la historia de su familia y en el contexto social y cultural al que pertenecen.

La comunicación, cuando es bientratante, confirma a los hijos, de forma permanente, su condición de personas y de sujetos, cualesquiera que sean sus circunstancias y conductas. Al mismo tiempo, es la que les proporciona toda la información sobre su vida, su familia y su grupo de pertenencia. Si la comunicación es esencial en el niño pequeño, ésta lo será durante toda su infancia y tendrá un valor especial durante la adolescencia. El adolescente necesita que sus padres se comuniquen con ellos, que posean la capacidad de escucharlos y comprenderlos con la empatía necesaria, pero sin abandonar su papel de educadores, garantes del respeto a las personas y a las reglas de convivencia. Satisfacer las necesidades de comunicación implica también ofrecer a los hijos espacios de discusión, reflexión y expresión de sus vivencias, ambivalentes y contradictorias. Dándoles el apoyo necesario, podrán hacer frente a la ansiedad que significa separarse de su mundo familiar y acceder al mundo adulto, que la cultura dominante ha transformado en ambientes cada vez más individualistas, competitivos y, a menudo, violentos. Pero, a pesar de esto, la parentalidad bientratante tiene como tarea fundamental sostener las esperanzas y las aspiraciones de los hijos y las hijas. Ello significa también ayudarlos a construir narrativas que incorporen los acontecimientos más significativos de su infancia temprana, aclarándoles las dudas de las historias personales y familiares que los preocupan o los agobian, lo que les permite, a menudo, encontrarse consigo mismos y ocupar un lugar constructivo en la sociedad.

b) *Necesidad de consideración*: asegurar el buen trato de los niños es también ofrecerles un ambiente de consideración y reconocimiento como personas válidas. El mérito de la Convención de los Derechos del Niño para la salud mental de los niños es, sin duda, recordar al mundo adulto que ellos son sujetos de derechos y que es nuestro deber respetarlos. Respetar a los niños nos reenvía a la idea de consideración, de estima. Para aprender a sentirse que pertenece a una colectividad y a vivir en sociedad, todo niño necesita ser reconocido, en tanto persona con méritos, competencias específicas y dignidad. Para existir como ser social es importante que el niño se represente valioso para la sociedad, como una persona singular. La mirada de otra persona significativa es la que permite la emergencia de una parte importante del concepto de sí mismo o de la identidad de los niños. Cuando esta mirada transmite afecto y consideración no sólo contribuye a una identidad positiva, sino también a una autoestima elevada. Sintiéndose considerado, el niño o la niña tendrán la energía psicológica necesaria para desarrollar sus proyectos y sus esperanzas, y también para comprometerse en proyectos altruistas.

c) *Necesidad de estructuras y de un modelo educativo*: los niños necesitan aprender a modular sus emociones, deseos, pulsiones, comportamientos y creencias, así como a manejar sus frustraciones, no sólo para madurar y desarrollarse, sino para integrarse armónicamente a su grupo social. Ningún ser humano, aun menos los niños, podrían sobrevivir y desarrollarse sin los cuidados y el apoyo de sus semejantes. Para participar en esta dinámica, los niños y las niñas necesitan ser educados. Con este enfoque, ser educados es un derecho. Las madres y los padres competentes promueven procesos educativos que tienen como pilar los vínculos afectivos y la satisfacción de las necesidades de sus hijos. Las niñas y los niños tienen el derecho de aprender a comportarse de acuerdo con las normas, reglas y leyes de la comunidad y de la cultura a la que pertenecen, pero también a rebelarse si éstas son injustas y no se basan en el respeto a la vida, la integridad y los derechos de todos. Un ejemplo espantoso de normas culturales abusivas y violentas es el caso de la mutilación genital de las niñas.

En el ámbito familiar, las normas y las reglas son modos de regulación de las emociones, deseos, conductas y discursos de sus miembros. Esta regulación asegura la existencia de la familia, como una organización autopoiética (Maturana y Varela, 1986), que tiene como finalidad el bienestar y el desarrollo biológico, psicológico y social de todos sus miembros, así como la transmisión de la cultura. En el caso de la educación de los hijos y las hijas, las normas y las reglas son necesarias, además, para garantizar la existencia de una jerarquía basada en las competencias de los adultos, en especial de los padres y de otros adultos significativos, como los profesores. Los padres y las madres competentes son una garantía para la transmisión de las normas familiares y sociales, no sólo porque las introducen y repiten verbalmente, sino porque educan a sus hijos con el ejemplo. Por fortuna, la gran mayoría de los padres intentan cumplir su papel educativo ayudando a sus hijos e hijas a integrar las normas necesarias para la convivencia familiar y social.

Pero, junto con estos factores que dependen de la existencia, o no, de competencias parentales, hay que considerar también los factores asociados con la función educativa parental; por ejemplo, los factores culturales y las dificultades laborales, la falta de trabajo, la precariedad de empleo y el riesgo de desempleo son una traba permanente para que los padres y las madres estén disponibles para ejercer sus funciones educativas.

En las familias bientratantes, los padres y las madres, insertos en redes sociales de apoyo y conscientes de las contradicciones existentes en la estructura social, luchan para no claudicar de su misión educativa. Ellos desarrollan prácticas basadas en la exigencia de estar atentos a los derechos y a las necesidades de sus hijos, inculcándoles obligaciones y deberes para sí mismos y para los demás. Los niños educados en este ambiente muestran un humor positivo, una gran confianza y un control de sí mismos, además de competencias emocionales y sociales. Todo ello desempeña un papel importante en el desarrollo de la capacidad resiliente de los niños y las niñas.

d) *Necesidad de valores*: los hijos y las hijas aceptan someterse a las normas y a las reglas no sólo por los vínculos afectivos con quienes las transmiten, sino porque éstas están legitimadas por los sistemas de valores existentes en su sociedad y transmitidos por la cultura. Cuando en un sistema social las normas, reglas y leyes sociales garantizan realmente el respeto de todos, permitiendo la emergencia de los buenos tratos, la equidad, la justicia, la tolerancia, la solidaridad, el altruismo social, la ayuda mutua y la solidaridad, es muy probable que las necesidades que los niños y las niñas tienen de encontrar un sentido valioso a su existencia estén satisfechas.

El niño y la niña tienen derecho a tener y creer en valores que les permitan sentirse parte de la humanidad y del mundo en el sentido amplio. Son estos valores los que dan un sentido ético al buen trato y, por supuesto, a la parentalidad social competente. Interiorizar las normas y las reglas sociales a través de valores positivos y significativos permite a los niños y a las niñas sentirse dignos, orgullosos y confiados en los adultos de su comunidad. La interiorización de estos valores es una garantía para asegurar el buen trato de los hijos y de las hijas en el futuro.

Por desgracia, y desde siempre, los hijos y las hijas han estado confrontados a diferentes grados de incoherencia de sus padres y de los adultos, en general. Los seres humanos, en cuanto animales sociales, pueden asociarse para mejorar la existencia y la calidad de vida del conjunto. Como ya hemos señalado, la evolución del cerebro humano amplió las posibilidades de adaptación, porque su complejidad y plasticidad permiten una amplia gama de interacciones con otros seres de su misma especie o de otras especies presentes en la tierra. Este mismo cerebro y su funcionamiento permiten la existencia de una capacidad que otras especies no poseen, la de representarse la realidad a través de símbolos y palabras. En este sentido, los seres humanos son potencialmente capaces de asociarse para crear las mejores condiciones de vida para sí mismos y los demás, en especial, para la infancia. Por desdicha, esto no es hoy una realidad generalizada. Son numerosos los ejemplos que nos hablan de la capacidad de los humanos para contaminar y desorganizar el medio ambiente hasta el punto, incluso, de destruirlo, poniendo en peligro la existencia de todos los seres vivos. Sobran ejemplos que muestran de manera dramática cómo el ser humano daña a otros seres humanos a partir de ideologías y de creencias, que convierten en valores y guías de su existencia. De esta manera, van produciendo discursos mistificadores, explicaciones extravagantes y, a veces, mentiras para negar el carácter violento y abusivo de las consecuencias de esos sistemas de creencias y eludir la responsabilidad de la realidad que han producido.

Por lo tanto, una parentalidad social bientratante, capaz de proporcionar una educación fundada en valores humanistas, basados en la filosofía de los derechos humanos, es una forma de contrarrestar el impacto de las ideologías y creencias violentas. Pero, al mismo tiempo, es una contribución para que los hijos y las hijas desarrollen las capacidades y los valores indispensables para tratar bien a sus futuros hijos e hijas. Se trata de un gran desafío para los padres y las madres actuales. El modelo cultural dominante, resultante de la economía de mercado, impuesta por un neoliberalismo salvaje, intenta imponer los valores que sirven a los intereses de los que dominan el capital financiero. Por esta razón, usan todos los medios posibles para imponer como valores fundamentales el consumo, el hedonismo y el individualismo. Todos éstos constituyen armas letales para la parentalidad. Sabemos, por ejemplo, que los niños y las niñas están sometidos desde muy jóvenes al bombardeo de políticas de mercado, que propagan e imponen una publicidad engañosa que les hace creer que su felicidad y bienestar dependen principalmente de la satisfacción de sus deseos. El mensaje que reciben es de «si te compran lo que te presentamos, serás alguien importante, te sentirás bien y permitirás que tus padres demuestren que te quieren». Estas trampas comunicacionales que se acercan a una de las formas más patológicas de la comunicación humana, «el doble vínculo», tienen como objetivo alienar las consciencias de los niños y las niñas y desconectarlos de sus tejidos sociales, impidiéndoles el acceso a la alteridad. Por esta razón, no es de extrañar que algunos de los indicadores de sufrimiento más frecuentes en los niños y las niñas de nuestra época sean la dificultad para manejar la frustración, la aceptación de la autoridad, el sentimiento de soledad, la depresión y la hiperactividad (Barudy, 2002).

La transmisión de valores en una cultura de buen trato

Tratar bien a un niño es también darle los utensilios para que desarrolle su capacidad de amar, de hacer el bien y de apreciar lo que es bueno y placentero. Para ello debemos ofrecerle la posibilidad de vivir en contextos no violentos, donde los buenos tratos, la verdad y la coherencia sean los pilares de su educación.

La transmisión de valores colectivos, que enseñan a los niños y a las niñas el respeto a la vida, a los seres vivos y a los derechos humanos de todos, es fundamental para que otro mundo sin violencia sea posible. En esta sociedad diferente, por la cual trabajamos, éstos tendrán la posibilidad de integrar una ética que les haga responsables de sus actos.

Modelos de crianza o las aptitudes relacionales parentales

Los modelos de crianza corresponden al conjunto de modelos que se adquieren en la vida familiar durante la infancia y la adolescencia, y que forman parte de lo que se podría llamar «la herencia adquirida», es decir, una cantidad de creencias y comportamientos que se adquieren y que determinan los modos con que las personas definen sus relaciones con los niños y las niñas y, en particular, con sus hijos e hijas. Estos modelos, cuando son suficientemente adecuados, permiten que una mujer y un hombre adultos puedan ser tutores de desarrollo, es decir, aportar las respuestas adecuadas para satisfacer las necesidades infantiles que son múltiples y evolutivas. Esta función es, en general, atribuida a los padres biológicos, pero, en casos en que éstos no tengan las competencias necesarias, la pueden realizar otros adultos, sean miembros de la red familiar extensa o adultos que se propongan como acogedores, padres adoptivos o profesionales, que trabajan como cuidadores o educadores en centros residenciales. Los modelos de crianza son un proceso relacional entre padres e hijos o hijas, que se basa en el vínculo de apego y comprenden las formas de percibir y comprender las necesidades de los niños y cómo responder para satisfacerlas, protegiendo, educando y asegurando la socialización de los hijos y de las hijas. Los modelos de crianza se transmiten de generación en generación, por lo tanto, son parte de los fenómenos culturales.

Los niños y las niñas maltratados son también el resultado de un déficit o de un trastorno de los modelos de crianza parental y familiar. Aunque los déficits en los modelos de crianza no siempre van acompañados de trastornos severos del apego y de la empatía de los padres, éstos constituyen contextos que dañan y hacen sufrir a los hijos. Los padres, en especial las madres con esa dificultad, aprovechan mejor las intervenciones destinadas a promover sus competencias parentales. En el caso de los hijos y de las hijas, cuando no reciben una protección adecuada y coherente, su sufrimiento y sus trastornos denuncian la incapacidad del mundo adulto y sus instituciones sociales para asegurar el bienestar y la protección de todos los niños y las niñas.

Modelos de crianza y buenos tratos

Para poder criar a los hijos asegurándoles buenos tratos, los adultos tienen que cumplir ciertos requisitos básicos:

a) *Interés incondicional por los hijos y las hijas*: esto implica estar consciente de sus necesidades, aceptarlas como algo legítimo y esforzarse por satisfacerlas.
b) *Sincronía*: es decir, comunicar, a través de los gestos y conductas, a los hijos o a las hijas que son personas importantes para los padres e interesantes, como interlocutores, en la relación.
c) *Consistencia y asertividad*: saber presentarse frente a sus hijos como adultos que, aunque no sean perfectos, tienen competencias y recursos para guiar el proceso de crianza de los hijos.
d) *Capacidad de influenciar a los hijos*: tener poder, a través de comportamientos coherentes y auténticos, conversaciones y actividades creativas, lúdicas y entretenidas.

Saber responder a las demandas de cuidado de un hijo o una hija, así como protegerlo y educarlo, es el resultado de complejos procesos de aprendizaje. Éstos se realizan de preferencia en la familia de origen, pero también en las redes sociales primarias; todo ello influenciado por la cultura y las condiciones sociales de las personas. Los modelos de crianza se transmiten, como fenómenos culturales, de generación en generación. En estos modelos, las formas de percibir y comprender las necesidades de los niños están incluidas, implícita o explícitamente, así como las respuestas para satisfacer estas necesidades y la forma práctica de protegerlos y educarlos. Los déficits en los modelos de crianza, tanto desde el punto de vista cualitativo como cuantitativo, son indicadores de diferentes niveles de incompetencia parental y casi siempre están vinculados con experiencias de malos tratos intrafamiliares en la infancia de los padres, así como a experiencias de institucionalización desprovistas de experiencias familiares. En este sentido, podemos afirmar que otro eje fundamental de la prevención de los malos tratos, junto con la promoción del apego seguro y la empatía parental, deben ser los programas de educación para que los futuros padres accedan al conocimiento y a la práctica necesarios para apoyar o adquirir modelos de crianzas bientratantes.

Modelo de crianza, memoria infantil y modelo de apego

Los estudios sobre la memoria describen un fenómeno que resulta interesante para explicar y mostrar cómo las experiencias infantiles influyen en los modelos de crianza de los padres. Este fenómeno, denominado *memoria dependiente del estado* (Coon, 2004), se refiere al modo en que los acontecimientos codificados en estados mentales particulares en el pasado son más propensos a que se reproduzcan, si en el futuro la persona se halla en estados similares

Esta característica normal de la memoria está presente a lo largo de toda la vida y es, en particular, relevante en el modo en que un progenitor reproduce experiencias del pasado en la crianza de sus hijos. Esto es válido para todas las personas. Lo que varía considerablemente es el modo como se experimentan tales memorias. Por ejemplo, los progenitores con modelos de apego preocupados, que ya hemos descrito, pueden verse inundados por emociones y conductas que forman parte de sus memorias implícitas infantiles. A medida que cuidan y crían a sus hijos en las diferentes etapas del desarrollo, pueden comenzar a recordar, explícita o implícitamente, aspectos específicos de lo ocurrido en su propia infancia y, así, reaccionar con sus hijos tal como reaccionaron sus progenitores. Los recuerdos explícitos dan origen, en parte, a los diferentes proyectos de crianza que cada padre o madre quisieran ofrecer a sus hijos. Los recuerdos de las memorias explícitas incluyen, por ejemplo, las respuestas conductuales aprendidas, las reacciones emocionales conscientes, las actitudes y las creencias.

Los recuerdos implícitos pueden condicionar las formas espontáneas, o no planificadas, de respuesta frente a las emociones, conductas o discursos de los hijos y se derivan de percepciones, emociones, eventos y respuestas conductuales, así como sensaciones corporales internas, no accesibles a la consciencia.

Si estas memorias implícitas tienen que ver con relaciones en que predominaron las experiencias de buenos tratos y, como consecuencia, de un apego seguro, la respuesta frente a las necesidades de sus hijos será también motivada por los buenos tratos.

Lo contrario a lo anterior, por ejemplo, puede ocurrir si los progenitores han padecido experiencias de infancia menos favorables y, además, con escasos factores resilientes que hicieran posible el trabajo reflexivo. En estos casos, los padres y las madres corren el riesgo de imitar patrones o adaptaciones, como resultado de los recuerdos implícitos dolorosos de esas relaciones primarias. Esto conducirá a que sus hijos experimenten un vínculo afectivo, en el mejor de los casos, ansioso-ambivalente.

Así se explica la sensación que puede tener una madre de reaccionar negativamente frente a un comportamiento de uno de sus hijos, aunque esta reacción no estaba inscrita en su proyecto educativo explícito.

> No sé qué me pasa –dirá una madre–, cada vez que mi hija no me obedece, pierdo los nervios y la golpeo, cuando en realidad no quisiera hacerlo; mi intención es lograr que los hijos me obedezcan, para que comprendan y acepten lo que les pido.

Lo que esta mamá no sabe es que está siendo influenciada por la activación de su *memoria dependiente del estado* contenida en su memoria implícita, la cual por sí misma no conlleva la sensación de estar recordando.

Cuando la situación activa los recuerdos implícitos, sin sus correspondientes elementos explícitos, los progenitores sienten, perciben o captan y actúan como si todo sucediera en el aquí y ahora. El hecho de no estar conscientes de esos recuerdos implícitos deja fuera la posibilidad de autorreflexión, como modulador de las motivaciones inconscientes que les impulsan a actuar, aun en contra de sus principios declarados.

Lo antedicho puede ocurrir en contextos relacionales seguros, como el que se crea en el programa de los grupos de apoyo a la *marentalidad*.[1] Estos grupos incluyen sesiones destinadas a ayudar a las madres a encontrar una explicación a sus comportamientos. En el marco de estas conversaciones pueden preguntarse: «¿por qué me siento así cuando mi hijo llora o no me obedece?, ¿por qué lo pegué, si no quiero repetir lo que me hacían a mí?».

Lo que las madres y los padres no saben es que existe una conexión directa entre el modo en que las experiencias pasadas modelan la memoria implícita y el modo en que se reactivan en la crianza de sus hijos. Uno de los objetivos del programa es ayudarlos a reconocer este aspecto, para evitar que corran el riesgo de ser contaminados por las memorias implícitas a la hora de interpretar los mensajes a través de los cuales sus hijos expresan sus necesidades, deseos, frustraciones y emociones del momento. Ayudarlos a reescribir sus historias infantiles y asociarlas con su modelo de crianza presente debe ser uno de los objetivos fundamentales de los programas de apoyo y rehabilitación parental.

---

1. Se trata de un programa desarrollado por la ONG EXIL, en Barcelona, con el apoyo del Institut Català de la Dona y la obra social de la Caixa, destinado a brindar apoyo social y terapéutico a las madres afectadas por la violencia machista de sus cónyuges.

El papel del aprendizaje social y de las historias de vida de los padres como sustento de sus modelos de crianza

Los modelos de crianza son el resultado de las historias de vida, los aprendizajes sociales y familiares que se transmiten como fenómenos culturales de generación en generación. Estos modelos se aprenden fundamentalmente en el seno de la familia de origen, mediante la transmisión de modelos familiares y por mecanismos de aprendizaje: imitación, identificación, aprendizaje social. En esta transmisión influye también el contexto social y cultural en que se desenvuelve la familia. En dichos modelos, las formas de percibir y comprender las necesidades de los niños están, implícita o explícitamente, incluidas, así como las respuestas para satisfacer estas necesidades. La capacidad de utilizar los recursos comunitarios o la capacidad para interactuar en redes sociales pueden ser consideradas también como parte de esos modelos. Dada la importancia, lo trataremos como un tema aparte.

Llegar a ser un padre o una madre competentes es un desafío, a la vez, estimulante y difícil. Pocas personas se preguntan, antes de tener hijos o hijas, si tienen la formación para desarrollar esta delicada tarea.

Trabajando con madres y padres, y conociendo las investigaciones que existen en este ámbito, hemos podido identificar la importancia del impacto que tienen los acontecimientos vitales, que cada uno de ellos ha vivido durante su infancia, en la relación que ahora tienen con sus hijos e hijas.

El impacto de las historias infantiles y familiares de las madres y padres en la co-construcción de los modelos de crianza

Un enfoque ecosistémico nos permite distinguir los diferentes niveles que influyen en la construcción de los modelos de crianza:

- *El nivel macro o exosistémico*: el primero corresponde a la cultura, y el *exosistema*, a la comunidad o entorno social de la familia. Los acontecimientos vitales son el cimiento de las representaciones sociales de los padres, pero el hecho de vivir en una cultura y pertenecer a una comunidad también participan en el desarrollo de sus representaciones sociales. Estas representaciones son las que, como una especie de puente, conectan al individuo, la cultura y la historia personal; es decir, un puente entre la subjetividad y la vida social de los seres humanos. Las representaciones sociales permitirán describir y explicar las relaciones entre los elementos mentales y materiales en la vida social (Moscovici, 1988, citado en Avendaño, Krause y Winkler, 1993). Propias de una cultura o de un grupo social, las representaciones sociales se constituyen en modelos explicativos que una sociedad o grupo tiene acerca de la realidad, dándole forma e influyendo, a su vez, en la conducta del individuo.

Centrándonos en las competencias parentales, se puede sugerir que la conducta relacionada con la crianza de los hijos o hijas tiene relación con representaciones sociales particulares, influidas por un contexto familiar y social, pero fundamentalmente construidas de manera activa por cada sujeto en relación con las vivencias sociales que éste sostenga. Todos los individuos, que participan en interacciones con otros, tienen su gama de representaciones construidas en situaciones anteriores; actúan en función de su historia pasada (Mugny, 1981). En relación con la crianza de los hijos, las representaciones sociales se basan en constructos sociales surgidos de la cultura. Ponemos los siguientes ejemplos: «los hijos deben respeto a sus padres y a sus madres», «si a los niños se les da confianza, rápidamente se te suben a la cabeza», «si no los corrige con fuerza cuando son pequeños, luego es demasiado tarde», «la sociedad tiene que hacer todo lo necesario con los niños violentos, porque su maldad se nota desde que nacen», «los niñas y las niñas son sujetos y tienen derechos», «los intereses superiores de los niños y las niñas», «a los niños y a las niñas hay que educarlos pensando que son el futuro del país», etcétera. Otras representaciones sociales están configuradas por pensamientos menos estructurados o imaginarios, como pueden ser las ideas, los sueños y las fantasías que son resultado de experiencias, deseos o necesidades de los progenitores y que permiten trazar un plan implícito o explícito de lo que les gustaría conseguir con la crianza y la educación de sus hijos. Triana (1991) plantea que existen cuatro teorías implícitas desde las cuales los padres conceptualizan el desarrollo y la educación de los hijos:

- *Nutricionista*: lo fundamental en la vida es tener niños saludables con buen equilibrio físico y psíquico. Lo importante es una correcta alimentación y fomentar la práctica deportiva. Los niños saludables son más inteligentes y obtienen un mejor rendimiento escolar.
- *Innatista*: se asume que lo heredado determinará el modo de ser del niño, por lo tanto, los modelos de crianza no tienen mucha relevancia en el niño. Necesita toda la libertad para que desarrolle su forma de ser.
- *Ambientalista*: el opuesto al anterior; es el ambiente el que determina el desarrollo del niño, por lo tanto, hay que protegerlos y disciplinarlos como única manera de dirigir sus pasos, pues no saben discernir entre lo bueno y lo malo. La disciplina, concebida como un control externo, tiene mucha importancia; la educación se centra en corregir, premiar, castigar, etcétera.
- *Constructivista*: los padres son guías que respetan a sus hijos y favorecen la reflexión y el autocontrol, entre otras tareas, para que éstos hagan su propio camino; los niños son los protagonistas de su desarrollo. Su éxito futuro dependerá de su propio esfuerzo y voluntad. Hay que respetar al máximo sus iniciativas e intentar que usen su libertad de forma responsable.

El análisis del discurso, resultado de la entrevista propuesta en la Guía de Evaluación de las Competencias y la Resiliencia Parentales, permite entrar en el mundo más personal de las representaciones sociales parentales. Todas estas ideas, y muchas más, se construyen a partir de las vivencias y experiencias personales de los padres, pero al mismo tiempo de las características del ambiente, las informaciones que circulan en la vida diaria, la educación y la comunicación social (Lamus, 1999). En este sentido, los modelos de crianza pueden ser considerados como una forma singular de práctica social. Sin embargo, como no existe una interacción automática entre la representación y la práctica, bien sea por el papel de las memorias implícitas o inconscientes en la conducta de las personas o por circunstancias sociales, es posible que un padre o una madre actúen de una manera diferente a la representada. Por esta razón, la parte de la Guía que evalúa los modelos de crianza considera como metodología la observación participante de las prácticas parentales.

Los padres y las madres, antes de participar en la crianza de sus hijos e hijas, en cuanto se trata de una situación interactiva, disponen ya de una serie de conocimientos, de evaluaciones y de marcos de referencia de sí mismos y de los niños y de las niñas; metafóricamente lo hemos llamado el piloto automático. Estas imágenes o representaciones de las relaciones padres e hijos o hijas, madres e hijos o hijas son el resultado de una rememoración de la conservación de las formas en que se han desarrollado anteriormente otras interacciones en situaciones muy similares o bien de una transposición de situaciones análogas. La fuente de estas rememoraciones se encuentra en la historia de los padres como hijos o hijas, o lo que observaron en las interacciones de otros hijos e hijas con sus padres, como pueden ser en las familias del vecindario o en la propia familia extensa. Los contextos socioeconómicos, productores de representaciones y de cultura, que restringen los tejidos sociales imponiendo el individualismo como norma social, restringen la posibilidad de interacciones y facilitan la repetición de un determinado modelo de crianza. Esto es muy pernicioso cuando el modelo familiar es abusivo y maltratante.

La pragmática de la crianza tiene como finalidad específica la socialización y la educación de los hijos y las hijas. En cuanto a las habilidades parentales, en nuestro libro *Los buenos tratos a la infancia* (Barudy y Dantagnan, 2005) destacábamos la función socializadora y educativa de los padres para apoyar el proceso de socialización del niño o la niña, distinguiendo la primera función, como la contribución de los padres a la construcción del concepto de sí mismo o de identidad de los hijos; y la función educativa correspondiente a la facilitación de experiencias relacionales que sirvan como modelos de aprendizaje para vivir de una forma respetuosa, adaptada y armónica en la sociedad.

El objetivo general de la socialización consiste en que cada individuo tenga una representación clara de su historia e integre la normativa social que le permita participar en la co-construcción de la convivencia y el desarrollo de la comunidad. El proceso de socialización implica la transformación de un organismo infantil, inmaduro y egocéntrico a un adulto participante en la sociedad, con una capacidad de comunicación activa con el medio social.

Una de las razones por la que la sociedad se mantiene relativamente estable es porque la cultura se va traspasando de una generación a otra, manteniendo los patrones culturales heredados por los padres. Esto tiene un gran valor cuando los patrones que se transmiten son los de los buenos tratos, pero tal como lo hemos planteado en nuestros trabajos, la situación es dramática para los hijos cuando lo que se transmite son modelos de malos tratos o de abusos. Las intervenciones sociales y, en particular, las de protección a la infancia son una oportunidad no sólo para los hijos, sino también para los padres, de romper con estos modelos. En este sentido, todas las intervenciones destinadas a asegurar la protección de los niños y las niñas maltratados deben considerarse como uno de los pilares de la prevención de los malos tratos infantiles, en una perspectiva transgeneracional, por lo tanto, cultural.

- El *nivel microsistémico*: lo compone la familia, que ha sido considerada como la unidad fundamental de toda sociedad, y, al mismo tiempo, como una institución de orden casi natural. Ella es el contexto afectivo, social y cultural primario de cada persona y cualquiera que sea su estructura, monoparental, nuclear o extendida, la persona integra desde aquí creencias, normas, valores, modelos conductuales y relacionales, entre otros, los modelos implícitos para criar a sus hijos. Es en la familia, a través de la función socializadora, donde los futuros padres aprenden a conocer y asumir roles de adulto, fundamentalmente guiados por los ejemplos paternos, en función de aprendizaje imitativo y de identificación. Todo esto desempeñará un papel importante en la constitución de los modelos de crianza.

Otra manera de mirar los modelos de crianza reside en entenderlos a la luz del paradigma de las creencias familiares, que imperan de manera casi invisible en cada reacción, mensaje o acto educativo de los padres. Los modelos conductuales de los miembros de una familia, entre ellos los padres, se gobiernan por un sistema de creencias que se compone de una combinación de actitudes, supuestos básicos, expectativas, prejuicios, convicciones y creencias, aportados a la familia nuclear por cada progenitor, a partir de sus familias de origen. Estas creencias individuales se entrelazan para formar las premisas rectoras que gobiernan a la familia y, entre ellas, la forma de criar y educar a los hijos.

Algunas de las creencias son compartidas; otras, son complementarias y proporcionan la base de la atracción mutua inicial de los progenitores; otras crean diferencias y conflictos, cuando la pareja conyugal se transforma, además, en pareja parental. Alrededor de temas familiares, como la responsabilidad frente a la irresponsabilidad, maltrato o buenos tratos, expresión de afectos, formas de educar, etcétera, se organizan importantes secuencias conductuales. El sistema de creencias o de representaciones sociales, aplicado a la familia, y los temas que de él surgen, han sido descritos por distintos autores como *mitos familiares, constructos familiares, temas familiares e identidad familiar* (Dallos, 1996). Esto tiene que ver con la función socializadora que ocurre principalmente en el interior de la familia de origen. En ella se integran las narrativas de las historias de los respectivos padres y se produce la internalización de normas sociales, morales, leyes, motivaciones, impulsos, creencias, valores y formas de conducta. Todo ello desempeñará un papel importante en la constitución de los modelos de crianza.

- El *nivel ondosistémico*: en este nivel se encuentran la madre o el padre como individuos con una estructura y una historia que les es propia, ambas conectadas por el impacto de sus experiencias infantiles y familiares en su estructura cerebral y la configuración de su mente, en particular, de sus pensamientos, emociones y conductas. Este nivel agrupa los aspectos propios del individuo, tales como personalidad, modelo de apego, capacidades y sus estados de ánimo, así como sus problemas personales que pueden afectar sus capacidades y habilidades parentales, como, por ejemplo, experiencias de malos tratos, abusos sexuales y negligencias vividas en su infancia, con la consecuente desorganización de la mente y del cerebro, como han sido expuestos en un capítulo anterior. Este conjunto de experiencias extremas influirán en la organización de los modelos de crianza. Las experiencias traumáticas extremas son difícilmente elaborables y pueden no codificarse de una manera explícita en el cerebro a causa del intenso dolor y estrés (Barudy y Dantagnan, 2005). Por lo tanto, al llegar a ser padre o madre es, a menudo, muy difícil asociar las vivencias actuales, las emociones, así como los comportamientos con sus hijos o hijas, con esas vivencias del pasado traumático. Esto resulta de los mecanismos defensivos del cerebro y de la mente, cuyo sistema límbico se organiza para minimizar la activación de los disparadores situacionales, que pueden provocar una activación cortical traumática. Pero, como ya se ha expuesto, las memorias implícitas del conjunto de eventos traumáticos está intacta e incluye elementos intrusivos, como impulsos conductuales, reacciones emocionales, sensaciones corporales e imágenes intrusas vinculadas con el trauma. Todo esto puede contaminar la crianza de los hijos o las hijas. Veamos el siguiente ejemplo:

> Ana, de treinta y dos años, madre de dos niñas de seis y diez años, de dos parejas diferentes, tenía la reputación de ser una madre perfeccionista y ansiosa con sus hijas. Siempre se preocupaba de evitar que alguien pudiera hacer daño a sus niñas, por lo que las limitaba bastante en sus actividades extrafamiliares y extraescolares. Esta madre pide ayuda cuando presenta crisis de pánico, cada vez que sus ex parejas ejercen su derecho de visita con sus hijas. Sus angustias comienzan dos o tres días antes de esas visitas. Su discurso es contradictorio con lo que le pasa, pues en principio no quiere que sus hijas se críen sin el padre, pero sus temores son más fuertes que sus ideas. A la terapeuta que la atiende le llama la atención esta incongruencia y se postula la posibilidad de que se trate de un proceso traumático no resuelto. Al reflejarle a la madre la contradicción entre su cuerpo y sus ideas, y al preguntarle cuáles podrían ser las buenas razones por las que su cuerpo teme tanto que sus hijas se encuentren con el padre sin su presencia, la madre atónita refiere que es hija de padres divorciados y, a partir de los once años, durante sus visitas con su padre, éste dormía con ella en la única cama que había en el apartamento de éste y tiene el vago recuerdo de que,

mientras medio dormía, su padre la acariciaba y que en más de una ocasión se despertó y vio a su padre sin su pantalón de pijama. Nunca lo había hablado con nadie, pensando que esto no tenía importancia y, sobre todo, porque el recuerdo de su padre era el de alguien cariñoso que hacía todo lo posible por complacerla durante las visitas.

No son las experiencias traumáticas en sí las que alteran la crianza de los hijos, sino el hecho de no haber tenido la posibilidad de elaborar y resolver su impacto emocional. Cuando esto no ocurre, además de bloquearse el procesamiento explícito de los sucesos traumáticos, deteriorándose la habilidad de la víctima para consolidar corticalmente la experiencia, aquéllas quedan empaquetadas por los diferentes mecanismos de defensa para eludir la reviviscencia del dolor del estrés; así queda no resuelta la experiencia traumática. Es importante insistir en que en muchos casos los procesos traumáticos infantiles han sido de una gravedad y una cronicidad tal, que, aun contando con experiencias terapéuticas y resilientes, no ha sido posible la resolución de muchos de los traumas infantiles.

El no poder resolver las experiencias traumáticas infantiles presenta importantes implicaciones para el ejercicio de la parentalidad y, en particular, para la crianza. Algunas madres o padres pueden verse inundados por el exceso de recuerdos implícitos, llegando a perder el control de su mente en la relación con sus hijos. Cuando éstos aún son bebés, existe un peligro real para sus vidas. Este riesgo existirá mientras no se les ofrezca a los padres los recursos terapéuticos necesarios para que elaboren y resuelvan sus traumas. Por ejemplo, cuando una madre tiene una reacción desmesurada frente al llanto del bebé y lo sacude hasta provocarle una hemorragia intracraneana, no se trata sólo de no saber cómo calmarlo, sino que está dominada por el dolor, el estrés y la amenaza que pudo haber vivido cuando ella misma era un bebé. Esto ilustra una reactivación de un trauma no resuelto, porque ella no es consciente de la conexión entre las dos experiencias, puesto que no tiene control cortical sobre su impulsividad. Aunque existen madres y padres que pueden hacer dicha conexión, no saben cómo modularse, porque están aterrorizados. Si no son ayudados, pueden desarrollar una «especie de fobia» a su bebé, que explica en parte su indiferencia y la negligencia que la acompaña.

A este respecto, existen investigaciones que muestran las consecuencias de los traumas infantiles sufridos por las madres en su relación con sus hijos o hijas; en ellas se demuestra que las madres que frecuentemente tenían memorias postraumáticas intrusivas estaban completamente retiradas de las relaciones cercanas, también de sus maridos, hijos e hijas (Almqvist y Broberg, 2003). Otra forma de entender la contaminación de estas experiencias en la crianza es referirse a ella como activadores de *flashback* o de escenas retrospectivas en las madres o los padres. Fearon y Mansell (2001), al estudiar los efectos de las situaciones traumáticas no resueltas en las madres y los padres reflejados en sus conductas de cuidados hacia sus hijos e hijas, afirman que «es posible que los elementos del sistema de apego entre padres e hijos o hijas actúen como activadores de las memorias intrusivas de las experiencias extremas». Los autores añaden que «es posible que el sistema de apego actúe como separador en lugar de vinculador, si la imagen que la madre tiene de su hijo o hija está conectada con el evento traumático». Sucede de este modo porque los eventos traumáticos alteran las representaciones internas que las madres tienen de sus hijos o hijas. Así, por ejemplo, las representaciones mentales de las madres, como cuidadoras y nutritivas, acompañadas de la necesaria ilusión de estar disponibles para proteger a sus hijos o hijas pase lo que pase, quedan dañadas en estas situaciones; por lo tanto, se retiran por completo de su rol de madre o, en el caso contrario, les hacen daño física y psicológicamente, ya que la cercanía con sus hijos o hijas activa sus síntomas postraumáticos.

Éste puede ser un proceso continuo donde las interacciones, las demandas de cuidado de los hijos o las reacciones de éstos actúan como activadores de los síntomas postraumáticos de las madres, interpretándose sus demandas o conductas como abusos o agresiones. Explica también las tendencias de ciertos padres o madres a recalcar con más facilidad las características negativas de sus hijos o hijas que las positivas, lo que da sentido al fenómeno de designación de chivo expiatorio a uno de sus hijos o hijas.

La capacidad de las madres y los padres para participar en redes sociales

Diferentes investigaciones han mostrado la relación entre salud mental y pertenencia a redes sociales. El ejercicio de una parentalidad suficientemente adecuada está también condicionado por las posibilidades que tengan los padres de participar en redes sociales donde puedan recibir y aportar a sus miembros tanto ayuda material como apoyo psicosocial y emocional. Por lo tanto, un modelo completo de bienestar infantil debe integrar la idea de que un niño en su familia y ésta en la colectividad podrán evolucionar sanamente si pertenecen a una comunidad capaz de aportar recursos para satisfacer las necesidades de los niños, al mismo tiempo que sostiene y apoya los recursos parentales de las familias (Barudy, 1998, 1999).

Así, por ejemplo, cuando los apoyos sociales, ya sean materiales o psicosociales y afectivos, están suficientemente presentes, éstos pueden servir para manejar el estrés y la tensión que enfrentan los padres. Si una familia no dispone de apoyos sociales, sea por su dinámica interna o por la pobreza material o humana del entorno en que vive, o no está en condiciones de utilizar los apoyos disponibles, le faltará un importante colchón para hacer frente a los problemas y aliviar tensiones más crónicas.

Los fenómenos migratorios pueden desempeñar un papel en la emergencia de esta disfuncionalidad. Para una familia las migraciones implican una ruptura de sus contextos significativos, que dan sentido a los hechos de su cotidianeidad y son fuente de apoyo social. Por lo tanto, la migración implica siempre un riesgo de una restricción de las redes sociales de una familia. Cuanto más inhóspita se presente la sociedad de acogida, mayor es la posibilidad de que las familias se encierren en sí mismas atrancando sus fronteras familiares, lo que puede producir una amplificación del estrés y las tensiones intrafamiliares al disminuir las posibilidades de recibir apoyo e información del medio social.

Por otra parte, también el fenómeno migratorio puede facilitar una abertura total de las fronteras familiares, como una forma de sobrevivir y asimilarse en un medio que se impone como social y culturalmente superior. Este fenómeno facilita la confusión en el funcionamiento familiar, a menudo con un conflicto importante de costumbres y valores entre las generaciones. Esto se traducirá en un funcionamiento familiar caótico, en el cual los miembros de la familia, en especial los más vulnerables, no dispondrán de suficiente apoyo socioafectivo intrafamiliar, pero tampoco de una red social de pertenencia, creándose una situación de anomia, que es lo que caracteriza a muchas familias cuyos padres presentan una parentalidad deficiente.

La capacidad para utilizar los recursos comunitarios y la capacidad para interactuar con la red social son también fundamentales y necesarias para el ejercicio de la parentalidad. Innumerables investigaciones han mostrado cuán importante es la capacidad de participar en dinámicas de apoyo social para asegurar una parentalidad bientratante (Manciaux, 2000; Poilpot, 2002; Barudy, 1997; Cyrulnik, 1998).

Nos referimos a la capacidad de pedir, aportar y recibir ayuda de sus redes familiares y sociales, incluyendo las redes institucionales y profesionales que tienen como mandato promover la salud y el bienestar infantil. El estudio de las redes y la capacidad de los padres de participar en ellas, para cumplir la tarea de padres, es otro de los niveles de este proceso de evaluación de la parentalidad. Las figuras de apego de un adulto son generalmente las personas que componen, explícita o implícitamente, su red de apoyo social y afectiva primaria: familiares, mentores, amigos próximos, terapeutas o cónyuges, pueden ser parte de esta red. En la medida que la parentalidad es también el resultado de una práctica social, los profesionales de las instituciones sanitarias, los jardines infantiles, la escuela, las instituciones sociales de protección, si se organizan podrían ser parte de las redes sociales tanto de los padres como de los niños. En lo que se refiere a los padres, para apoyar y promover una parentalidad bientratante y para apoyar el desafío visible e invisible de ser padres. En lo que se refiere a los hijos y a las hijas, participar de este proyecto social que hemos conceptualizado como co-parentalidad o parentalidad comunitaria.

Nuestras experiencias y la bibliografía especializada han puesto de manifiesto la relación entre malos tratos infantiles, aislamiento social y dificultad de los padres para participar en redes sociales tanto informales como formales (instituciones). Por otro lado, las madres y los padres con competencias parentales permiten activamente que la sociedad influya e intervenga en aportar los recursos para mejorar el bienestar infantil y mantienen también un proceso de autocrítica constante, pues, si bien estas madres o estos padres reportan tener dificultades para criar a sus hijos, son capaces de buscar nuevas herramientas o apoyos externos para fortalecer aquellas áreas de su rol donde sienten que presentan carencias, considerando la interacción de las madres con el entorno como parte importante de la parentalidad. Los vínculos establecidos como familia con el medio externo parecen depender de su capacidad para poder intercambiar de manera continua energía, información y objetos con su entorno (Barudy, 1998). Por otro lado, cada familia influye también, además de ser influida, por los diferentes componentes de su medio, puesto que, como cualquier sistema viviente, está rodeada de una «membrana» o «frontera» semipermeable que permite intercambios con el exterior, manteniendo siempre un sentido de pertenencia y cohesión (Minuchin, 1979 citado en Barudy, 1998, pág. 47). Barudy en distintas publicaciones (1998, 1999, 2001) señala, además, como un elemento importante para detectar incompetencia parental, la relación que establece el adulto con su comunidad, en donde la vinculación activa y la capacidad de utilizar sus redes sociales en busca de ayuda, de ser ésta necesaria, se establece como un pronóstico de recuperabilidad a dicha competencia.

5. Parentalidad y resiliencia

A lo largo de este libro, hemos intentado aportar argumentos para demostrar cómo las experiencias durante la vida modelan el funcionamiento de la mente de todas las personas. La calidad de este funcionamiento es un requisito básico para ser una madre o un padre suficientemente competentes, por lo tanto, es en la infancia, en particular en la infancia temprana, así como en la adolescencia, cuando se establecen las bases que permiten relacionarse de una forma constructiva o no con los cónyuges, los hijos o las hijas y los demás miembros de la comunidad. Múltiples investigaciones sobre el apego permiten afirmar que las experiencias relacionales tempranas de apego seguro explican el bienestar emocional de los padres, así como sus competencias sociales, un funcionamiento cognitivo adecuado y su resiliencia ante la adversidad (Cyrulnik, Cicchetti y Rogosch, 1997).

Por otra parte, el fenómeno de la transmisión transgeneracional de los malos tratos infantiles puede conducir a la conclusión errónea de que, cuando éstos han existido, no hay esperanza, porque son la consecuencia de incompetencias parentales que fomentan nuevas incompetencias en las próximas generaciones como un fenómeno casi inevitable. No obstante, hoy se conoce que innumerables padres y madres no repiten en el ámbito familiar y parental los malos tratos que conocieron en su infancia. Lo que explica este fenómeno es lo que se conoce hoy como la resiliencia, es decir, «la capacidad de una persona o de un grupo para desarrollarse bien, para seguir proyectándose en el futuro a pesar de los acontecimientos desestabilizadores, de condiciones de vida difíciles y de traumas a veces graves» (Manciaux, Vanistendael, Lecomte y Cyrulnik, 2003). El desarrollo de esta capacidad es posible, tanto para los padres como para los hijos y las hijas, y su emergencia está estrechamente ligada con la existencia de una parentalidad sana y competente. Y es así porque «la resiliencia es el resultado de un proceso complejo, el efecto de una interacción entre la persona y su entorno, en particular, su entorno humano. Lo fundamental de esta interacción es la capacidad de estar con el otro o la otra» (Cyrulnik, 1988).

Las investigaciones sobre resiliencia demuestran el papel central de la familia, cuando su funcionamiento es adecuado, para la protección psicológica del niño o de la niña ante las experiencias traumáticas exógenas. Pero, además, muestran que la presencia de al menos un progenitor que asegure una parentalidad competente, proporcionando afecto y apoyo a los hijos y a las hijas, puede permitir que éstos pasen por una adolescencia hacia una vida adulta suficientemente sana y socialmente constructiva.

Por este motivo hay que reconocer la importancia de los padres, en especial de la madre, como fuentes principales de los buenos tratos de sus hijos que, a su vez, explican sus capacidades de resiliencia (Pourtois y Desmet, 1997; Cyrulnik, 2001; Barudy y Dantagnan, 2005).

Por lo tanto, de los diferentes subsistemas que componen la estructura familiar, el sistema parental y la parentalidad social nos parecen los niveles más pertinentes a la hora de examinar y evaluar las fuentes de la resiliencia, tanto de los padres como la de sus hijos e hijas. Utilizaremos la expresión de «parentalidad competente y resiliente» para referirnos a diferentes aspectos de ésta.

En primer lugar, la parentalidad competente y resiliente hace referencia a la capacidad de las madres y los padres para producir buenos tratos que aseguren no sólo el desarrollo sano de sus hijos, sino también el de aportar modelos y fuentes de apoyo para hacer frente a la adversidad y a los eventos dolorosos. En segundo lugar, los padres con estas características no sólo proporcionan un apego seguro a sus hijos, sino que transmiten, de forma implícita o explícita, que las dificultades, conflictos y adversidades son parte de la vida. Por último, compartirán con sus hijos la idea de que el crecimiento y el desarrollo de todos los seres humanos y el de ellos, en particular, pasa por una serie de desafíos, algunos que les provocarán dolor y frustración, pero si confían en sus recursos y en el apoyo de los suyos, podrán salir adelante. Gracias a este modelo de parentalidad social, los niños y las niñas tienen la posibilidad de comprender que la vida implica también esfuerzos para hacer frente a las dificultades y adversidades que se presentan y que éstas pueden ser fuente de crecimiento y desarrollo cuando se encaran y se resuelven, es decir, se les encuentra un sentido, confiando en los recursos personales y en los de sus redes sociales.

La resiliencia tiene que ver con los vínculos y, en primer lugar, con el apego. En este sentido, es importante considerarla desde una perspectiva dinámica e interactiva. La resiliencia no es un atributo individual innato independiente del entorno; ella emerge de la relación del sujeto con su entorno, fundamentalmente el humano. Esta capacidad seguirá a lo largo de toda su vida influenciada por las condiciones de ese entorno, al mismo tiempo que, gracias a ella, los padres podrán influenciar positivamente a los miembros de su entorno, en especial a sus hijos e hijas (Barudy, 2009). Aunque el concepto de resiliencia da cuenta de capacidades, como resultado de la interacción social, no niega ni excluye que puede haber una parte que dependa de aspectos constitutivos del individuo. Como se ha abordado en este libro, los factores innatos determinan la estructura individual y sus límites, pero están ampliamente influenciados por el entorno a tal punto que la organización cerebral de una persona depende de la existencia de los cuidados y la estimulación que provienen de aquél. Considerando la complejidad de este fenómeno, las investigaciones hacen referencia a sus diferentes fuentes. Como veremos, muchas de estas fuentes dependen o tienen relación con la parentalidad y las competencias parentales. Entre las características de estos padres competentes y resilientes se encuentran:

– Una opción prioritaria para estar presentes, con afectividad y autoridad, en los cuidados y educación de sus hijos.
– Flexibilidad o plasticidad.
– Capacidad para enfrentar y resolver problemas.
– Habilidades de comunicación.
– Destrezas para participar en redes sociales de apoyo.

Estas características coinciden con lo descrito sobre la parentalidad social bientratante: otro argumento para sostener la relación estrecha entre competencias parentales y resiliencia.

Las fuentes de la parentalidad resiliente o resiliencia parental

Teniendo en cuenta los elementos que hemos aportado en los diferentes capítulos de este libro, podemos considerar que las fuentes de la resiliencia parental provienen: a) del entorno social y de la cultura o nivel macrosistema, b) de la organización y funcionamiento familiar o nivel macrosistémico y c) de la personalidad resultado de la articulación entre la estructura personal con las historias de vida de los padres y de las madres.

a) *Las fuentes macrosistémicas de la resiliencia parental*: Diferentes autores señalan el papel crítico de un ambiente social y cultural adverso para la salud y el desarrollo infantil. En este sentido se señala, por una parte, el papel nocivo de los entornos sociales plenos de carencias, resultado de la pobreza y la exclusión social. Por otra parte, se insiste también en que los entornos caracterizados por la acumulación de las riquezas materiales presentan el riesgo de transformar las relaciones familiares y sociales en meros formalismos, que privan a los niños de la afectividad y el apoyo social que necesitan para crecer sanamente. El entorno social facilitará la resiliencia de los hijos y de las hijas, que luego serán padres y madres resilientes o promotores de resiliencia de sus propios hijos, si la distribución de los bienes y de la riqueza permite que todos los miembros de la familia tengan, por ejemplo, acceso a un trabajo digno, a una vivienda, a la salud, al bienestar y al apoyo emocional. En el caso de los hijos y de las hijas, se puede agregar el acceso tanto a una buena escuela como a un entorno comunitario afectuoso y apoyador.

b) *Las fuentes microsistémicas o familiares de la resiliencia parental*: En lo que se refiere al funcionamiento familiar, como fuente de resiliencia, casi todas las investigaciones coinciden en afirmar que un ambiente familiar afectivo, estable y con reglas y límites adecuados y claros, resultado de la acción de adultos competentes y muchas veces resilientes, permite y facilita que niños y niñas, al recibir buenos tratos de una forma natural y permanente, desarrollen esta capacidad (Pourtois y Desmet, 1997; Cyrulnik, 2001; Barudy y Dantagnan, 2005). En algunos estudios se han logrado identificar factores protectores para los hijos y las hijas, que se relacionan con factores vinculados a la parentalidad social, como preocupación, interés y apego de los padres por los hijos, siendo éstos independientes de la estructura familiar y del estatus económico. La influencia de la familia en los aspectos físicos, psicológicos y sociales de sus miembros, en particular de los hijos y de las hijas, es ampliamente reconocida. Su estructura y su función sobre el bienestar de sus miembros pueden manifestarse de diversas formas, por ejemplo, en el modelaje de la parentalidad social y las relaciones de pareja o de los comportamientos sociales de los padres en la conducta de sus hijos. En el ámbito social y afectivo, la familia nuclear y también la extensa constituyen la red de apoyo más próxima al individuo, siendo los lazos familiares protectores, cuando existen, los que median entre la persona y factores estresantes, disminuyendo el impacto sobre la salud de sus miembros.

c) *Las fuentes individuales de la resiliencia*: Cada mujer u hombre que accede a la parentalidad biológica lo hace con un bagaje singular producto de su historia y experiencia personal. Estos elementos adquiridos conformarán su competencia o incompetencia a la hora de ejercer la parentalidad social. Entre los rasgos descritos de padres y madres, que contribuyen a la resiliencia, se encuentra la fuerza mental, donde destaca la autonomía, el control de impulsos, el sentirse querido y la empatía. También se identifican, como fuentes de resiliencia, las habilidades interpersonales, el manejo de situaciones difíciles o complejas, la resolución de problemas y la capacidad de planeamiento. Podemos afirmar que los padres resilientes favorecen la resiliencia familiar y, en consecuencia, la de sus hijos o hijas, porque, además de sus competencias específicas, son padres o madres que, cuando están insertos en una situación de adversidad, es decir, expuestos a un conglomerado de factores de riesgo,[1] tienen la capacidad de identificar y utilizar de la mejor manera posible los factores protectores[2] del medio social y familiar. Esto les permite ayudar a los miembros de sus familias, en especial a sus hijos e hijas, a sobreponerse frente a la adversidad, crecer y desarrollarse en forma adecuada y llegar a madurar como seres adultos competentes.

La resiliencia es una actitud y una capacidad de hacer frente a la adversidad, por lo tanto, es un potencial de esperanza que ayuda a las personas a recuperarse de situaciones complejas. En otras palabras, podríamos señalar que es una especie de esperanza activa y no pasiva. Por ejemplo, una madre o un padre con capacidad de resiliencia no esperan una solución mágica de los problemas y conflictos, sino que se encargan de darles solución a partir de las herramientas propias y de las que encuentra en su entorno. En este sentido, la resiliencia parental también es sinónimo de habilidades parentales.

Las madres y los padres competentes, promotores de resiliencia, en especial las madres, enfrentan de una manera constructiva y efectiva los eventos y circunstancias de la vida que los golpean severamente, en particular a sus hijos.

En el libro *Hijas e hijos de madres resilientes* (Barudy y Marque-

---

1. Se considera factor de riesgo cualquier característica o cualidad de una persona o comunidad que va unida a una elevada probabilidad de dañar la salud. Los factores de riesgo son aquellos estadísticamente asociados con una mayor probabilidad de morbilidad o mortalidad futura. En relación con la parentalidad, se consideran factor de riesgo los vínculos parentales débiles con padres que no guían ni supervisan ni monitorean a sus hijos, que se comunican en forma inadecuada y son muy autoritarios o muy permisivos, así como la presencia de psicopatología en los padres (Dryfoos, 1998).

2. Por factores protectores se consideran las condiciones o los entornos capaces de favorecer el desarrollo de los individuos o grupos y, en muchos casos, de reducir los efectos de circunstancias desfavorables (Munist y otros, 1998). Así los factores protectores son los que reducen las repercusiones del riesgo en virtud de los efectos sobre el riesgo propiamente tal; lo cual se logra ya sea modificando la exposición al riesgo y la participación de éste o reduciendo la probabilidad de reacción negativa en cadena resultante de la exposición al riesgo.

breucq, 2007) hemos presentado innumerables ejemplos de la capacidad de las mujeres (abuelas, madres, tías, hermanas, hijas) de hacer todo lo posible, aun en situaciones límites, para proteger y apoyar a los niños y a las niñas, ofreciéndoles un máximo de posibilidades para que salgan adelante.

COMPETENCIAS PARENTALES Y RESILIENCIA

Ahora bien, al igual que las vulnerabilidades de las personas, la resiliencia es posible cuando se da un conjunto de procesos mentales y sociales que posibilitan a cualquier persona tener una vida sana y constructiva, a pesar de los eventos traumáticos del pasado y las adversidades del presente. Cuando lo aplicamos a los padres y a las madres, esto se concretiza en una práctica parental sana y competente. Cabe destacar que la resiliencia es posible gracias a una afortunada combinación de atributos personales, familiares, sociales y culturales, que permiten que determinadas personas desarrollen disposiciones reflexivas para combinar diversos factores, recursos y relaciones interpersonales con el fin de afrontar y superar los problemas, incluyendo las consecuencias de trauma severo. Por lo tanto, la resiliencia resulta y se hace práctica social a partir de las competencias o habilidades tanto de una persona como de un grupo de personas. Desde este punto de vista, evaluar las capacidades y habilidades parentales equivale de alguna manera a explorar las capacidades resilientes de los padres, en un doble sentido, por una parte, evaluando los recursos que les han permitido superar el sufrimiento de sus historias personales, y por otra, evaluando su capacidad para tratar bien a sus hijos e hijas, promoviendo así su resiliencia. El objetivo inmediato es hacer todo lo posible y necesario para ofrecer mejoras en las condiciones de vida de sus hijos e hijas, en el caso de detectar incompetencias parentales, sobre todo, graves y crónicas. A medio y a largo plazo es ofrecer a los padres y madres un programa destinado a apoyar y desarrollar estas competencias o rehabilitarlas, en caso de disfunciones severas. Equivale a apoyar y promover la resiliencia parental.

Las competencias parentales, resultado y consecuencia de la resiliencia humana

El concepto de resiliencia es aplicable tanto a los padres como a los niños. La resiliencia infantil, definida como lo hemos hecho, como la capacidad o los recursos para mantener un proceso normal de desarrollo, a pesar de las condiciones difíciles en que se vive o se ha vivido, dependerá, en gran parte, de la capacidad de resiliencia de sus padres o sustitutos parentales (Barudy, 2000).

El fenómeno de la resiliencia, resultado de la interacción de factores o recursos personales y sociales que producen distintas respuestas constructivas ante los conflictos, las experiencias que provocan sufrimiento, incluyendo los traumas, como también, la potencialidad de otras fuerzas personales y sociales con que las personas y comunidades enfrentan de manera satisfactoria su realidad, es parte activa de las competencias parentales. Son estas competencias parentales las que promueven y mantienen la resiliencia de las madres y de los hijos. Es en este sentido que entendemos la resiliencia parental como un conjunto de capacidades dinámicas e interactivas que presentan las madres y los padres.

Dada la complejidad y la riqueza de este fenómeno, nos ha parecido útil en nuestra práctica profesional proponer una distinción de dos formas de respuestas resilientes: *La resiliencia primaria* y *la resiliencia secundaria*.

El análisis de cada una de ellas nos permitirá, además, insistir entre la íntima relación que existe entre competencias parentales y resiliencia.

La resiliencia primaria y las competencias parentales

La *resiliencia primaria*, que corresponde a la *resiliencia infantil*, es una capacidad que los niños y los adolescentes pueden desarrollar cuando sus recursos naturales se desarrollan y se potencian, gracias a las competencias y habilidades de sus progenitores y de otros adultos significativos que satisfacen sus necesidades y los respetan como sujetos legítimos. La base de este tipo de *resiliencia primaria* se constituye en los tres primeros años de vida en que la maduración, la organización y el desarrollo del cerebro y de la mente infantil se logran adecuadamente gracias a los buenos tratos. Su manifestación más importante es el desarrollo de un apego sano o seguro, resultado de los cuidados, estimulación, protección y el afecto que las figuras de apego primario, en especial la madre, proporcionan a sus hijos e hijas. Los estudios sobre el impacto positivo de los buenos tratos sobre el desarrollo infantil nos ponen en contacto con los ingredientes de la *resiliencia primaria*. Es decir, el maravilloso mundo del desarrollo de un apego seguro, empatía, habilidades, conocimientos, destrezas y comportamientos sociales altruistas, a través de los cuales los niños y las niñas van ganando competencias de todo tipo, hasta alcanzar su madurez. Este desarrollo sano proporcionará a los niños y a los adolescentes la capacidad de superar el desafío de existir y desarrollarse, haciendo frente a experiencias difíciles y traumas de diferentes tipos, sin dañarse irremediablemente. Les permitirá, además, adquirir las competencias de base para el ejercicio de tareas tan complejas como la de ser madre y padre. Los responsables más inmediatos de los buenos tratos infantiles son las madres y los padres.

Nuestra experiencia e investigaciones nos permiten afirmar, sin ninguna duda, que los hijos y las hijas de padres y madres competentes pueden enfrentar mejor el contenido traumático de los contextos de pobreza, de la violencia organizada de las guerras, las represiones políticas o las persecuciones sexistas, religiosas y otras. Esto no les evita el sufrimiento, pero son capaces de seguir creciendo y desarrollarse de forma suficientemente adecuada, integrando, incluso, estas experiencias difíciles de un modo constructivo. Los padres y las madres competentes o, en su defecto, los sustitutos parentales, pueden ser considerados como tutores de desarrollo que permiten el progreso de esta *resiliencia primaria*.

Por lo tanto, en los niños y en las niñas, su resiliencia primaria es el resultado de los aportes afectivos educativos y socializadores, ofrecidos por padres u otros adultos significativos con competencias parentales. Esto es lo que permite un desarrollo sano, la adquisición de un autoconcepto y autoestima que los hace sentir, aun en circunstancias difíciles, personas dignas, valiosas y con derechos a ser respetadas y ayudadas. Las experiencias de buenos tratos, resultado de una parentalidad bientratante, se interiorizan y se experimentan como atributos positivos. En síntesis, la resiliencia infantil primaria depende de un conjunto de actitudes positivas hacia sí mismo, resultado de experiencias relacionales de buenos tratos.

Por esta razón, como ya hemos señalado, las madres y los padres competentes pueden ser, además de tutores de desarrollo, tutores de resiliencia (Cyrulnik, 2001; Barudy y Dantagnan, 2005) para sus hijos e hijas. Es así, porque ofrecen cuidados y estímulos, intercambios afectivos y relacionales de calidad, cuentan con capacidades educativas y organizan la vida familiar de una manera adecuada.

La resiliencia secundaria, padres y madres resilientes

A los que hemos optado por consagrar nuestra vida personal y profesional a contribuir al bienestar de aquellos niños y niñas que son hijos de padres y madres que no pudieron desarrollar competencias parentales nos asombra constatar las capacidades de estos niños, cuando son bien protegidos y reciben una ayuda terapéutica adecuada, para salir adelante, desarrollando proyectos constructivos.

Estos hijos o hijas que, en la actualidad, son madres y padres suficientemente competentes, a pesar de las incompetencias de sus padres, lo son porque han podido desarrollar lo que llamamos la *resiliencia secundaria* que, en nuestra definición, corresponde a: «la capacidad de los seres humanos que han sufrido dolor y daño traumático temprano para por superar las consecuencias de este daño, desarrollando un proyecto personal y social constructivo (Barudy y Dantagnan, 2005), gracias al valor terapéutico del amor y la solidaridad».

Aplicado a los padres y a las madres, el desarrollo de las capacidades que componen la *resiliencia secundaria* ha sido posible porque éstos, siendo niños y niñas afectados por malos tratos u otras calamidades humanas, encontraron en su entorno familiar, en las instituciones y en la sociedad, en general, los nutrientes y los recursos necesarios para transformar sus sufrimientos y daños en un proyecto de vida constructivo que les motiva a hacer todo lo posible para que sus hijos o hijas no sufran igual que ellos. Estos niños o niñas, ahora padres y madres, cuentan, además con fuentes de apoyo social que complementan y sostienen sus capacidades y habilidades parentales, rompiendo, de esta manera, el determinismo de la transmisión transgeneracional.

El hecho de que muchas de estas madres y padres, a pesar de sus traumatismos de infancia sean capaces de criar a sus hijos con sensibilidad, apego suficientemente sano y empatía, incluso en situaciones de estrés, sugiere que las capacidades resilientes secundarias, adquiridas gracias a la solidaridad y el amor en la infancia, son más que una mera imitación. Es el resultado de la influencia de intervenciones de protección, apoyo social y cuidados terapéuticos coherentes que permiten que hijos e hijas de padres incompetentes sean capaces de «andar sobre lo andado» e integrar, gracias a su plasticidad cerebral y valentía, modelos de parentalidad suficientemente competentes; y eso a pesar de no haber disfrutado de tales experiencias en su propia niñez. Estos corresponden a lo que denominamos *padres y madres resilientes*.

La resiliencia y el dolor invisible de las madres y de los padres

Es importante insistir en que la resiliencia, en general, y, por supuesto, la de los padres y de las madres, en particular, no se puede entender ni asumir, en ningún caso, como una especie de factor de invulnerabilidad. Más aun, este concepto no niega ni banaliza los sufrimientos injustos que las personas han padecido, al contrario, los reconoce y facilita procesos de toma de consciencia para que los afectados, por ejemplo, por malos tratos infantiles, violencia conyugal, represión política, la tortura u otras calamidades humanas, puedan reconocerse y ser reconocidos como víctimas. No se trata de entrar en una carrera de victimismo, sino para ser conscientes de que no son culpables de lo que les ha acontecido, pero sí responsables de hacer, o no, todo lo necesario para lograr la superación de las consecuencias de la violencia y para lograr la integración de lo sucedido con el fin de hacer frente a otros desafíos de su existencia. Con esta óptica, la adversidad y el sufrimiento pueden facilitar en el individuo nuevos significados. De ahí expresiones como: «algo cambió en mí después de aquello», «el dolor no lo puedo borrar, pero, por lo menos, haré todo lo que pueda para que mis hijos no conozcan tanta desgracia» o «después de la experiencia dolorosa, aprendí que...»; estos nuevos significados, a partir de las experiencias dolorosas incluso traumáticas, se pueden integrar como un recurso nuevo en la mente y en el cuerpo, y, sobre todo, en la interacción dinámica con los demás, en particular con sus hijos e hijas. El concepto de resiliencia nos permite comprender que el impacto de las experiencias traumáticas vividas en la infancia no depende sólo del daño o de las fracturas psicológicas o sociales que hubieran podido resultar; depende, sobre todo, de las posibilidades terapéuticas que las personas traumatizadas hayan encontrado en su entorno para resolver o elaborar estas experiencias.

La resiliencia es una fuerza que emerge de un tejido social solidario y que posibilita a las personas, en particular a los hijos y los padres traumatizados, a enfrentarse con sus propias condiciones de vulnerabilidad, sobrepasando los elementos que les impide un ejercicio sano de su propio devenir.

No se puede considerar que la resiliencia sea como un escudo que evita a la persona sentirse afectada por eventos violentos, carencias afectivas, pérdidas o abusos. Justo, como opuesto a la idea de un escudo protector, la resiliencia opera más bien como una fuerza que emerge contigua a, o después de, experiencias difíciles e, incluso, traumáticas. Esta fuerza busca abrir nuevas rutas en el presente para enfrentar los desafíos de la vida, como son, por ejemplo, ejercer de madre o padre, sin maltratar a los hijos y a las hijas, a pesar de haberlo vivido así. Se puede considerar la resiliencia, además, como puente que permite resistir y atravesar los atolladeros de la vida, por ejemplo, los que se presentan a cualquier persona, como la pérdida de seres queridos, la enfermedad o los obstáculos sociales, tales como la pobreza, la falta de oportunidades, el desempleo, la guerra, la inmigración, etcétera.

Niños y niñas con maltratos antiguos ofrecen un apego suficientemente seguro a sus propios hijos, gracias a su resiliencia

Este grupo de madres y padres tienen antecedentes de haber sufrido en sus infancias diferentes tipos de malos tratos por lo que, desde el punto de vista teórico, éstos podría haber condicionado que sus estados mentales adultos, con respecto al apego, hubieran tenido que ser inseguros temerosos o preocupados y, en los casos más graves, desorganizados no resueltos. No obstante, lo que llama la atención de los profesionales es que, en la Entrevista del Apego Adulto (EVA) y, sobre todo las madres, reconocen y expresan el sufrimiento de sus infancias, al mismo tiempo que presentan una fluidez de sus narraciones y una capacidad reflexiva de modo que su modelo de apego con sus hijos puede corresponder, en cierta medida, a un estado mental de apego seguro/autónomo más que a un modo perturbado de apego.

Las narraciones de estos progenitores revelan, por tanto, una superación de los trastornos del pasado de tal manera que los vínculos con sus hijos actuales tienden a ser más seguros, reconocen la importancia del apego en sus relaciones, principalmente con sus hijos, y se sienten liberados de la carga de los sufrimientos y traumas del pasado, por lo que pueden disfrutar del presente. El pasado no interfiere, en lo fundamental, en los modelos de cuidado actuales con sus hijos. A pesar de las dificultades del pasado, sus existencias se desarrollan con plenitud en el presente y son optimistas sobre sus capacidades de relacionarse en el futuro.

En palabras de Daniel Siegel, las mentes de estos padres presentan un flujo libre de energía e información, con una gran capacidad para integrar aspectos relativos a uno mismo a lo largo del tiempo (Siegel, 2007).

Lo que también revelan sus relatos es que estos padres han disfrutado en su infancia o adolescencia de una relación emocional significativa más o menos permanente con una o varias personas, sean miembro de sus familias extensas o un terapeuta o, simplemente, un vecino. Muchos de ellos se han encontrado con un compañero, que viene de una historia familiar de buenos tratos, con el que mantienen una pareja afectuosa y nutritiva de la que emergen conversaciones que permiten encontrar nuevos significados al sufrimiento y al dolor (Cyrulnik, 2005). Estas relaciones significativas les han permitido superar su estado mental de apego inseguro para ofrecer a sus hijos e hijas una vinculación más segura.

Estudios comparativos entre hijos e hijas de padres, que en sus infancias tenían apego seguro con padres con apego inseguro y que evolucionaron gracias a relaciones sanas, demuestran que los hijos e hijas de éstos no se diferencian en nada de los primeros. Incluso cuando se han examinado las interacciones progenitor-hijo en situaciones de estrés, los hijos de estos dos grupos no se diferenciaban entre sí (Lichtenstein y otros, 1998).

Pero, por otra parte, es importante destacar que los padres y las madres resilientes, a los que nos referimos y que han adquirido su seguridad y autonomía en relaciones sociales la mayoría de las veces extrafamiliares, manifiestan más sintomatología depresiva que los del grupo seguro. Esta diferencia nos permite insistir en la existencia de una *resiliencia primaria*, que es la que presentan niños, adolescentes y adultos, siempre bientratados por sus progenitores; de la *resiliencia secundaria* que emerge en hijos e hijas de padres incompetentes, pero que conocieron experiencias relacionales de buen trato con otras personas, que llamamos tutores o tutoras de resiliencia, y, en consecuencia, se relacionan en el presente con sus hijos e hijas de manera segura.

La injusticia respecto de estas personas es que sus experiencias de infancia los hicieron sufrir y en muchos casos los dañaron bloqueando una parte significativa de sus potencialidades y el mérito radica en que, a pesar de esto, son capaces de cuidar y criar a sus hijos sin hacerles daño. Este mérito es mayor si consideramos que los recuerdos implícitos de las memorias de los traumas tempranos se activan rápidamente en las relaciones emocionales intensas, como las que se establecen con los hijos y las hijas o con los cónyuges. Sin olvidar que la coherencia narrativa, expresada en el cuestionario EVA, refleja un proceso integrador importante, que muestra la existencia de aportes de otras relaciones que contrarrestaron el impacto dañino de las experiencias de malos tratos infantiles y que explican, por lo menos, el proyecto de estas madres y padres de hacerlo de una manera diferente con sus hijos e hijas. Esto es lo que abre las posibilidades de romper el círculo de la transmisión transgeneracional de las incompetencias parentales.

Un caso puede ilustrar lo anterior:

El siguiente relato permite ilustrar esta experiencia. Se trata de una mujer de treinta y dos años, madre de dos hijos, uno de ocho años y el otro de dos, beneficiaria de nuestro programa de apoyo a la marentalidad. Ella es hija de una familia numerosa de etnia gitana y relata de esta manera su experiencia de infancia:

> Durante mi infancia sufrí malos tratos graves por parte de mi padre, y me tocó presenciar frecuentemente cómo él golpeaba a mi madre, sin que ninguno de nosotros se atreviera a intervenir. De mayor tuve una pareja que con la que tuve mi primer hijo, de la que recibí malos tratos. Una vez salida de esta relación, tuve otra pareja, el padre de mi segundo hijo, de quien también fui víctima de violencia grave. Aguanté mucho tiempo por mis hijos hasta que no pude más, decidí alejarme de él, cuando en una ocasión me golpeó y me echó a la calle con mis dos hijos. Hasta que un día dije: «¡hasta aquí llegó!», y ahora se ha acabado esto; ahora estoy yo sola que voy adelante con mis dos hijos.

Cuando expresa cuál es la fuerza que la ayuda a salir adelante a pesar de sus dificultades vividas, ella nos explica:

> Lo que me ayuda a levantarme y a seguir adelante es pensar en mis dos hijos. Pensar en todo lo que les quiero dar, y lo voy a hacer, voy a darles todo lo que pueda. Yo sólo deseo que salga un niño bueno..., yo lo intento educar tan bien como pueda... No quiero que sufran, la infancia que yo he vivido no quiero que la vivan ellos.

Esta mujer explica lo que ha significado para ella participar en el programa de apoyo a la marentalidad:

> He conseguido amigas... He visto que a otras personas les pasaba lo mismo que a mí; te quedas sorprendida y piensas: «mira, no estoy sola»,

y te sientes más segura...; me he sentido con los pies en la tierra. Y también he vivido nuevas experiencias, me he reído..., y al hablar me he sacado cosas de dentro..., me ha ido muy bien.

Cuando le preguntamos si ha cambiado algo en ella antes de participar en el taller y ahora, ella destaca la liberación que ha sentido al compartir con otras personas sus experiencias traumáticas, y lo vincula con el trabajo que se realizó sobre la detección de momentos cotidianos que eran disparadores de memorias traumáticas no resueltas, las cuales influenciaban la relación con sus hijos:

> Sí que he cambiado, porque yo cuando era pequeñita llevaba dentro ese dolor..., siempre ese dolor dentro, dentro... Y cuando vine aquí, cuando hicimos aquel trabajo sobre la hormiguita que te va molestando y está dentro de ti, y que sale cuando te enfadas..., a mí me ha ido saliendo, poco a poco, me ha ido saliendo y noto que aún va saliendo poco a poco el dolor que tengo dentro. Es difícil sacarlo, pero me ha ayudado mucho.

Cuando los factores que favorecen la resiliencia secundaria no son suficientes

Los modelos de apego inseguro evitativo, resistente o ambivalente, que los niños o las niñas pueden presentar, producto de las incompetencias parentales de sus progenitores, no equivalen a una fotografía mental, pero crean una mayor posibilidad de disfunción psicológica y social en la vida adulta. Cuando estos niños y niñas llegan a ser padres y madres, sus modelos de apego, transformados ahora en estados mentales adultos, serán los guías de las relaciones con sus hijos e hijas. Esto tiene una alta posibilidad de ocurrir si los futuros padres no encontraron en su entorno familiar extenso, escolar y social, recursos reparadores, que les protejan de reproducir estos modelos en sus relaciones interpersonales, en especial con sus hijos. En estas situaciones existen menos posibilidades de que se desarrolle la resiliencia secundaria, y el riesgo de incompetencias parentales es mayor.

Lo anterior es mucho más probable que ocurra con niños y niñas que presentan un apego de tipo desorganizado/desorientado, al transformarse en progenitores. Cada vez existen más estudios que asocian los modelos de apego desorganizado/desorientado en la infancia con diferentes tipos de problemas graves en la vida adulta. Los trastornos disociativos, las diferentes formas de personalidad límite, los trastornos por estrés postraumático, así como los déficits de atención, los trastornos de la empatía y las conductas violentas son parte de la lista de trastornos asociados con este tipo de apego, resultado de una infancia politraumatizada y sin protección. Estos niños y niñas antes de ser padres o madres sufrieron carencias de todo tipo, malos tratos físicos y psicológicos, abusos sexuales, contextos de violencia en la pareja, caos y desorganización familiar, alcoholismo o toxicomanías parentales. El estado de la mente adulta de estos padres y madres con respecto al apego corresponde en la Entrevista del Apego Adulto al tipo no resuelto/desorganizado. En nuestras experiencias, lo descrito lo encontramos en la mayoría de los padres y las madres que presentan incompetencias parentales crónicas y severas.

Lo planteado explica la importancia que tiene explorar los problemas personales de los padres, relacionándolos con los resultados de la Entrevista del Apego Adulto y todo esto, a su vez, con las dificultades actuales de los hijos y las hijas.

A largo plazo, las consecuencias en los hijos de estos trastornos severos del apego de sus progenitores dependerán de su gravedad y cronicidad, pero sobre todo del tiempo de exposición de los hijos y las hijas a estos contextos relacionales, profundamente tóxicos para el desarrollo infantil. Es importante volver a insistir en que las experiencias tempranas modelan la estructura y función del cerebro, de modo que las experiencias vitales determinan la expresión de los genes (Kandel, 1998). Esto también ayuda a explicar el fenómeno de la transmisión trangeneracional.

La personalidad de los futuros padres se forma a partir de la interacción continua de sus características constitucionales, determinadas por lo genético, y de los estímulos experimentados, en especial, en el contexto familiar y social. La vulnerabilidad de los futuros padres frente a la tarea de cuidar, proteger y educar a sus hijos surge de esta interacción y se agrava debido a las carencias e incoherencias de los sistemas de protección infantil.

Como ya hemos explicado antes, aunque durante los primeros tres años de vida existe una reserva neuronal importante y una superproducción de sinapsis, genéticamente impulsadas, el mantenimiento, la organización y la modulación de estas conexiones entre neuronas se produce por efecto de los estímulos ambientales.

El efecto tóxico del estrés excesivo sobre el cerebro en proceso de maduración puede conducir a lo que los neurocientíficos llaman «la hiperproducción evolutiva», que se refiere a las consecuencias de las descargas excesivas de las hormonas del estrés, en especial el cortisol que lleva a la destrucción de neuronas en carreteras neuronales cruciales, como el neocórtex y el sistema límbico, que son las áreas responsables de la regulación emocional, es decir, de la sensibilidad frente a las emociones de las crías y de las respuestas empáticas que los niños necesitan para desarrollar un apego seguro.

Esto deja de nuevo en evidencia la relación entre traumatismos infantiles precoces de los padres, trastornos del apego e incompetencias parentales.

Como el crecimiento y el desarrollo es un proceso, diferentes experiencias con contenidos traumáticos pueden perturbar la organización mental en períodos más tardíos de la infancia, en la adolescencia o, incluso, en la vida adulta. Estos acontecimientos pueden también perturbar transitoria o definitivamente las capacidades y habilidades parentales.

Si bien es cierto que tanto la investigación como las experiencias clínicas confirman esta descripción, ello no ocurre de forma lineal ni automática. Todo se mediatiza a través de lo que llamamos la resiliencia parental, fenómeno que se explora, directa e indirectamente, en todos los niveles que explora la Guía de Evaluación de las Competencias y la Resiliencia Parentales, presentada en este libro.

Otro caso puede ser ilustrativo al respecto:

> Montse se incorpora a nuestro programa de apoyo a la marentalidad, después de haber pasado un año viviendo en un piso terapéutico con el

fin de recibir apoyo profesional para tratar de dejar de consumir cocaína y otras drogas.

Durante las sesiones grupales, al referirse a su infancia, explica que cuando tenía nueve años sufrió la muerte de su padre, lo que provocó una crisis familiar. Su madre, que ya tenía antecedentes de depresión crónica, se volvió adicta al consumo de alcohol. Desde ese momento, el ambiente familiar fue caótico, muchas veces no tenían nada que comer y la ingesta de alcohol de su madre la convertía en alguien agresiva, que insultaba sin cesar a su hija, echándola a la calle, por un sí y por un no. Además, la madre solía llevar hombres a casa y en varias ocasiones intentaron abusar sexualmente de ella. Los recuerdos de su infancia están coloreados por la soledad y la falta de contacto físico, y su adolescencia por el ambiente caótico y agresivo descrito. Comenzó a consumir drogas desde muy joven, enganchándose con la cocaína rápidamente. Al final de la adolescencia se fue a vivir en pareja con un hombre que también consumía, con el que tuvo un hijo y una hija que ahora tienen diecisiete y seis años, respectivamente. Los servicios de protección de menores desampararon a los niños cuando él tenía diez años y la pequeña, pocos meses. Los menores, como ocurre muchas veces, fueron entregados en acogida a la abuela materna, quien no presentaba en ese momento los trastornos descritos antes. En el momento del ingreso en nuestro programa, Montse no consumía drogas desde hacía ocho meses y estaba realizando un trabajo psicoterapéutico que le era, según ella, muy beneficioso para superar las relaciones de malos tratos sufridos. Desde su participación en el programa de apoyo a la marentalidad, ha sido una mujer involucrada, colaboradora y con ganas de trabajar.

Al preguntarle cuáles son las fuerzas que le han ayudado y le ayudan a salir adelante, ella contestó:

Mis fuerzas..., en primer lugar, las ganas de vivir, de quererme, de ser mujer y madre y vivir con dignidad... y mis hijos, por supuesto; para mí son un gran tesoro, que antes, en las circunstancias en las que vivíamos, los tenía un poquito en segundo plano, que es lo que te puede llevar el maltrato: estar con una persona que te daña, consumir drogas y abandonar poco a poco lo que más quieres...

A la pregunta: ¿Qué efecto ha tenido en ti el trabajar tus problemas con otras madres?, Montse respondió:

Ya he dicho antes que me ha abierto mucho los ojos en el aspecto de mis hijos, me ha ayudado mucho a comprender el daño que mis conductas han provocado en ellos, que antes no comprendía y no quería ver. Además, he aprendido cómo tratarlos mejor, a saber, cómo poder ayudarlos, al mismo tiempo que me ayudó a mí a entender lo duro que fue mi infancia y lo importante que es, pues, ayudarlos y que en un futuro eso no los conlleve a ser también maltratadores..., ¡que los niños todavía están a tiempo!... Tanto haber pedido ayuda en la asociación, como haber venido aquí, yo siempre digo que para mí y para mis hijos ha sido como volver a nacer y empezar a vivir; y mis hijos han cambiado muchísimo también; con el cambio de la persona con la que ellos están, ellos cambian cien por cien, es una suerte y un privilegio estar donde estoy, porque no todas las mujeres de hoy en día que sufren maltratos, se atreven a dar este paso porque es muy duro, muy duro, y por eso digo que es una situación privilegiada...

¿Ha cambiado algo en ti antes y después de participar en el Programa?

Con respecto a mis hijos sí; sí, porque ahora yo trabajo mucho con la autoobservación mía y esto me ha ayudado con mis hijos mucho: a saber comprender a mis hijos por qué se comportan así y ayudarlos de otra manera sin agobiarme, con tranquilidad, porque es muy duro saber que tu hijo está así por tu culpa, entre comillas, y esas cosas duelen y no las quieres ver muchas veces y, entonces, esto me ha ayudado a dejarme ver todo lo que está pasando y, en vez de esconderme otra vez, pues a ponerme a ello y a luchar por ellos también. Me ha cambiado en el modo de hablar con mis hijos, soy más consciente de lo que les pasa, de lo que piden y también he aprendido a saber cuándo me necesitan y cuándo requieren de mí.

La resiliencia parental secundaria en situaciones extremas

La resiliencia parental corresponde a la capacidad para mantener un proceso de buen trato hacia los hijos, independientemente de las difíciles condiciones de vida. En situaciones extremas, la palabra «difíciles» parece aquí un eufemismo en la medida en que las experiencias vividas por las madres, los padres y los niños, víctimas de la pobreza, la marginación social y la violencia organizada, que producen guerras, hambrunas y represión política, están con frecuencia cercanas al horror impensable o incluso inimaginable.

La resiliencia en familias agredidas

Cuando se agrede a la familia, se agrede por partida doble a los niños: en forma directa, mediante el ataque físico, sexual o social que ellos reciben y, en forma indirecta, porque enseguida deberán retomar su desarrollo en contacto con unos padres dañados por la violencia. El niño herido deberá crecer y aprender a vivir en una parentalidad alterada.

Para intervenir sobre esta parentalidad, los criterios de resiliencia pueden ser un marco de referencia útil y coherente a fin de intervenir sobre todos los puntos accesibles del sistema familiar agredido. En este sentido, Boris Cyrulnik, en su introducción a nuestro libro *Hijas e hijos de madres resilientes* (Barudy y Marquebreucq 2007), señalaba los ejes de este modelo y los aplicaba a la lectura de nuestros programas de apoyo a familias exiliadas, víctimas de la guerra, genocidios u otras calamidades humanas. Según Cyrulnik los elementos que hay que considerar son:

1. *Antes del trauma*
   - *Adquisición de recursos internos*: en especial, el efecto protector y socializador de los niños que han podido aprender el estilo afectivo del apego seguro.
   - *Cualidad de los tutores de desarrollo*: estilo parental, estructuras familiares, fratría, vecindad y, sobre todo, organizaciones sociales y culturales.
2. *El trauma*
   La agresión real es más difícil de evaluar ya que depende, sobre todo, de la significación y del contexto. Pero se puede evaluar:
   - La intensidad.
   - La duración.
   - La permanencia en la memoria.

- El significado atribuido al suceso por la historia del sujeto herido, en su contexto familiar y cultural.

3. *Después del trauma*

Evaluación de los rescoldos de resiliencia que perduran todavía en los sujetos heridos:

a) El estilo afectivo.
b) Los mecanismos de defensa; aquí hay que diferenciar:
- *Los mecanismos de defensa negativos* (regresión, proyección, agresión, agitación, seducción, sumisión, búsqueda de la indiferencia, embrutecimiento, confusión, amnesia, hipocondría, crisis delirante). Estos mecanismos de defensa son adaptativos. Se trata de una legítima defensa, pero deformante de la realidad; amputan el mundo psíquico del herido para adaptarlo a una realidad violenta.
- *Ciertos mecanismos son protectores*, también en un contexto violento, pero se convierten, a su vez, en deformantes de la realidad cuando el contexto evoluciona (aislamiento, formación reactiva y, sobre todo, la negación).
- En el extremo opuesto, *algunas defensas pueden constituir los primeros zurcidos resilientes* (intelectualización, sublimación, creatividad, altruismo, humor, ensoñación, anticipación, escritura, compromiso artístico, social, afectivo o político, perdón y espiritualidad).

Para entender cómo los mecanismos de defensa pueden convertirse en benéficos o maléficos, hay que asociar las dos lanas con que se teje la resiliencia: la construcción de la personalidad, antes del trauma, y la disposición alrededor del herido de guías o tutores de resiliencia, tras el trauma:

- El estado de la parentalidad (alterada, estable o idealizada).
- Facilitar «lugares de encuentro» donde surja la palabra.
- La expresión artística.
- El compromiso afectivo y social.
- Las estereotipias culturales o la visión social.

A partir de ahí se pueden evaluar las posibilidades de las que dispone el traumatizado para retomar un tipo de desarrollo. Algunas veces, la resiliencia no es posible:

- porque los recursos internos fueron mal impregnados (falta de estabilidad afectiva, falta de vínculos seguros, entornos de malos tratos severos, problemas graves del desarrollo);
- porque la intensidad y la duración del trauma han descalabrado demasiado el psiquismo o el cerebro del agredido;
- porque el entorno no proporciona al herido ningún tutor o guía de resiliencia.

En estas situaciones, el sufrimiento y el daño pueden manifestarse con una gran variedad de formas, pero los dos más frecuentes son:

- El estupor: la persona, inmersa en un montón de informaciones, no logra ya procesar ninguna de ellas.
- Los psicotraumas: el pasado que no pasa. El herido sigue sufriendo el suceso como si acabara de sucederle, lo vive sin cesar, en sus representaciones, como un eterno presente aterrador, lo que altera su vida personal y contamina todas sus relaciones.

Según Boris Cyrulnik (2007):

La resiliencia empieza a remendar el yo desgarrado de los diferentes miembros de la familia cuando el altruismo comienza a renacer entre otros por el importante rol de las mujeres en los cuidados proporcionados a los niños y a las niñas, y también a la solidaridad afectiva y la ayuda mutua. Este altruismo permite la emergencia de los afectos y de la empatía como unos de los mecanismos de defensa constructivos más eficaces. Los accidentes y los experimentos etológicos han demostrado ampliamente la importancia de la afectividad en todos los desarrollos, sean biológicos, cognitivos, comportamentales, afectivos e incluso intelectuales. Sin afecto, todo se detiene.

Cuando la violencia destruye la empatía y los afectos,

el único objeto exterior a la persona aislada afectivamente es su propio cuerpo, y por eso los balanceos, las estereotipias vocales, el efecto estroboscópico de las manos, el olfatearse a sí mismos, las actividades autocentradas dan una imagen de vida a aquel que está casi muerto. El estupor de los traumatizados o la permanencia de las imágenes del terror vivido crean también en el mundo psíquico un mundo autocentrado. La paralización de la empatía que constatamos clínica y experimentalmente, tras un trauma o en un aislamiento afectivo, es un síntoma de actividad psíquica autocentrada. Es un factor de protección, como cuando uno sufre demasiado y, prisionero de su sufrimiento, se obsesiona con su herida. Queriendo sufrir menos, uno no llega a pensar en otra cosa. Pero cuando un primer factor de resiliencia entra en juego, el herido intenta comprender lo que ha pasado y encontrar alrededor de sí un lugar de expresión para tejer un lazo afectivo familiar o grupal que le permita combatir su mundo autocentrado. El estupor, la búsqueda de la indiferencia, el abatimiento, son factores adaptativos que permiten sufrir menos, pero que al mismo tiempo obstaculizan la resiliencia.

El altruismo, la solidaridad y el apoyo mutuo, en estos casos de situaciones extremas de violencia, nos prueba que existe una posibilidad de resiliencia. Ésta es la razón por la que, en nuestros programas de promoción de la resiliencia, proponemos organizar un «tejido social de pertenencia transicional», que permite la evolución, el cambio, a través de la comunicación, las conversaciones, el compartir sus testimonios y la ayuda mutua. La instauración de un espacio transicional de este tipo permite unir el afecto y las representaciones, compartirlas, trabajarlas y, por lo tanto, manejarlas y hacer evolucionar la imagen del traumatismo. Es un proyecto a construir. «La violencia ha destruido una parte de la historia y de la personalidad de estos amputados, pero el descontrol de los agresores no es omnipotente. Una vida puede recuperarse si les prodigamos cuidados a estas familias.»

La resiliencia parental, en estos casos, de alguna manera consiste en resistir y renacer tras haber vivido el drama de contextos sociales empobrecidos o violentos. Es una mantención o reconstrucción de las formas de buen trato hacia los hijos y las hijas, que los padres han conocido en sus historias de vida o el resultado de las experiencias reparadoras, ofrecidas por contextos sociales y personas solidarias y nutritivas. Para reconocer el valor de todas las madres y padres que, a pesar de las duras condiciones de vida, han sido capaces de transformar sus experiencias de sufrimiento en fuerzas de vida, ejerciendo una parentalidad suficientemente sana, hemos decidido utilizar el término de «resistencia-resiliente». Para las familias, este término designa el conjunto de estrategias que han permitido a las madres y los padres hacer frente al daño, al dolor y al sufrimiento, resultado de los malos tratos familiares y sociales que sufrieron en sus infancias. El concepto de resistencia nos recuerda dinámicas colectivas que permiten a los individuos mantener su identidad, su dignidad y la libertad de defender su pertenencia en contextos de opresión, explotación y violencia organizada. En un sentido más amplio, este concepto implica reconocer la fuerza vital que nos permite luchar cada vez que la vida y los derechos humanos están amenazados.

Para los profesionales, el interés metafórico de la resistencia es el dar testimonio de los esfuerzos de una madre o de un padre, que se niegan a ser «ocupados», alienados o destruidos por los condicionantes de un entorno injusto y violento e inician y mantienen con frecuencia una lucha, que a veces durará toda su vida, para ofrecer a sus hijos e hijas las mejores oportunidades para romper el ciclo de la pobreza o de la violencia.

En nuestro ensamblaje de «resistencia resiliente», la resistencia hace referencia, en nuestra opinión, a acciones combativas para hacer frente a las adversidades provocadas por dinámicas inhumanas, que realiza un sujeto o un grupo de sujetos; el adjetivo resiliente indica un resultado positivo, para el sujeto mismo o para el grupo, de esta resistencia, o sea, mantener su capacidad para seguir desarrollándose sanamente.

La resistencia puede tomar formas muy variadas, ¡y no siempre está carente de sufrimientos y de riesgos! Resistir implica muchas veces disponer de capacidades de adaptación para evitar la destrucción en contextos, opresivos, carenciales y violentos. Al niño y a la niña le quedan a veces «cicatrices», que pueden parecer una patología, si no se redefinen como lo que son: el signo de que ese niño o esa niña creó unos mecanismos que le permitieron sobrevivir en un momento particular de su vida. Los comportamientos o mecanismos de defensa, que han permitido resistir en un momento dado, deben, pues, poder evolucionar o ser abandonados cuando cambia el contexto. Aquí adquiere todo su sentido la intervención terapéutica para permitir que los mecanismos de defensa, que nos han sido útiles para hacer frente a unas circunstancias concretas de la vida, no se fijen como el modo de funcionamiento único del niño o del adulto. La resistencia se convierte en resiliente cuando es reconocida y apoyada por un tercero (individuo, grupo o comunidad) que le da forma y sentido.

Queremos insistir, en especial, en el hecho de que, desde siempre, en nuestro enfoque sistémico, la «resistencia resiliente» de una persona, padre o niño, está lejos de ser sólo un atributo individual. Depende de las características fisiológicas y psicológicas del individuo, pero también del contexto familiar, comunitario y social en el cual evoluciona o ha evolucionado. En este sentido, la «resistencia resiliente» no es una característica estática que existe, o falta, permanentemente en un individuo: es una metáfora dinámica que varía en función de las circunstancias y los momentos vitales.

La comprensión de los procesos resilientes de los niños nos ayuda a entender mejor el origen de la resiliencia de los padres. Pero, más importante todavía, nos explica cómo orientar nuestras intervenciones de manera que respeten y potencien los recursos naturales de los que disponen los niños para enfrentarse al desafío de vivir.

En nuestro enfoque, la resiliencia es un fenómeno activo y no pasivo: es el resultado de una dinámica social y no de atributos individuales. De todas formas, la resiliencia va más allá, en su dinamismo y su persistencia en el tiempo, de una respuesta puntual a una experiencia traumática, porque es también una disposición a mantener o recuperar la salud. Resulta de un proceso dinámico que tiene su origen en las relaciones bientratantes en el seno de una familia, o en la de lo que la sustituya, y en la interacción social. La resiliencia está, pues, estrechamente unida a la noción de apego, empatía, habilidades sociales y al compromiso con las redes sociales.

SEGUNDA PARTE

GUÍA DE EVALUACIÓN DE LAS COMPETENCIAS Y LA RESILIENCIA PARENTALES

Introducción a la Guía

Esta Guía tiene como finalidad evaluar las competencias de las madres y los padres considerándolos como la fuente principal de cuidados para asegurar la satisfacción de las necesidades infantiles en una familia.

Nuestra experiencia de varios años en programas de prevención y tratamientos de las consecuencias de los malos tratos nos fueron creando la necesidad de aportar una herramienta para evaluar las competencias de los padres. En nuestro trabajo constatamos las grandes dificultades que los profesionales tenían en ponerse de acuerdo, por ejemplo, a la hora de tomar una medida de protección respecto de un bebé, de un niño o de una niña para decidir sobre su custodia, en caso de separación de la pareja, o para cambiar una medida de visita en caso de niños protegidos. La indecisión se debía a la gran diversidad de criterios que están en juego. Esta conflictividad, que siempre perjudica a los niños, nos motivó a elaborar esta Guía para ayudar a los profesionales de la infancia, en especial, a los implicados en la protección infantil, en la salud mental y en los tribunales civiles, de menores y de la familia. Esta Guía es nuestra contribución para que los profesionales, que tienen la gran responsabilidad de adoptar medidas que conciernen a los niños u organizar un plan de intervención para ayudar a las familias, puedan hacerlo basándose en lo que la investigación clínica y científica ha aportado.

Nuestras constataciones del sufrimiento de los niños y de las niñas cada vez que se intenta diagnosticar o descartar la existencia de malos tratos y sus causas, a través de sus testimonios, han reforzado aún más este proyecto. Hemos sido testigos de verdaderos interrogatorios en los que se presiona a los niños o las niñas para que señalen el por qué, el cómo y los nombres de los responsables de sus lesiones. Centrar el diagnóstico de los malos tratos de modo preferente en lo que el niño o la niña muestran o dicen, en vez de evaluar las capacidades de los adultos, nos parece una intervención injusta y que, a menudo, revictimiza a los niños. Que un niño se reconozca maltratado por sus padres ya es psicológicamente muy difícil. Lo es aún más, cuando éste se da cuenta de que se le obliga a delatar a sus propios padres. En este mismo sentido, en los casos de separación, se le pide que se pronuncie con quién le gustaría vivir: se le somete a un dilema casi imposible de resolver. Por lo tanto, es más adecuado, y éticamente más justo para los niños y las niñas, validar la existencia de malos tratos a través de una evaluación de la calidad de los cuidados que los padres o cuidadores prodigan a los niños. Lo anterior, por ejemplo, debe ser el pilar básico a la hora de decidir dejar a un niño en su medio familiar o, al contrario, de ofrecerle un medio de acogida. La adecuación de la medida es fundamental no sólo para garantizar siempre la protección del niño o de la niña, sino también y, sobre todo, su desarrollo.

Esta Guía tiene también como propósito contribuir a la reflexión de todas las personas que se plantean lo que implica ser una madre o un padre adecuados y, al mismo tiempo, evaluar el grado de adecuación que permite asegurar el desarrollo sano de los hijos y las hijas.

La valoración de las competencias parentales a través de esta Guía nos permitirá conocer las características del contexto en que se desenvuelven los padres, las interacciones de los actores involucrados, sus historias de vida, las consecuencias que experimentan en la actualidad, debido a la violencia vivida, los recursos sociales e institucionales de los que disponen, etcétera. Al mismo tiempo, valora los riesgos que pueden estar viviendo los niños y las niñas a raíz de las incompetencias parentales de algunos adultos de la familia, que resultan significativos o influyentes en su cuidado y crianza.

Este proceso de evaluación proporcionará la elaboración de un diagnóstico detallado y completo, y suministrará una base sólida y consistente, que facilitará las decisiones a la hora de intervenir y escoger los cursos de acción más pertinentes y eficaces a partir de la realidad de cada caso y, así, asegurar la calidad de la intervención posterior. Esta perspectiva de evaluación implica una redefinición de las situaciones de malos tratos infantiles, al considerarlos como consecuencias de la incapacidad o incompetencia de los adultos de brindar buenos tratos a sus hijos. Es decir, desde esta posición, los malos tratos infantiles emergen cuando no existen recursos suficientes para asegurar los buenos tratos que cualquier niño o niña se merece.

En esencia, la etapa diagnóstica en el marco de esta Guía implica el abordaje y entendimiento de las capacidades y habilidades parentales del cuidador y las consecuencias que sus prácticas tienen en el niño o en la niña, teniendo como telón de fondo la relación-interacción entre ambos y considerando su historia y las características particulares de la situación actual. El foco del diagnóstico (o la unidad diagnóstica) se entiende como la estructura compleja de significados, relaciones e interacciones para observar y evaluar en el marco del diagnóstico.

Las fases y los procedimientos que se plantean buscan identificar y evaluar los recursos existentes en los adultos y su relación con el niño o con la niña, identificando las situaciones de riesgo y vulneración que se puedan estar viviendo.

Existen distintas formas de realizar un diagnóstico, pero el que consideramos más pertinente al fenómeno de la parentalidad, y acorde con los objetivos perseguidos, pone énfasis en la totalidad, en la exploración del individuo en relación directa con su contexto. Se basa en un paradigma que pone énfasis en la retroalimentación y en la interacción, y que se ha denominado como circular, sistémico, cibernético o ecológico.

Desde este paradigma, hay que visualizar al cuidador o a la cuidadora y su relación con el niño en un contexto, insertos en un espacio físico y temporal específico, e interactuando en una red social más amplia.

El diagnóstico sistémico propuesto busca contextualizar el tema de las competencias o incompetencias parentales; para ello debe conocer cómo han sido y cómo son las relaciones entre el niño y la niña, el adulto cuidador y la familia en general, en el aquí y ahora. De esta manera, es posible observar cómo, a través de este diagnóstico para evaluar las competencias parentales, pasamos del cuidador y sus características propias, a ver y evaluar sus competencias parentales en relación con el niño o la niña y con la red social de la cual forma parte.

Las fuentes que han dado origen a esta Guía son nuestra propia experiencia clínica y la de otros profesionales con quienes hemos tenido el privilegio de trabajar. Se suman a éstas, el contenido de conversaciones con padres y madres en el marco de diferentes actividades de promoción de buenos tratos infantiles y el acceso a diferentes investigaciones que se refieren directa o indirectamente al tema. Una de las investigaciones que más nos ayudó es la del grupo de Investigación de Toronto, el *Parenting Capacity Assessment Project*, que publicaron en noviembre de 1993 un primer modelo para evaluar competencias parentales. El material de esta investigación nos fue proporcionado generosamente, en unas jornadas sobre el mismo tema en la ciudad de Quebec, en 1998.

Esta Guía pretende ser un aporte para contribuir al bienestar integral de niños que, por desgracia, les toca vivir en el seno de familias cuyos padres, por sus tragedias infantiles y la falta de apoyo de su comunidad, no desarrollaron las competencias para cuidarlos, protegerlos y asegurarles un desarrollo sano y que, además, en muchas ocasiones les provocan daños irreversibles. Hacer frente a la tarea de evaluar las competencias de estos padres y, a partir de datos objetivos, proponer las mejores medidas para el niño y programas de rehabilitación parental que parezcan los más adecuados, nos parece en la actualidad una muestra de valentía, pero, sobre todo, de solidaridad con todos los implicados. Esta Guía que proponemos es una forma de organizar la información para mejorar las capacidades de los profesionales con el fin de ayudar a los niños y a sus padres. A los niños, para asegurarles el derecho a una vida sana donde sean siempre bientratados, a los padres, para apoyarlos en la adquisición de competencias que, por las injusticias de la vida, no pudieron adquirir. Un modelo de intervención, basado en la evaluación de las competencias parentales, nos parece también un recurso fundamental para la prevención. En efecto, proporcionar recursos a los padres para que mejoren su parentalidad es, al mismo tiempo, facilitar a los hijos modelos más sanos para la crianza de sus futuros hijos. Si a pesar de los recursos proporcionados, los padres no pueden mejorar sus competencias, tenemos la posibilidad de ofrecer a sus hijos una acogida familiar o residencial para asegurarles un desarrollo sano como personas. Si, además, se complementa el acompañamiento de estos niños con experiencias familiares podrá facilitar la adquisición de modelos de crianza que les permita en un futuro ser padres y madres bientratantes. Desde otra perspectiva, esta Guía pretende ayudar para disminuir la intensidad y la duración de los períodos de inestabilidad en que muchos niños se encuentran a la espera de medidas de acogida definitivas. Hemos conocido casos de niños que han pasado meses, e incluso años, entre el momento en que se han detectado los malos tratos y en el que se han tomado las medidas para protegerlos. Por lo tanto, pretendemos que las informaciones recogidas a través de esta Guía permitan disminuir los períodos de inestabilidad y de «peloteo» en que muchos niños pueden encontrarse. El no disponer de instrumentos para recoger e interpretar las múltiples informaciones que se disponen puede ocasionar que los niños queden estancados en instituciones transitorias de acogida. Estas situaciones, además de no permitir el nacimiento y la continuidad de los vínculos de apego que los niños necesitan, no siempre aseguran los cuidados que requieren para su desarrollo. El caso más dramático es el de los bebés que, en vez de encontrarse en el seno de una familia, pasan meses o sus primeros dos años a la espera de una medida administrativa o judicial.

Por último, esta Guía se inscribe dentro de nuestro paradigma teórico-práctico destinado a promover el bienestar infantil a través de los buenos tratos a los niños. Por esta razón, se la puede considerar como un antídoto contra los malos tratos familiares, pero también contra la violencia institucional y social.

La utilización de este instrumento se inserta en una filosofía cuyos objetivos fundamentales son:

- Proporcionar la mejor protección posible a los niños y a las niñas a fin de evitar un daño irreversible en sus procesos de crecimiento y desarrollo. Tiene especial importancia en los bebés y lactan-

tes cuya vulnerabilidad a las carencias y al estrés por situaciones de violencia pueden provocarles daños irreparables.
- Proteger las capacidades de los niños a apegarse, de forma selectiva, a personas significativas.
- Brindar relaciones de cuidados, protección y educación ya sea sustitutiva, complementaria o de apoyo a las de sus padres biológicos. Es decir, promover y garantizar una relación sana y funcional con sus progenitores, pero también, cuando esto no sea posible, con otras figuras de apego de sus redes sociales, como educadores de centro, padres de acogida, etcétera. Lo único que justifica una ruptura de vínculo es cuando éste daña u obstaculiza el desarrollo y el bienestar infantil.
- Reducir al mínimo el período en que los niños y las niñas se encuentran en una situación de inestabilidad. Ésta les impide reconstruir un proyecto personal y la posibilidad de reparar las heridas provocadas por los malos tratos.
- Apoyar a los niños y a las niñas en su derecho a beneficiarse de todos los recursos educativos y terapéuticos indispensables para la reparación del daño sufrido por los malos tratos.
- Hacer todo lo posible por ofrecer a los padres los recursos educativos y terapéuticos para la rehabilitación de sus competencias parentales.

Esta Guía subraya la idea de que, como profesionales de la infancia, nunca podemos perder de vista que: «El sufrimiento infantil es en gran parte resultado de la incompetencia del mundo adulto en satisfacer las necesidades de los niños y de las niñas, y en garantizarles sus derechos». Esta toma de consciencia nos parece fundamental a la hora de comprender este sufrimiento y aportar la ayuda adecuada para superarlo.

El uso de instrumentos para evaluar las competencias parentales permite la utilización de criterios técnicos a la hora de elegir las medidas más adecuadas y oportunas para proteger a un niño o a una niña víctimas de malos tratos. Por lo tanto, estos procedimientos no sólo aseguran más objetividad, sino que además descargan al niño o a la niña de tener que delatar a sus padres.

La resistencia a evaluar a los padres

Integrar, dentro de la metodología de validación, el examen de las competencias de los adultos, sean padres biológicos u otros cuidadores, se puede ver influenciado por lo que hemos llamado los fenómenos autorreferenciales adultistas. Ello, con toda probabilidad, debido a que nuestra estructura y pertenencia al mundo adulto nos puede despertar resistencias a la hora de examinar las competencias de los padres. Para evitar los elementos conflictivos que pueden acarrear estos exámenes, podemos preferir seguir exigiendo a los niños que nos den la información pertinente para poder ayudarlos y protegerlos.

Esta Guía no pretende reemplazar otros modelos de validación de la parentalidad, al contrario, pretende enriquecerse de ellos, al mismo tiempo que contribuir a una mejora allí donde se estime conveniente. Tampoco tendría que ser considerada como un instrumento infalible a través del cual se obtendrán respuestas exactas y clarividentes para la toma de decisiones. Este instrumento es sólo una orientación para mejorar la metodología de validación o diagnóstico, pero, sobre todo, un nuevo pretexto para seguir conversando y compartiendo experiencias y prácticas.

Recomendamos que esta Guía no sea introducida de una forma precipitada en vuestras prácticas, porque puede ser contraproducente. Primero hay que familiarizarse con sus conceptos, asimilarlos y luego acomodarlos con lo que ya sabemos; sólo entonces puede ser útil para vuestras prácticas, y para eso se requiere tiempo.

Bienestar infantil y competencias parentales

El buen trato infantil es el resultado de un proceso complejo determinado por la interacción de diferentes niveles representados en la ecuación, presentada en el texto precedente. En ella, intentamos demostrar que el buen trato como resultado final es más que la suma de los esfuerzos individuales de los padres y de los miembros de una familia. El bienestar infantil es, sobre todo, la consecuencia de los esfuerzos y recursos coordinados que una comunidad pone al servicio del desarrollo integral de todos sus niños y niñas.

En esta fórmula, el bienestar infantil es producto del buen trato que el niño recibe y éste, a su vez, es el resultado de la disposición de unas competencias parentales que permiten a los adultos responsables responder, en forma apropiada, a las necesidades de los niños. Para que esto pueda producirse, deben existir, además, recursos comunitarios que ayuden a cubrir las necesidades de los adultos y de los niños.

En el caso de familias cuyos padres no poseen las competencias parentales y, como consecuencia, dañan a sus hijos, los organismos de protección de cada nación tienen el deber de desarrollar, por un lado, programas específicos para rehabilitar las competencias parentales y, por otro, evaluar las necesidades especiales de los niños dañados por estas incompetencias. Todo ello para proporcionar no sólo una protección adecuada, sino programas terapéuticos para ayudarlos a recuperarse del daño sufrido.

Un modelo de bienestar infantil que considere, como finalidad, que el buen trato y las competencias parentales son uno de los pilares para conseguirlo, debe, por lo tanto, responder a dos desafíos:

1. ¿Cómo evaluar y generar cambios cualitativos y cuantitativos en las competencias de las figuras parentales?
2. ¿Cómo cubrir las necesidades especiales de estos niños, consecuencia de la incompetencia de sus padres, además de satisfacer sus necesidades habituales inherentes a su desarrollo?

Estas preguntas incluyen otras muchas, entre otras:

- ¿Cuáles son las competencias parentales actuales?
- ¿Cuáles son las posibilidades de modificar esas competencias parentales?
- ¿Qué propuesta plantear, si esas competencias parentales son irrecuperables?
- ¿Cuál es el daño actual visible del niño?

- ¿Cuál es el nivel de daño en los trastornos del desarrollo (daño invisible)?
- ¿Cuál es la «patología social» de la familia? ¿Cómo se inserta la familia en las redes sociales (nivel de apertura de sus fronteras: funcionamiento cerrado contra funcionamiento caótico)?

La Guía de Evaluación de las Competencias y la Resiliencia Parentales, que ofrecemos aquí, es una forma de buscar la información para responder a estas preguntas y a otras que se puedan ir presentando.

Validación de la responsabilidad parental y subjetividad de los profesionales

La Guía presente se puede también considerar como un instrumento para manejar los componentes subjetivos de los profesionales que tienen que proponer y ejecutar las medidas de protección de un niño o una niña.

En efecto, nuestra experiencia nos ha conducido gradualmente a tomar consciencia de la necesidad de encontrar un modelo de toma de decisiones que, entre otras cosas, pueda protegernos de nuestra propia subjetividad. Una de las ideas que más ha contribuido a la mejora de las intervenciones en el campo de lo social, y también de lo terapéutico, es la de aceptar que los evaluadores de los fenómenos y comportamientos humanos no son independientes de los hechos observados. En otras palabras, cualquier diagnóstico no sólo informa de las personas o sistemas estudiados, sino también de la vivencia del observador. Por lo tanto, el desafío a la hora de evaluar las competencias de los padres de una familia es poder manejar los aspectos subjetivos de la observación. En este sentido, este instrumento pretende ser una especie de mapa para centrar la observación en aquellos aspectos que nos parecen los más relevantes para los niños. Nos ayuda, así, a recordarnos de forma permanente que, si evaluamos a los padres, es en función de las necesidades de los niños. Y con el fin de proponer las medidas que puedan ser las más coherentes a largo y corto plazo.

Las vivencias de los profesionales confrontados al sufrimiento infantil

Nadie puede desconocer que el contenido de los malos tratos infantiles moviliza en los profesionales una cantidad importante de emociones y afectos difíciles de manejar, muchos de ellos confusos y contradictorios, lo que puede afectar en gran medida la evaluación. Por una parte, está el sufrimiento de los niños y de las niñas, resultado de los malos tratos o conflictos conyugales, por otra parte, el de los padres, a partir de sus historias de vida traumáticas, frustraciones y carencias particulares. Estos contextos, emocionalmente conflictivos, pueden determinar por parte de los profesionales alguna de las siguientes respuestas:

1) *Identificación exagerada con los padres,* a tal punto de transformarse en defensor de éstos, minimizando los efectos dañinos sobre los niños de las incompetencias de sus padres. Cuanto más alejados están los profesionales de la vivencia de los niños, mayor es el riesgo de caer en esta actitud. Como ejemplo de esta situación, están los casos de profesionales de instancias administrativas o judiciales que, influenciados por el discurso de los padres, sin conocer a los niños, sin considerar las opiniones de otros profesionales o cuidadores en relación con el niño, toman decisiones que los perjudican gravemente.

El caso de psicólogos o psiquiatras quienes, sobreidentificándose con sus pacientes, los apoyan en sus demandas de recuperar a sus hijos y oponerse a una medida de protección, como una forma de mantener o construir una alianza terapéutica con ellos, es otro ejemplo de este mismo fenómeno. En muchas ocasiones, los profesionales responsables de determinar las medidas de protección de los niños están tan influenciados con la idea de no provocar sufrimientos o la ira de los padres, que pueden optar por dejar a los niños con sus familias, aun en casos de malos tratos graves. Con esta actitud se prolonga el sufrimiento de los niños y se cierran las puertas a la posibilidad de una crisis social constructiva que podría introducir cambios en las dinámicas familiares de malos tratos (Barudy, 1998).

Otra ilustración de estos fenómenos «de protección» a los padres ocurre cuando se les exigen cambios que nada tienen que ver con una mejora de sus capacidades marentales o parentales. Por desgracia, es demasiado habitual que se les pida una serie de tareas o mejoras respecto de la higiene de la casa, hacer una terapia de pareja, encontrar trabajo, cesar el consumo de drogas o ir al psiquiatra, como condición para el retorno de los hijos a la familia. En todos estos casos existe una confusión sobre el sentido de la demanda, seguramente ligada con aspectos conflictivos que acarrean medidas que frustran los deseos de los adultos. En algunos casos, los padres presentan mejoras en sus situaciones sociales, en sus relaciones de pareja o en su relación con las drogas. Que esto ocurra no es extraño, puesto que, por una parte, los padres están recibiendo ayuda y, por otra, el factor disparador que los descompensa no existe, es decir, la presencia de sus hijos, pues están siendo cuidados por otros. Una toma de decisión en este contexto puede provocar el retorno de los hijos a la casa sin que sus padres hayan sido ayudados en una mejora real en función de sus competencias parentales. La vuelta de los niños a casa provoca con bastante frecuencia una nueva descompensación de los padres y de los niños, con la consecuente nueva separación de los hijos de su familia y una nueva internación. La mayoría de las veces, se realiza en un centro de acogida o familia diferente al anterior; dinámica que, cuando se repite varias veces, lleva a los niños a ser víctimas del «síndrome del peloteo», cuya consecuencia dramática es la «atrofia» de las posibilidades de apego de estos niños, acarreando consecuencias nefastas para su identidad, confianza relacional, posibilidades de aprendizaje, etcétera, y, a más largo plazo, problemas serios en su conyugalidad y parentalidad.

2) *Actitud negativa y culpabilizante con uno o ambos padres.* Estas vivencias son a menudo responsables del riesgo de una amplificación de las incompetencias de uno o ambos padres, que, en los casos más extremos, se expresa como una satanización de éstos. Esta actitud negativa puede conducir a una retirada precipitada y en malas condiciones para los niños, como también impedir el proceso para motivar a los progenitores a que participen en proyectos de rehabilitación pa-

rental y a la futura reintegración de los niños a la familia. Esta actitud de los profesionales también interfiere, cuando existe una medida de visita, para que ésta se desarrolle de manera constructiva para los niños. En los casos más graves que hemos conocido, directores de instituciones de acogida o padres acogedores han influenciado negativamente en la reconstrucción de una vinculación sana de los hijos con sus padres biológicos, denigrándolos e incorporando a los niños en dinámicas de seducción. Todo ello para obtener una tutela permanente, para apropiarse o adoptar a los niños, para resolver problemas personales, de pareja, familiares o de protagonismo social.

3) *Identificación con los niños en contra de sus padres.* El dolor de los niños maltratados, sobre todo cuando son pequeños, provoca una reacción emocional de tristeza, rabia e indignación en cualquier profesional que trabaje en este campo. Esta reacción emocional se puede considerar legítima e, incluso útil, para la intervención cuando ésta es empática con la realidad del niño. Implica que los profesionales consideren la complejidad de la situación en la que emergieron los malos tratos y, sobre todo, la necesidad y el derecho que tienen los niños a mantener una vinculación con los que les dieron la vida. Cuando esta reacción emocional es de piedad o de compasión excesiva, y no empática con el niño, las necesidades y sus vínculos pasan a un segundo plano porque son reemplazados por estrategias de salvación o castigos hacia sus padres. Esta postura, complementaria de la anterior, puede que resuelva el desajuste emocional del profesional, pero perjudica a los niños. El profesional, por un proceso proyectivo, puede suplantar al niño y operar desde sus propias percepciones y sufrimientos. Esto conlleva a un nuevo proceso de cosificación de éstos y a una toma de decisiones que puede, entre otras cosas, minimizar la importancia que tienen los padres para sus hijos y la pertenencia a una familia, sumándose a su sufrimiento, la angustia de una posición de anomia forzada por los criterios y representaciones de los interventores.

4) *Actitud negativa y culpabilizante hacia los niños.* Los conflictos, que conllevan los diferentes niveles de intervención para proteger a los

niños, puede que conduzcan a algunos profesionales a olvidar que muchos de los niños vivieron años en situaciones de malos tratos, antes de que éstos fueran detectados y se les intentara ayudar. En esos contextos, ellos no tienen otra alternativa que sobrevivir adaptándose al abuso de poder y a la violencia. Cuando no reciben una ayuda precoz y eficaz, pueden desarrollar estrategias de «autodefensa», como agredir a los demás o agredirse, o presentar comportamientos disruptivos, dificultades de aprendizaje, precocidad o promiscuidad sexual, etcétera, o, cuando son mayores, maltratar a su pareja o a sus propios hijos.

El daño producido por los malos tratos no sólo se refiere a los diferentes traumatismos que el niño o la niña sufren, sino también a obstáculos importantes en sus procesos de crecimiento y desarrollo cerebral y mental, así como un obstáculo a que sean buenas personas. Por otro lado, sabemos que el sufrimiento y los traumatismos de los niños y de las niñas maltratados se expresan con una variedad de problemas y trastornos, en alguna o en todas las áreas de su desarrollo. Sin embargo, determinados profesionales, de cualquiera de las áreas de la intervención, no pueden traducir esos trastornos como mensajes desesperados de sufrimiento de los niños, reforzando la designación familiar y social de que son ellos los que hacen sufrir a sus padres y no al contrario. Es probable que estas representaciones se expresen por el poco interés de algunos profesionales por el sufrimiento infantil o como manifestación de una alianza con los padres, camuflada por discursos educativos, relacionados con la necesidad de límites o la restauración de la autoridad. Esta actitud esconde una dificultad de los profesionales en manejar sus emociones o en diferenciar el manejo del caso con sus vivencias personales, ideologías o creencias.

La evaluación de competencias parentales para garantizar una intervención coherente centrada en los niños y en las niñas

A medida que hemos ido avanzando y acumulando experiencia y conocimiento, constatamos los múltiples desafíos que implica la tarea de la protección infantil. Porque ésta implica, entre otras cosas, una detección precoz, valiente y comprometida del sufrimiento infantil, pero, además, procedimientos de validación o diagnóstico de malos tratos, de los cuales se deben tomar en cuenta no sólo el daño en los niños, sino también los recursos resilientes existentes para asegurar, en verdad, una mejora de las condiciones de vida para ellos.

Cualquier intervención destinada a ayudar a un niño o una niña víctimas de la violencia de los adultos en su familia puede provocarle sufrimiento. Esto es casi inevitable, puesto que se está interviniendo en una parte importante de su mundo, «su cuerpo familiar». Las acciones de protección pueden compararse metafóricamente a las intervenciones quirúrgicas que un niño debe sufrir a causa de un trastorno en su cuerpo. No porque las operaciones sean dolorosas, son necesariamente traumáticas; si lo son, es porque algún factor iatrogénico, como la falta de un acompañamiento psicosocial adecuado, complica la elaboración del sufrimiento de la intervención.

Lamentablemente, en protección infantil son muchos los efectos iatrogénicos que los niños y las niñas pueden sufrir, haciendo que el sufrimiento de la intervención se transforme en un traumatismo que se agrega a otros sufridos en sus familias. Casi siempre las víctimas infantiles no tienen la posibilidad de denunciar y corregir las incoherencias y las injusticias de las intervenciones que intentan ayudarlos. En general, están a merced de los adultos y, la mayoría de las veces, deben asumir la responsabilidad del dolor provocado por los errores de los profesionales. En relación con esto, uno de los objetivos terapéuticos de las intervenciones de protección debiera ser el permitir que los niños sean siempre sujetos de las intervenciones, teniendo la posibilidad de transformar las vivencias traumáticas en experiencias elaborables. Para ello, deben ser ayudados a tomar consciencia no sólo de las dinámicas abusivas intrafamiliares que les han hecho daño, sino también de las incoherencias de los sistemas de protección y judiciales, que tienen la responsabilidad de ayudarlos, así como de las malas prácticas de los profesionales.

Por lo tanto, otra de las motivaciones para elaborar este instrumento de evaluación de las competencias parentales ha sido poder también contribuir a disminuir los traumatismos provocados por nuestras intervenciones, por lo menos, a dos niveles: primero, disminuir el peso de la responsabilidad, atribuida a los niños, de tener que denunciar con su relato o sus comportamientos los malos tratos que están sufriendo por parte de personas tan significativas como sus propios padres, de los cuales son dependientes para mantenerse vivos y desarrollarse sanamente. Es importante reconocer que una parte de las dificultades de la validación del maltrato infantil es consecuencia de las características singulares de las dinámicas familiares y sociales en que aquél se produce; no es menos cierto que a menudo los profesionales no cuentan con la formación adecuada ni tampoco con la posibilidad de supervisión ni mucho menos con un acompañamiento, que evalúe el impacto de sus valoraciones. Así, numerosas son las situaciones en que este proceso de validación es insuficiente a raíz de que la mayoría de los casos de malos tratos no pueden objetivarse a través de signos exteriores y las víctimas, por el tipo de relación impuesta por sus padres que los maltratan, no están en condiciones de relatar realmente lo que les ocurre en el seno familiar.

En este contexto de dificultades, los profesionales no sólo deben contar con la formación que los haga legítimamente competentes, sino además apoyarse con modelos teórico-prácticos en el ejercicio de sus funciones, tomando en consideración que sus diagnósticos deben tanto permitir la toma de una decisión, en lo que se refiere a la medida de protección más adecuada, como también la prescripción de un proyecto terapéutico para reparar el daño en las víctimas, además, de un programa de rehabilitación de los padres, basado en particular en la recuperación de las competencias parentales. Como ya hemos señalado, las carencias actuales a este respecto traen como consecuencia numerosos casos de niños que permanecen largo tiempo en una situación de desatención, mientras los profesionales encargados de su protección encuentran los elementos «objetivos» para validar la existencia de malos tratos. Por ello, son aún muchos los niños y las niñas que permanecen períodos prolongados en una situación que los daña, sin recursos para hacer frente a la violencia de sus padres. Cuando la medida de protección al fin llega, y se propone el alejamiento de la víctima de su respectiva familia, faltan espacios intermediarios de conversación para ayudarla a comprender qué es lo que se está proponiendo, que, aunque llega demasiado tarde, es un espacio donde se la reconoce como víctima de una situación de violencia en su familia y de una disfunción del sistema social.

El niño o la niña ingresan a menudo en los recursos de acogimiento con la vivencia y la representación de que él o ella son culpables de los problemas en la casa o, lo que es más grave, asumiendo la culpa del sufrimiento de sus padres. Es evidente que esto refuerza los mecanismos de culpabilización inculcados por los padres abusadores, así como los procesos de designación social de «niño problema» debido a sus trastornos conductuales, por ejemplo, en la escuela. De esta manera, el círculo vicioso se va cerrando alrededor de la víctima quien, poco a poco, se la puede percibir como responsable y culpable de lo que ha ocurrido.

Por desdicha, no se han integrado con la suficiente celeridad los conocimientos y las experiencias que la investigación clínica ha proporcionado. Por esta razón, a la falta de recursos financieros se suma la existencia de prácticas sociales educativas y terapéuticas, que no siempre responden de forma adecuada y coherente a las necesidades especiales de los niños víctimas de malos tratos, ni tampoco al imperativo de contrarrestar el daño biopsicosocial provocado por estas situaciones de violencia.

Evaluar las capacidades parentales implica, en primer lugar, generar conversaciones que permitan a los padres hablar de sí mismos, de sus experiencias y de sus dificultades, habiéndose tomado el tiempo necesario para obtener un mínimo de consenso sobre la finalidad de esta evaluación. Es decir, lograr en un clima de respeto y diálogo que los padres examinados entiendan que ésta es una intervención destinada a obtener la información necesaria para ofrecer a sus hijos e hijas las mejores condiciones de vida y, a ellos, la ayuda necesaria para que puedan cumplir el papel de padres que les corresponda según sus capacidades.

Este proceso evaluativo tiene que considerarse como parte de una intervención social destinada a mejorar las condiciones de los hijos y prevenir o reparar las consecuencias de los malos tratos. En este sentido, existen posibilidades de obtener el acuerdo de los padres de participar en la evaluación, puesto que la finalidad de su función como padre o madre es el bienestar de sus hijos.

Desde el punto de vista de los profesionales y, como ya hemos afirmado (Barudy, 2001), cualquier intervención social tiene una finalidad terapéutica, por lo que ésta debe crear un espacio relacional desde el cual «los profesionales debemos movilizar nuestros recursos para (...) construir contextos de confianza y seguridad». Ahora bien, esta definición de una intervención, en este caso, destinada a evaluar las capacidades y la resiliencia parental, no excluye la posibilidad del desvelamiento de verdades dolorosas y de nuevos significados de las experiencias de los padres. Pero, experienciarlo en un ámbito relacional afectivo, empático y de respeto hacia ellos como personas, abre la posibilidad de cambios sucesivos y en cadena no sólo de sus discursos, sino también de sus vivencias y funcionamiento como padres. Lo cual puede manifestarse por la emergencia de nuevas posturas no sólo en lo que se refiere al trato con sus hijos e hijas, sino a una mayor disponibilidad para colaborar y participar de las propuestas de nuevas alternativas de vida y crianza para sus hijos e hijas.

La aplicación de la Guía abre la posibilidad de incentivar y facilitar conversaciones que aborden el origen de la aceptación y el rechazo de ciertos comportamientos en relación con las historias de vida con sus propios padres que, a su vez, explican, sin quitarles la responsabilidad, la causa o causas de las dificultades de criar y educar a sus hijos. En los casos más severos, las prácticas negligentes del uso de la violencia física para educar, las transgresiones sexuales o el maltrato psicológico.

La metodología de aplicación de esta Guía es *la observación participante*, es decir, adquirir información y conocimiento sobre la fenomenología personal y las prácticas de los padres, madres o cuidadores a través del acompañamiento evaluativo con ellos. Para ayudarlos entre otras cosas, a la recuperación de sus *memorias históricas* y a la toma de consciencia de que las dificultades actuales se conectan con sus propios sufrimientos infantiles, siendo éstos el resultado de una injusticia relacional familiar y social. Por lo tanto, participar en la co-construcción desde el reconocimiento de sus propias dificultades parentales a nuevas narrativas, que expliquen el sentido de su propio sufrimiento y el de sus hijos e hijas, es una forma de superar esas injusticias.

Cada madre, padre o cuidador, en proceso de evaluación de sus competencias parentales, podrá participar en una exploración (con la ayuda de un profesional, guía y facilitador de esta exploración) sobre los efectos y las consecuencias en sus hijos e hijas de sus comportamientos, discursos y reacciones, abriéndose nuevas posibilidades para comprender sus sufrimientos, así como para analizar el origen y los contextos que los sustentan. Por esta razón, podemos considerar que la aplicación de la Guía es parte de una investigación reflexiva por parte de los padres. Investigación que se refiere a visualizar sus modelos relacionales y de crianza con sus hijos, al mismo tiempo que les permite procesar la aplicación de la Guía como una intervención orientada a sostener su propio bienestar, el de los miembros de su familia y el de sus hijos e hijas, en particular.

Teóricamente, es función de los profesionales de la infancia, o de otros involucrados, facilitar la producción de prácticas asociativas de red para ayudar a los padres y las madres a modificar los escenarios donde se producen los malos tratos a sus hijos o hijas. La Guía es un instrumento para animar una práctica de red en la que pueden intervenir, además del evaluador y el padre o la madre evaluada, otros profesionales que participan en el caso. Por ello, esta propuesta facilita construir un diagnóstico de competencia o incompetencia parental a partir de la activación de una red de conversaciones, que permitirá que se observe con mayor nitidez las capacidades prácticas y las dificultades que poseen los padres para satisfacer las necesidades de sus hijos.

En el discurso y, sobre todo, en la pragmática de los padres o adultos significativos que rodean a los niños, pueden encontrarse evidencias desde «una parentalidad sana, competente y bientratante» a «una parentalidad incompetente y maltratante» (Barudy y Dantagnan, 2005), en sus diferentes formas. Esto permite establecer el impacto que tiene para los hijos y las hijas a través de cuatro categorías utilizadas en esta Guía:

A. *Situación muy preocupante para el niño o la niña.*
B. *Situación preocupante.*
C. *Situación parcialmente preocupante.*
D. *Situación no preocupante: padres con recursos suficientes.*
E. *Informaciones contradictorias y poco concluyentes.*

El sentido ético de la evaluación de las competencias parentales

La dimensión ética de los profesionales es la garantía que permite asegurar que, en las situaciones donde niños y niñas sufren malos tratos, como consecuencia de los diferentes grados de incompetencias de sus padres, siempre se organizará la intervención en torno a la protección de los niños y las niñas. Se sobreentiende que «el foco de la intervención no es conservar la familia en tanto institución, sino restablecer una dinámica de respeto y de protección de todas las personas, fundamentalmente, de los más vulnerables» (Barudy y Dantagnan, 2005).

Interrumpir los malos tratos para luego preservar a los miembros más vulnerables son las condiciones mínimas de una intervención que se despliega desde la óptica de una cultura del buen trato. En consecuencia, es tarea de la intervención inculcar un aprendizaje significativo, orientado al respeto de las diferencias, las reglas y la negociación. Restablecer la dinámica de respeto y de protección es, en definitiva, un modo de generar en los miembros de la familia intervenida un adecuado sentimiento de pertenencia y autonomía.

Esta Guía se inscribe como un instrumento de un proceso integral de intervención destinada a establecer una dinámica de buenos tratos en las relaciones entre padres e hijos, pero también a reparar el daño en los hijos y las hijas, y apoyar y rehabilitar, cuando sea posible, las competencias parentales de los progenitores u otros cuidadores. Este proceso terapéutico integral tiene, por tanto, una triple finalidad:

1. Contribuir a la reparación del daño traumático (físico, psicológico y social) y sus consecuencias negativas en los procesos de aprendizaje y desarrollo. Cabe destacar que los malos tratos infantiles producen daño no sólo por las carencias o agresiones concretas, sino también porque quienes los dañan son sus padres u otros adultos significativos, y por la ausencia de factores protectores. En este sentido, cuando el niño o la niña son ayudados a comprender que la causa de los malos tratos que sufren no tiene que ver con él o con ella, sino con el hecho de que su madre o padre no tuvieron la oportunidad de aprender a querer ni a tratar bien a sus hijos, es un modo de leer la realidad que abre puertas a nuevos significados. Más adelante, puede ser un recurso de resiliencia y también un modo de prevención de la repetición de malas prácticas, cuando este hijo o hija se transforme en padre o madre.
2. Prevenir y contrarrestar el daño iatrogénico de las intervenciones de protección tardías o inadecuadas. Se denomina iatrogénico a «toda alteración del estado del paciente producida por quien está a cargo de la ejecución de la intervención».
   Los daños iatrogénicos son aquellos que han sido provocados por los interventores o bien por el tratamiento o por las intervenciones (sea por una mala planificación, un cierre mal trabajado o negligencias de todo tipo). En consecuencia, es responsabilidad de los profesionales analizar continuamente los efectos de sus intervenciones, tanto en la forma como en el contenido.
3. Facilitar y potenciar las capacidades de resiliencia de los niños y de los padres. Los profesionales nunca deben perder de vista que sus intervenciones dirigidas, tanto a los niños como las dirigidas a sus padres, les deben aportar apoyo afectivo e instrumental, además de generar un espacio adecuado para transformar constructivamente las situaciones vividas, a partir de sus recursos y fortalezas.

Nivel I

Capacidades parentales fundamentales

Introducción

Esta sección es la que, sin ninguna duda, puede provocar más dificultad al observador u observadora, porque se pide que use sus percepciones para examinar y evaluar cualitativamente las capacidades parentales fundamentales de una madre o un padre, es decir, *el apego y la empatía*, como también determinar de qué manera sus historias infantiles los han influenciado para ejercerlas. Al mismo tiempo, se pretenden identificar, y saber cómo, ciertas características individuales de los padres y de las madres pueden favorecer o afectar sus posibilidades para ofrecer a sus hijos e hijas los cuidados, la protección, la educación y la socialización que necesitan y tienen derecho para desarrollarse sanamente.

La realización de esta parte del examen implica una reflexión en dos niveles:

- En el nivel metodológico: A este respecto, debemos tener claro que nadie que estudia las características individuales de otra persona, en este caso de un padre, una madre u otro cuidador, tiene el derecho a la arrogancia de pretender que sus juicios, resultado de sus observaciones, son neutrales y objetivos. Diferentes estudios, que por fortuna han revolucionado las ciencias humanas, han mostrado que el observador o la observadora forman también parte del fenómeno observado (Maturana y Varela, 1984). Por lo tanto, los resultados obtenidos a través de los instrumentos propuestos en esta sección son informaciones que no sólo se refieren a la persona examinada, sino también hablan de la persona que ejerce como examinador o examinadora. A este respecto, y para evitar que el resultado de estos exámenes se transforme en armas totalitarias para estigmatizar a seres humanos, los profesionales tendrán siempre la capacidad de analizar críticamente sus percepciones, considerando que sus pertenencias sociales, familiares y culturales no son las mismas que las de los sujetos examinados. Además, es indispensable que el resultado de sus observaciones sea comunicado y reflexionado con otros profesionales y, sobre todo, con las personas examinadas.

- En el nivel de finalidad: La segunda reflexión es para tener siempre en cuenta que este examen, como todos los demás que componen esta Guía, tiene como finalidad asegurar a los niños y a las niñas la satisfacción de sus necesidades y el respeto de sus derechos como personas. Los profesionales de la infancia nunca deben olvidar que los sujetos de sus intervenciones son los niños y las niñas.

El examen de las características personales de las madres y de los padres, que pueden tener una influencia importante en el trato que les dan a sus hijos, no pone en tela de juicio su condición de personas. Lo que se trata de evaluar son las prácticas de estas personas, como madres o padres, para luego, según sea el caso, ofrecerles la ayuda adecuada para fomentar cambios de esas prácticas, a fin de rehabilitar sus capacidades parentales.

El examinador o la examinadora no deben olvidar nunca que el principio ético fundamental que debe animar sus prácticas es el del respeto incondicional a las personas y a sus derechos. Por lo tanto, deberán considerar que todas las personas son siempre seres humanos dignos de respeto, independientemente de sus prácticas. Si estas personas hacen lo que hacen o no hacen lo que deben es porque están determinadas en lo estructural no sólo por su organismo, sino sobre todo por el cúmulo de experiencias que constituyen sus historias de vida; todo ello es lo que condiciona sus prácticas sociales y sus prácticas como padres. En la parte más teórica de este libro hemos entregado los argumentos necesarios para demostrar que aun la organización del cerebro y, por tanto, de la mente depende de la calidad de las relaciones interpersonales; éstas, a su vez, dependen de los contextos sociales, económicos y culturales en las que se establecen.

Para cada madre o padre implicados en situaciones de desprotección y de maltrato, sus historias de vida acumulan experiencias de carencias, malos tratos y abusos sexuales durante su infancia, no sólo dentro de su familia, sino también en el sistema social, incluso en servicios e instituciones que tenían la finalidad de ayudarlos y protegerlos como niños.

Metodología

Esta sección está compuesta por dos unidades de evaluación. Cada una de ellas se desglosa en distintas áreas indicadas en los índices correspondientes.

- Unidad de evaluación 1: Evaluación del apego.
- Unidad de evaluación 2: Evaluación de la empatía.

Unidad de evaluación 1
Evaluación del apego

1.1) EVALUACIÓN DEL MODELO DE APEGO ADULTO

1.1.A. Valoración de las narrativas de los padres sobre los acontecimientos de sus historias infantiles y familiares que influyen en las competencias parentales. Ficha 1.

1.1.B. Valoración de la salud mental de los padres y los problemas personales que pueden afectar positiva o negativamente la relación con sus hijos o hijas.

Área 1: Recursos personales que influencian las competencias parentales. Ficha 2.

Área 2: Trastornos y problemas de comportamiento que afectan las competencias parentales. Ficha 3.

Área 3: Efectos de los diferentes trastornos de la personalidad de los padres en sus competencias parentales. Ficha 4.

1. 2) EVALUACIÓN DEL APEGO DE LOS HIJOS A SUS PADRES A TRAVÉS DE LA OBSERVACIÓN PARTICIPANTE

1.2.A. Valoración de la calidad de las relaciones de los bebés de cero a doce meses con padres o cuidadores. Ficha 5.

1.2.B. Valoración de la calidad de las relaciones de los niños de edades comprendidas entre uno y dos años y medio con sus padres o cuidadores.

1) Antes de la separación. Ficha 6.
2) En el momento de la separación. Ficha 7.
3) Al regreso del cuidador/a. Ficha 8.

1.2.C. Valoración de la calidad de las relaciones de los niños de edades comprendidas entre dos años y medio y siete años con sus padres o cuidadores.
Área 1: Regulación de la distancia. Ficha 9.
Área 2: La orientación del cuerpo. Ficha 10.
Área 3: Contenido y forma del diálogo. Ficha 11.
Área 4: Clima emocional. Ficha 12.
Área 5: Reacciones al reencuentro con el cuidador/a. Ficha 13.

1.2.D. Valoración de la calidad de las relaciones de los niños mayores de siete años con sus padres o cuidadores. Ficha 14.

1.1) Evaluación del modelo de apego adulto

Evaluación de la sección 1.1.A
Valoración de las narrativas de los padres sobre los acontecimientos de sus historias infantiles y familiares que influyen en las competencias parentales (ficha 1).

Metodología

Esta sección pretende explorar la historia personal de las madres y de los padres para ayudarlos a evocar sus recuerdos infantiles y familiares, basándose en los contenidos teóricos del capítulo III de este libro. Se trata de reconstruir en ellos sus experiencias como hijos o hijas en lo que se refiere a los cuidados, protección, educación y socialización que recibieron. Además, se intenta explorar sus creencias o representaciones personales para determinar cómo creen ellos que sus experiencias en su familia de origen pueden estar afectando sus emociones y sus comportamientos como padres.

El instrumento que se propone es un cuestionario para facilitar la conversación con los padres. Las preguntas que se proponen son en parte el resultado de nuestras prácticas y por otra parte corresponden a una adaptación de la Entrevista del Apego Adulto (EVA) *Adult Attachment Interview* (AAI) (George, Kaplan y Main, 1996).

Lo que se pretende recoger en esta entrevista es una descripción subjetiva de los recuerdos del padre o de la madre sobre su propia relación con sus progenitores.

Como se expone en profundidad en la primera parte de este libro, la entrevista es valorada a través de una trascripción y el análisis del contenido de las verbalizaciones de los entrevistados con el objetivo de:

a) Conocer las experiencias de infancia o de la adolescencia de las madres, padres u otros cuidadores.
b) Evaluar el estado mental y el estilo discursivo de la madre, padre u otro cuidador entrevistados.
Por ejemplo, evaluar la coherencia entre el discurso, el tono de la voz y los gestos en el momento de las respuestas. Detectar la existencia de una idealización o, al contrario, una satanización de sus figuras de apego, así como amnesias, rabia, activa o latente, miedos y angustias por pérdidas no elaboradas, negación, traumas no elaborados, falta de capacidad reflexiva, de empatía o rigidez en el pensamiento de los entrevistados. Para facilitar el proceso de evaluación, se propone una lista de respuestas de riesgos para que el entrevistador o la entrevistadora las compare con las respuestas obtenidas.
c) Conocer el estado mental de los padres con respecto a sus experiencias de apego. Las respuestas de una madre o de un padre a las preguntas sobre sus experiencias de infancia reflejan también el estado de su mente en relación con el apego con sus hijos o hijas.

La finalidad de esta entrevista es lograr que a través del diálogo el evaluador ofrezca un espacio relacional que pueda permitir que la madre y el padre u otros cuidadores puedan relatar, por separado, los aspectos más relevantes de sus respectivas historias infantiles y adolescentes, permitiéndoles evocar, si es posible, las experiencias de malos tratos físicos, negligencia o violencia psicológica que hayan podido sufrir, así como de los abusos sexuales intra y extrafamiliares. Además de esto, se pretende ofrecer a los padres la posibilidad de reconocer y hablar de experiencias dolorosas de pérdidas y rupturas que hayan conocido.

La exploración de los recuerdos que los padres conservan de sus experiencias con sus figuras de apego, tanto del ámbito familiar como social, puede también servir como elemento para entender sus dificultades y ayudarlos como padres.

Por cada contenido significativo que los padres proporcionen de sus vidas, el examinador o la examinadora deberán pedirles que expliquen cómo creen ellos que estas experiencias les afectan en el presente en sus relaciones con sus hijos. Las respuestas a estas preguntas son indicadores interesantes para evaluar el peso de los traumatismos infantiles en la práctica parental. Cuanto más conscientes estén los padres del daño que sus propios padres les hicieron cuando eran niños, más recursos tendrán para intentar evitar hacer el mismo daño a sus hijos. Al contrario, cuando idealizan sus relaciones con sus padres, negando el daño que les hicieron o cuando reconocen haber sufrido malos tratos, pero niegan que esto los haya afectado, aumenta la probabilidad de que hayan maltratado o que maltraten a sus hijos.

Las diferentes experiencias de malos tratos en la infancia de los padres, que no han sido elaboradas, constituyen factores de riesgo para los hijos, sobre todo, cuando por falta de apoyo terapéutico, éstos siguen secuestrados en las emociones provocadas por las experiencias del pasado. La presencia y los comportamientos de los hijos reactivan en muchas ocasiones estas emociones, provocando diferentes tipos de malos tratos.

Esta parte del examen pretende también evaluar las capacidades y recursos que los padres poseen para manejar las consecuencias de sus propios malos tratos, protegiendo, o no, a sus hijos de estos sufrimientos. La exploración de las vivencias de los padres deberá permitir establecer los mecanismos fundamentales que éstos han utilizado o están utilizando para manejar los sufrimientos del pasado. La información recogida deberá señalar si estos mecanismos son, por ejemplo, del tipo de: la negación, la disociación o el perdón, la exoneración y la reconciliación con resolución de los conflictos.

Las conversaciones estructuradas con los padres podrán permitir al examinador/a conocer las fuerzas de resistencia y los recursos que estos padres han debido desarrollar para sobrevivir a sus historias dramáticas y penosas.

En este sentido, las preguntas se orientarán también a determinar el contenido positivo o negativo de sus experiencias conyugales, así como la existencia, o no, de experiencias de apoyo social, que pueden haber desempeñado un papel significativo en el desarrollo de estos recursos positivos. Diferentes experiencias muestran que cuando un padre o una madre maltratados en su infancia constituyen una relación estable y sana con su pareja, que corresponde a lo que Boris Cyrulnik (2005) llama *El amor que cura*, o que conocieron la solidaridad de personas o grupos en sus redes naturales, tienen mayor posibilidad de reparar naturalmente sus traumatismos de infancia y desarrollar lo que llamamos resiliencia secundaria. Insistimos en la importancia de que esta entrevista se realice siempre en un clima de respeto, apoyo y contención emocional al padre o a la madre. Se trata de brindarles el tiempo necesario para que puedan no sólo responder a las preguntas, sino elaborar las emociones que puedan emerger de las respuestas.

Pautas para la interpretación de los resultados de la sección 1.1.A

Evaluación del apego adulto a través del examen de las narrativas de los padres acerca de los acontecimientos de sus historias infantiles y familiares que influyen en las competencias parentales.

Con la finalidad de valorar el impacto de las historias infantiles y familiares de los padres y de las madres sobre sus competencias parentales, ofrecemos algunas indicaciones orientativas para registrar la información extraída de la entrevista semiestructurada por medio de tres parámetros:

Parámetro A. Resiliencia parental
Parámetro B. Vulnerabilidad parental
Parámetro C. Consciencia parental del daño sufrido

Cada uno de estos parámetros desglosa una serie de indicadores que nos guían para conocer si la situación es muy preocupante, preocupante, parcialmente preocupante o no preocupante para el hijo/a de los padres examinados.

Instrucciones

- *Paso 1:* Para la codificación de la información de los parámetros A y B, el examinador deberá seleccionar el ítem que más se corresponda con la situación descrita por el padre o la madre, de los cuatro que están detallados en cada uno de los parámetros.
- *Paso 2:* Para la codificación de la información del parámetro C, el examinador deberá seleccionar todos los ítems que se correspondan con la observación realizada durante la entrevista, de los 28 ítems que componen este parámetro.
- *Paso 3:* Una vez seleccionados los ítems, presente los resultados e interprete en qué categoría se situará el padre o la madre, según la clasificación propuesta.

Parámetro A. Indicadores de capacidad resiliente del padre o la madre:

1. Ha mantenido relaciones conyugales de forma estable y sana, y ha vivido experiencias de apoyo social durante su vida. Conocer la solidaridad de otras personas contribuye a generar recursos resilientes personales.
2. Ha mantenido, por lo menos, una relación conyugal o con una persona de su entorno social de forma sana y estable; teniendo así, la posibilidad de desarrollar sus propios recursos.
3. Ha podido recibir el apoyo de algunas relaciones conyugales o sociales, pero se caracterizan por ser relaciones muy inestables y sin continuidad en el tiempo.
4. No ha podido tener relaciones conyugales de forma estable y sana ni recibir experiencias de apoyo social durante su vida. Así,

no ha recibido apoyo suficiente para poder desarrollar sus recursos personales.

Parámetro B. Indicadores de vulnerabilidad del padre o de la madre, teniendo en cuenta las experiencias vividas:

5. La pauta general y continuada de cuidados recibidos durante su infancia fue protectora y bientratante; aunque pudo haber sufrido episodios muy concretos de castigo físico, fue vivido como algo excepcional.
6. La pauta general de cuidados recibidos durante su infancia fue protectora y bientratante; pero, en momentos de crisis, sus propios padres pudieron descompensarse y maltratarlo o descuidarlo a él o ella.
7. Durante su infancia ha sufrido episodios de malos tratos, debido a la descompensación de uno de los progenitores, combinados con prácticas parentales protectoras discontinuas.
8. Ha sido víctima de malos tratos, negligencia o abandonos, de forma severa y continuada durante su infancia, con ausencia o déficit de factores de protección.

Parámetro C. Indicadores de consciencia del daño sufrido del padre o de la madre, de la elaboración emocional que ha realizado de sus experiencias pasadas, y de la consciencia del impacto de las experiencias vividas en la actualidad.

9. Presenta facilidad para acceder al conocimiento biográfico general.
10. Puede ofrecer detalles autobiográficos que muestran autenticidad del relato y un buen conocimiento de sí mismo o de sí misma.
11. Participa del discurso de una forma colaboradora y coherente.
12. Examina los recuerdos de experiencias relacionadas con el apego.

13. Tiene habilidad para reflexionar sobre los procesos mentales mientras produce las narraciones.
14. Facilidad para hablar objetivamente del pasado y para ver a los propios progenitores como influyentes en su desarrollo.
15. Puede equilibrar los aspectos positivos y negativos de las experiencias vividas y reflexionar sobre el modo en que éstas afectaron su juventud y su fase adulta.
16. Pérdida de contacto visual.
17. Muestra signos y síntomas de incomodidad: se muestra nervioso o nerviosa, cambia de postura, mueve las manos, suda, etcétera.
18. Defensivo o defensiva en su manera de responder, se percibe molesto o molesta por las preguntas. Y puede atribuir malas intenciones en los entrevistadores.
19. Respuestas que denotan preocupación o añoranza constante por el pasado.
20. El sentido de identidad personal parece débil o confuso.
21. Minimiza las experiencias infantiles negativas o dolorosas o su impacto en su vida actual o en su parentalidad (por ejemplo, menciona o resalta sólo los aspectos positivos).
22. Se muestra autosuficiente, minimizando la importancia de las relaciones interpersonales.
23. Utiliza en forma recurrente expresiones como «una vida normal, padres normales, niño normal, lo normal, como a todos, como en todas las familias, etcétera».
24. Muestra frialdad o rigidez de pensamiento al hablar del modo en que fue criado o criada, o del modo que concibe la parentalidad. Solamente una versión (la de él o ella) de la realidad es posible y no puede ser falsa.
25. No sabe, o no tiene claro, cómo su historia infantil puede repercutir en su parentalidad (ni en lo que respecta a los elementos positivos ni negativos).
26. Labilidad emocional: muestra signos claros de angustia, llora, reclama.
27. Se explaya en detalles en sus descripciones, las cuales relata con mucha carga emocional.

28. Dificultad para hablar de sus relaciones tempranas.
29. Activa y deliberadamente evita hablar del pasado y se focaliza en el presente o en otros aspectos de su niñez, por ejemplo, cambia de tema o no recuerda.
30. Presenta un relato de infancia idealizado o perfecto (todo fue maravilloso).
31. Idealiza a los padres o a uno de ellos (intenta mostrar una imagen de «superpadres») y tiene dificultad para reconocer sus dificultades o limitaciones y el impacto en sus relaciones actuales interpersonales y futura parentalidad.
32. Se muestra crítico con la conducta de sus padres en su infancia, pero su descripción es sobre todo racional. No hay lenguaje emocional respecto de sus propios sentimientos o del impacto que estas conductas le produjeron o le producen. No hay implicación emocional.
33. Respuestas incoherentes, un discurso desintegrado, poco claro, confuso, con contradicciones o poco creíble.
34. La forma en que los entrevistados responden hacen sentir incómodo al entrevistador. Sensación de no ser escuchado o aceptado en su rol. No hay sintonía emocional.
35. Concibe las conductas de sus padres como imperdonables. Los padres son o fueron intrínsecamente malos. Intenta demostrar que su parentalidad será exactamente lo contrario. No hay empatía (ponerse en el lugar de sus padres) ni explicación que permita darle un sentido a la incompetencia de sus padres.
36. Representación de los padres como generadores de miedo y terror. Padres atemorizantes o descripción de un ambiente familiar en que ha imperado el miedo o el terror.
37. Falta de consciencia moral o de crítica en el modo en que juzga la conducta abusiva de los padres. Por ejemplo, no se reconoce como víctima, justifica a los padres, se ríe o normaliza sus conductas abusivas.

Evaluación de la sección 1.1.B
Valoración de la salud mental de los padres y los problemas personales que pueden afectar positiva o negativamente la relación con sus hijos o hijas (fichas 2, 3 y 4).

Esta sección debe permitir conocer los principales recursos de los padres que contribuyen a sus competencias parentales o a su mejoramiento, pero también conocer si existen trastornos de personalidad susceptibles de dañar la eficacia de sus desempeños parentales. Es importante tratar de evaluar en qué medida los trastornos mentales de una persona afectan concretamente sus competencias parentales en relación con un hijo o con un grupo de hijos determinados.

Este punto es de particular importancia puesto que no siempre existe una relación lineal entre la competencia parental y la capacidad mental de una persona. Ciertas personas, que parecen muy perturbadas, juegan un rol parental asombrosamente eficaz, mientras que otras, que parecen no tener ningún problema mental, pueden ser padres muy destructores.

Sin embargo, con el fin de evitar cualquier polarización en los puntos de vista, debemos recordar que un padre o una madre, por su enfermedad mental o como consecuencia de su tratamiento, pueden verse alterados en sus habilidades para satisfacer las necesidades esenciales del desarrollo de sus hijos. Así, por ejemplo, la separación por un ingreso en un hospital psiquiátrico o los efectos de una crisis psicótica con agitación o un repliegue sobre sí mismo a causa de una depresión, pueden afectar significativamente a los niños. Por lo tanto, a la hora de evaluar el peso de los trastornos y los problemas de comportamiento de los padres para el ejercicio de la parentalidad, debemos considerar lo siguiente:

a) Los trastornos de la salud mental introducen desafíos particulares para los hijos y las hijas, pero no siempre están asociados, de manera mecánica, con una incompetencia parental severa y crónica que altere de un modo grave las habilidades parentales. Dependiendo de la cronicidad, el modelo que mejor responde a las

necesidades y derechos de los hijos es de una marentalidad o parentalidad parcial o co-parentalidad.
b) En general, el impacto de una enfermedad mental de uno o ambos padres, en la calidad de sus competencias parentales, dependerá:
- del tipo de enfermedad, es decir, de sus síntomas y de su diagnóstico;
- de la presencia o ausencia de la pareja, capaz, o no, de compensar los efectos de la enfermedad y del tratamiento del padre afectado;
- de la edad y el estado del desarrollo de los niños; por ejemplo, lo que perturba a un bebé o a un niño pequeño, como la discontinuidad de los cuidados, la falta de estimulación o el estrés pueden ser menos dañinos para un adolescente, que ya puede comprender que los comportamientos «extraños» de su padre o de su madre no son su culpa.
c) A la hora de evaluar los efectos de una enfermedad mental es importante considerar también la dimensión histórica, la manera en que estos trastornos han afectado la relación de padres e hijos a lo largo del tiempo. Por lo tanto, la evaluación deberá indicar si los comportamientos problemáticos o los trastornos mentales han estado siempre presentes o si aparecen en forma cíclica como consecuencia de una crisis o descompensación de los padres. En todo caso, la relación entre los modelos de apego adulto y la psicopatología parental es un indicador importante a la hora de determinar el grado de preocupación para los hijos. Por ejemplo, una madre con un modelo de apego adulto no resuelto desorganizado y con una toxicomanía, por lo general, presenta una incompetencia parental crónica severa e irreversible, con una situación muy preocupante para los hijos o las hijas. Estos niños tienen el derecho de ser protegidos desde el nacimiento para evitar una desorganización o una atrofia cerebral.
d) Por último, hay que considerar los recursos profesionales e institucionales existentes, alrededor de la madre o del padre, y la capacidad de los profesionales para asumir un papel en el modelo de parentalidad compartida o comunitaria, a la que hacíamos alusión en el capítulo sobre la parentalidad social.

Metodología

Esta parte del examen está organizada en tres áreas:

Área 1: Recursos personales que influencian las capacidades parentales. Esta área nos permitirá conocer más de cerca los recursos positivos de la persona, sus conocimientos, experiencias y prácticas, que desempeñan o pueden desempeñar un papel positivo en el ejercicio de la parentalidad (ficha 2).

Área 2: Trastornos y problemas de comportamiento, que afectan las competencias parentales. Esta área refiere a la exploración de los diversos comportamientos y discursos que pueden afectar la función parental de una forma negativa (ficha 3).

Área 3: Efectos de los diferentes trastornos de la personalidad de los padres en sus competencias parentales (ficha 4).

Instrucciones

Todos los temas que conforman esta parte del examen pueden ser más o menos accesibles a una observación directa. Algunos podrán ser observados directamente por el examinador o la examinadora y otros deberán ser recogidos de informes de distintos profesionales que tratan a los padres. El que examina podrá constatar, al usar este examen, que existe una serie de enunciados descriptivos que son más fáciles de constatar; son las explosiones de cólera, el abuso de drogas o de alcohol, la pérdida de conocimiento, etcétera. Mientras otros enunciados, como «comprensivo», «baja autoestima» o «deseos de cambiar para solucionar sus problemas», son características mucho más difíciles de estimar, por lo que su presencia o ausencia pueden ser inferidas directamente de otras informaciones. Igual que en cualquier proceso diagnóstico, cuanto más se recurra a juicios personales, mayor es la necesidad de apoyar esos juicios con el máximo de informaciones concomitantes y otras verificaciones.

Esto debería ser una base metodológica para cualquier evaluación, si no se tiene acceso a las personas implicadas: el examinador o la examinadora deben ser extremadamente prudentes en sus afirmaciones e incorporar en su reflexión sobre su método de trabajo, las investigaciones sobre el fenómeno de la autorreferencia y las representaciones sociales. Además, el examinador o la examinadora debe recordar en todo momento que se está evaluando una situación personal, única y singular. Los prejuicios o ideas generales sobre cómo un trastorno mental puede afectar las competencias parentales deben ser revisados a la luz de los conocimientos sobre representaciones sociales y construcción de la realidad.

Por ejemplo, es frecuente que se generalice y se afirme que los individuos con déficits intelectuales, que despectivamente se los llama «cortitos», tienen o tendrán problemas insolubles para ejercer su función parental y, por lo tanto, habría que excluirlos de esta tarea. Esto no tendría que ser necesariamente así, pues es arbitrario e injusto. Con lo que hemos expuesto en el capítulo sobre el desarrollo del cerebro y la mente, podemos afirmar que un número significativo de personas con déficits intelectuales, lo son debido a una ausencia de cuidados, alimentación y estimulación adecuada. Fueron niños y niñas, que los sistemas de protección no detectaron o no les brindaron una protección inadecuada. Nuestro modelo no niega el riesgo de la existencia de incompetencias parentales en adultos con estos problemas, pero defiende que la parentalidad social es una obligación del conjunto de una comunidad, por lo que estos padres y madres tienen derecho a participar, con sus posibilidades y recursos, en un proyecto de parentalidad comunitaria.

Por otro lado, como ya hemos señalado, cuando se trata de evaluar el impacto real de la enfermedad mental en la función parental y el daño que ésta podría provocar en el desarrollo de los niños, el examinador deberá entrevistar a los padres, observarlos en su cotidianidad con sus hijos y dejarse asesorar, si es necesario, por profesionales de la salud mental, que tengan competencias en este ámbito.

Para la evaluación de esta sección, proceda con los siguientes pasos:

Paso 1: Evalúe el área 1 y 2 y responda con SÍ, NO o D (discutible o dudoso) en la casilla izquierda de cada enunciado.

Paso 2: Evalúe el área 3 sólo en caso de que existan trastornos de la personalidad de los padres, con el fin de explorar sus efectos en las competencias parentales.

Paso 3: Resuma a modo de conclusión si existen recursos personales que influencian positivamente las competencias parentales y, por otra parte, si existen trastornos mentales y de comportamiento que afectan negativamente el desarrollo de los hijos o las hijas.

1.2) EVALUACIÓN DEL APEGO DE LOS HIJOS A SUS PADRES A TRAVÉS DE LA OBSERVACIÓN PARTICIPANTE

Introducción

Uno de los requisitos fundamentales para asegurar el buen trato de los niños es que el vínculo de los padres con sus hijos sea sano. La existencia de relaciones sanas entre padres e hijos depende, en buena parte, de cómo se produjeron los procesos de apego. Numerosos autores a partir de Bowlby (1969, 1973, 1980) han insistido en la importancia de un apego sano como un factor de prevención de los diferentes tipos de maltrato infantil (Barudy, 1997; Cyrulnik, 1993).

Como ha sido expuesto en la primera parte de este libro, consideramos el apego como el vínculo que se establece entre el niño y sus progenitores a través de un proceso relacional que es para la cría, en primer lugar, sensorial durante la vida intrauterina (reconocimiento del olor, la voz de los progenitores, etc.), pero que, apenas ocurrido el nacimiento, con rapidez se impregna, según la reacción del adulto, con una afectividad que puede ser positiva o negativa de acuerdo con los contextos y las experiencias de vida, sobre todo infantiles, de la madre y secundariamente del padre. El apego es lo que produce los lazos invisibles que crean las vivencias de familiaridad, caracterizadas por los sentimientos de pertenencia a un sistema familiar determinado. En otras palabras, el apego une a hijos y a padres en el espacio y en el tiempo, lo que se manifiesta, sobre todo, durante la infancia por la tendencia a mantener una proximidad física, y cuya expresión vivencial o subjetiva, cuando este apego es sano, es la sensación de seguridad (Ortiz, 1993). El establecimiento del apego permite no sólo que el niño discrimine a partir de un momento de su desarrollo a familiares y extraños, sino también que disponga de una representación interna de sus figuras de apego, como disponibles, pero separadas de sí mismo pudiendo evocarlas en cualquier circunstancia. Por esta razón el niño o la niña reaccionarán normalmente con ansiedad ante la separación o la ausencia de su figura de apego (principalmente la materna o su sustituta), calmándose y mostrando alegría en el reencuentro. La interiorización de una figura estable y disponible, pero separada de uno mismo, le permiten al niño o a la niña utilizarla como base de seguridad para explorar su entorno y a los extraños. Es esta seguridad la que facilitará la diferenciación necesaria para llegar a ser un adulto capaz de ofrecer, en su turno, una vinculación sana con sus propias crías.

Un apego sano evoca sentimientos de pertenencia a una relación donde el niño se siente aceptado y en confianza. Los padres interiorizados como fuente de seguridad permitirán a su hijo explorar su entorno, construyendo poco a poco su red psicosocial y afectiva. Cuando esta relación de apego se ha construido sanamente, la separación del niño de sus padres provocará en éste signos acrecentados de ansiedad, acompañados de una demanda de reunirse con ellos.

A partir del primer año de vida del niño podemos considerar si las diferentes fases del proceso de apego han permitido, o no, una vinculación selectiva con las figuras parentales, asegurándole adecuadamente la seguridad de base. Ésta tendrá, como corolario, el desarrollo paulatino de la confianza necesaria para explorar su mundo, así como para relacionarse con otras personas.

El apego es, por lo tanto, fundamental para el establecimiento de la seguridad de base a partir de la cual el niño llegará a ser un sujeto social capaz de vincularse y aprender en la relación con los demás. La calidad del apego también influenciará la vida futura del niño en aspectos tan fundamentales como el desarrollo de su empatía para manejar impulsos, deseos y pulsiones, la construcción de un sentimiento de pertenencia a través del desarrollo de sus capacidades de dar y de recibir, la formación de una consciencia ética, así como el desarrollo de recursos para manejar situaciones emocionales difíciles, como separaciones, pérdidas y rupturas.

Además, sabemos que si un niño o una niña no han tenido la posibilidad de establecer un apego primario o selectivo de calidad en el curso de su primer año o, a lo máximo, en los dos primeros años de vida, él o ella tendrán siempre lagunas en el ámbito de sus comportamientos sociales que podrán dañar gravemente sus capacidades de vincularse de modo positivo con los demás, así como de obtener buenos resultados en los procesos de aprendizaje, en especial, en el ámbito escolar. Como ya hemos expuesto en otros trabajos, existe una relación directa entre trastornos del apego, conyugalidad y parentalidad incompetente. Así, a partir de nuestras investigaciones clínicas, hemos podido argumentar que todas las formas de violencia intrafamiliares tienen como base un trastorno del apego (Barudy y otros, 1998, 1999).

Apego y parentalidad

La existencia de competencias parentales está en estrecha relación con las experiencias de apego que los padres conocieron en su infancia. Éstas son la base que, según su contenido, les permitirán una vinculación constructiva o destructiva con sus crías. Si las experiencias de apego fueran siempre constructivas, permitirían que cada sujeto desarrollara capacidades no sólo para hacer frente a las vicisitudes de la existencia, sino también para asegurar una parentalidad sana a sus descendientes. En este sentido, uno de los factores más relevantes en el desarrollo de la parentalidad sana es haber conocido, por lo menos, una experiencia de apego suficientemente sana.

Parentalidad y trastornos del apego

Según las consecuencias para el niño, la clínica de los trastornos del apego distingue dos formas de éste: el apego seguro y el inseguro;

en este último se distinguen dos modalidades: el apego inseguro ansioso-ambivalente y el apego inseguro evitativo. Un tercer tipo de trastorno del apego fue descrito con posterioridad y corresponde al apego inseguro desorganizado (Main y Solomon, 1990). Los diferentes tipos de apego pueden evidenciarse a partir de la edad de un año a través del procedimiento conocido como el de la Situación Extraña (Ainsworth y Bell, 1970, 1978). En el capítulo III, en la primera parte de este libro, hemos descrito en forma más detallada los modos en que los niños organizan su conducta con relación a sus figuras parentales, en especial, la materna. Sin embargo, mencionaremos aquí estos modos o estilos de apego de los niños a sus padres, a modo de resumen, para, luego, centrarnos en su evaluación.

El apego seguro

Los niños que presentan un tipo de apego seguro, llamados «niños del grupo B», se alejan de la madre para explorar la sala y los juguetes, después de un corto período de familiarización; no se inquietan ostensiblemente por la separación, pero su exploración disminuye en algún momento. Cuando la madre regresa, la reciben con alegría, buscan la interacción activa con ella, volviendo, en forma gradual, a la conducta de exploración.

El apego seguro es aquel que evoca sentimientos de pertenencia, de aceptación de sí mismo y de confianza de base. En este caso, las figuras de apego son una fuente de seguridad, a partir de la cual el niño o la niña obtienen la confianza para establecer relaciones sanas y para atreverse a explorar el medio ambiente. Los niños que tienen un apego seguro son hijos de padres suficientemente competentes.

El apego inseguro

Los investigadores distinguieron dos tipos de apego inseguro: ansioso-ambivalente y evitativo.

a) Los niños con *apego ansioso-ambivalente* tienen miedo de las personas desconocidas, ejercen una exploración mínima de su entorno, aun antes de que su madre abandone el cuarto; la presencia de ésta, después de una corta ausencia, no los calma, y manifiestan una actitud ambivalente. Pueden reaccionar hacia su madre con cólera, rechazando el contacto o la interacción y, enseguida, buscar con ansiedad el contacto.

Los padres de los niños que presentan esta modalidad de apego presentan diferentes grados de incompetencias parentales, por lo que producen discursos y comportamientos negligentes tanto en el ámbito de los cuidados corporales como en los psicosociales y afectivos. En general, las madres o los padres no responden adecuadamente a las señales de los niños con las cuales manifiestan sus necesidades, aunque, en general, no los pegan ni los rechazan. Por otra parte, estos niños han sufrido, a menudo, separaciones y rupturas precoces con personas y elementos significativos de su entorno, lo que explica también el carácter ansioso y desconfiado de sus modelos relacionales.

b) Los niños con un modelo de *apego evitativo* tienden a evitar o rechazar el contacto con sus padres. Así, por ejemplo, estos niños tienden a ignorar o esquivar a su madre, mostrándose indiferentes o fríos, tanto antes como después de la separación; presentan más señales de miedo y de desconfianza delante de sus progenitores que delante de personas extrañas o no muestran ninguna diferencia significativa en sus comportamientos en presencia de sus madres o de desconocidos.

Los padres de hijos con este modelo de apego presentan, en general, diversos tipos de incompetencias, muy a menudo severas y crónicas. Así, por ejemplo, las madres de estos niños «huidizos» no sólo son insensibles a las comunicaciones y demandas del niño, sino que, además, impiden o bloquean activamente los esfuerzos de éste para acceder a ellas.

En las familias maltratadoras, en las que los padres por sus incompetencias golpean y rechazan psicológicamente a sus hijos, encontramos con más frecuencia niños con apego de este tipo «huidizo». Los comportamientos evitativos corresponden a menudo a una estrategia defensiva del niño para afrontar las amenazas de respuestas hostiles y agresivas, golpes, insultos y rechazo de sus padres. Por desgracia, estas reacciones no siempre lo protegen, porque son interpretadas por los padres como signos de rechazo y de agresión. Los padres responden entonces con más violencia, estableciendo, de esta manera, una espiral trágica de consecuencias lamentables para el niño.

c) Los niños que presentan un trastorno de *apego desorganizado* presentan modelos relacionales determinados por el carácter caótico de éstos, es decir, son cambiantes y, además, indiscriminados; esto último quiere decir que estos niños con la misma facilidad con la que se apegan a una persona, se desapegan de ella para apegarse a otra, pero siempre de una manera superficial y, muchas veces, sin tomar en realidad en cuenta las necesidades del otro.

El contenido de las experiencias traumáticas de estos niños, sumado con múltiples experiencias de separaciones y rupturas, los ha predispuesto a desarrollar modelos de vinculaciones, en gran medida «utilitarias», con el mundo adulto a fin de protegerse de la frustración y vulnerabilidad frente al poder de los adultos.

Niños y niñas, que han sido víctimas de lo que llamamos el «síndrome del peloteo», presentan a menudo este modelo de apego. Los niños que presentan este modelo se relacionan con los adultos de una forma desorganizada y cambiante. Así, por ejemplo, en presencia de sus progenitores o cuidadores pueden presentar por momentos signos de agitación o, lo contrario, de inmovilidad o mostrar signos visibles de miedo y desconfianza y, luego, presentar comportamientos agresivos y provocadores. También puede ocurrir que por momentos el niño presente comportamientos de evitación evidentes, para luego presentar comportamientos provocadores y agresivos. Las niñas y los niños abusados sexualmente por tiempos prolongados pueden también presentar este modelo de apego. Este estudio será consagrado al examen de la calidad del apego tanto en los momentos de equilibrio como en los momentos en que el niño está ansioso por alguna circunstancia. Las pautas del examen que se proponen se nutren de la información recogida del estudio de la constitución de los modelos relacionales entre padres e hijos tal como han sido señalados por la teoría y la investigación sobre el apego.

Determinar la naturaleza de estos procesos nos dará un cúmulo de informaciones clínicas sobre el contenido de las relaciones parento-filiales y otros aspectos. El apego es una de las experiencias fundamentales que determinarán los modelos relacionales futuros entre padres e hijos, por lo tanto, su contenido es un indicador de primer orden de competencia parental. Así, por ejemplo, cuando un niño en edad preescolar presenta repetidos comportamientos de miedo, resistiéndose a acercarse a uno o a los dos padres, lo más probable es que estemos frente a un indicador de trastorno del apego y, por consiguiente, de una vinculación de mala calidad entre este niño o esta niña y sus progenitores. Lo cual, a su vez, señala la existencia de una incompetencia parental.

Metodología

Esta parte del examen consiste en observar y evaluar las características predominantes de la relación cuidador y niño o niña. Se trata de evaluar las reacciones corrientes y habituales del niño en una situación familiar y confortable para él, de preferencia en su entorno natural. En lo que respecta a los bebés, hasta de un año, las observaciones se centrarán de preferencia en las reacciones de éstos a su entorno. De los niños, a partir del año, interesa principalmente evaluar la manera en que el niño y el cuidador (madre o padre) interactúan, sobre todo, en situaciones en donde éstos intentan responder a las necesidades del niño o cuando está frustrado o contrariado. En los niños de dos años y medio hasta siete años, la observación se focalizará en el comportamiento que éstos presentan en la interacción con el padre o la madre. Para los niños mayores de siete se explorarán sus representaciones y vivencias que tienen de sus cuidadores más significativos, a través de una entrevista.

No dejamos de insistir en que todo profesional que se implique en tareas de observar participativamente a un niño o niña, a fin de evaluar algo tan complejo como son sus relaciones afectivas, tenga conocimiento sobre el desarrollo normal de un niño o una niña en sus diferentes edades. Este conocimiento es necesario, sobre todo, porque los bebés y lactantes evolucionan y cambian de una forma muy rápida en el primer año de vida. Así, por ejemplo, lo que es normal al mes o al segundo mes constituirá un signo de perturbación grave al cuarto u octavo mes. En lo posible, la evaluación deberá ser el resultado de varias observaciones o, si esto no es posible, deberá intentarse, por lo menos, comparar lo observado con lo registrado en informes de otros observadores fiables. En esta primera parte de la evaluación se propondrán pautas diferentes de examen según la edad de los niños: en esta sección se entregan elementos para investigar las características predominantes, tanto en el ámbito cuantitativo como cualitativo, de la relación entre el cuidador (madre o padre) y el niño o la niña. Una parte importante de este examen está orientada hacia una estimación clínica de la calidad de la vinculación entre padres e hijos.

El examen evalúa la calidad de la relación de los niños con sus padres o cuidadores, según cuatro grupos de edades:

1.2.A. Valoración de la calidad de las relaciones de padres con bebés de cero a doce meses.
1.2.B. Valoración de la calidad de las relaciones de los padres con sus hijos de doce meses a dos años y medio.
1.2.C. Valoración de la calidad de las relaciones de los padres con sus hijos de dos años y medio a cinco años.
1.2.D. Valoración de la calidad de las relaciones de los padres con sus hijos de más de cinco años.

Evaluación de la sección 1.2.A
Valoración de la calidad de las relaciones de los bebés de cero a doce meses con sus padres o cuidadores (ficha 5).

Esta parte del examen está dirigida a examinar, a través de una observación participante, los comportamientos de los lactantes como indicadores de la calidad de la relación de sus padres con ellos. A diferencia de los niños mayores de un año, aquí no utilizaremos la observación directa y orientada de los procesos de apego, pues éste está todavía en vías de formación. Podemos hablar aquí de una observación indirecta de este proceso, a través de los indicadores indirectos que nos entrega la observación de los bebés. En caso de que se estime conveniente, es recomendable que el examinador o la examinadora puedan gozar de la ayuda de una persona con más conocimientos en el desarrollo normal de los bebés. Por ejemplo, si es un educador quien realiza la observación, puede ser asesorado por un psicólogo o una psicóloga con experiencia en psicología infantil.

Para este examen se propone observar comportamientos que corresponden a seis de las áreas más predominantes del desarrollo de un bebé, con la figura de apego primaria o a cuidador o cuidadora principal.

Área 1. La reacción del bebé a su entorno en los estados de vigilia.
Área 2. El seguimiento visual.
Área 3. La desviación de la mirada.
Área 4. Ofrecer los brazos.
Área 5. Los signos de sufrimiento en presencia de un adulto significativo.
Área 6. La capacidad de vocalizar y de reaccionar a las vocalizaciones de otras personas.

Evaluación de la sección 1.2.B
Valoración de la calidad de las relaciones de los niños de edades comprendidas entre uno y dos años y medio con sus padres o cuidadores (fichas 6, 7 y 8).

Metodología

El instrumento de examen en esta sección 1.2.B será la observación directa de la relación de los padres con sus hijos, dirigiendo nuestra atención a los comportamientos infantiles frente a diferentes situaciones creadas por el examinador/a. Para ello se observará el comportamiento de los niños en situaciones que pueden ser similares a la Situación Extraña, propuesta por Ainsworth y Bell (1970) que ya ha sido descrita antes en este libro. Lo observado será comparado con una lista de premisas propuestas y el resultado permitirá hacerse una idea de la calidad del apego y, por ende, del tipo de relación hijos y madre o padre.

Los diferentes pasos de este examen tienen como eje *la observación participante* de las reacciones de los hijos a sus padres en una situación donde éstos se sientan cómodos. Se deben realizar, como mínimo, dos sesiones de observación para evitar sacar conclusiones de situaciones atípicas. Se trata de reunir en un local adecuado al niño con uno de sus padres (primero, la figura principal de apego, en general, la madre; luego, el otro) y el profesional examinador.

Fases del examen

1) *Antes de la separación (encuentro de todos los participantes)*:
En el primer momento, se reúnen todos los implicados (madre, padre, niño); para permitir que éste se adapte a la situación, se hacen las primeras observaciones sobre la relación entre el niño o la niña y su progenitor o progenitora, la relación con el extraño (investigador) y con el entorno (capacidad de exploración). Se eligen y subrayan las descripciones propuestas en los cuadros que mejor coincidan con lo observado.
2) *El momento de la separación*:
Se solicita que uno de los progenitores abandone la sala, dejando al niño o a la niña solos con el examinador. Se observan las reacciones del niño o de la niña en el momento de la partida.
3) *El momento del retorno del progenitor (donde todos se reencuentran)*:
Como en la primera fase, en esta segunda y en la tercera también, se eligen las descripciones propuestas que mejor correspondan con lo observado.

Nota: *Antes de concluir con un resultado definitivo, se debe repetir, por lo menos una vez más, el examen; de preferencia, otro día para estar seguros de que las descripciones de los comportamientos elegidos corresponden realmente al modo corriente de interacción de hijos y padres. Por otra parte,* usted podría comparar sus propias observaciones con las de otros observadores válidos, por ejemplo, padres de acogida, educadores, profesionales de salud e, incluso, otros miembros de la familia.

Instrucciones

Paso 1: En las siguientes fichas se proponen diferentes descripciones de comportamientos posibles que pueden caracterizar la interacción entre los hijos y sus padres. Estos comportamientos han sido distribuidos en cuatro grupos (I, II, III, IV). El examinador o la examinadora deberán marcar con una cruz las descripciones que les parezcan las más coincidentes con sus observaciones.

Paso 2: Se suma el número de descripciones seleccionadas en cada sección y se obtiene aquella que, al contar con el número más elevado de descripciones marcadas, indica el modelo predominante de relación niños o niñas y madre o padre.

Paso 3: Se compara el resultado con lo descrito al final de las fichas.

Pautas para la interpretación de los resultados de la sección 1.2.B

1) *Una mayoría de puntos para el grupo I*: si la mayoría de las observaciones corresponden a lo enunciado en la columna I, indica, con mucha probabilidad, que el tipo de vinculación entre el niño o la niña con los padres o cuidadores corresponde a un *apego seguro (tipo B)*. Esto supone una relación positiva cuidador/cuidadora y niño/niña; por lo tanto, un indicador de competencias parentales *suficientemente adecuadas*, de las que resultará un desarrollo suficientemente sano para el niño o la niña.

2) *Una mayoría de puntos para el grupo II*: si la mayoría de las observaciones corresponden a lo enunciado en la columna II, indica que el tipo de vinculación más probable sea un *apego inseguro, ansioso-ambivalente (tipo C)*. Esto supone que el cuidador o los cuidadores han estado con mucha frecuencia preocupados y ansiosos. Presentan di-

ficultades para manejar la agresividad o presentan trastornos depresivos. Por éstas y otras razones es probable que hayan sometido a sus hijos a momentos de separación. Ello ha contaminado las relaciones con sus hijos y, por lo tanto, ha afectado negativamente la constitución de los vínculos de apego de éstos. En este caso, la relación es menos sana porque conlleva más riesgo de tensiones para el niño o la niña y, por consiguiente, riesgo también en su desarrollo. Los padres involucrados en este tipo de apego pueden presentar problemas en el ejercicio de su función parental. Ellos pueden presentar grados moderados de incompetencia parental, en general. No todos los niños víctimas de este tipo de apego ansioso-ambivalente presentarán problemas graves, pero un porcentaje podrá presentar una tendencia a comportamientos ansiosos o de oposición con sus padres o los adultos de su entorno.

3) Una mayoría de puntos para el grupo III: si la mayoría de las observaciones coinciden con los postulados de la columna III, estamos en presencia de un *apego inseguro de tipo evitativo (tipo A)*. Esto significa, con toda probabilidad, que los padres o los cuidadores han descuidado, grave y crónicamente a sus hijos o hijas, lo que ha llevado a éstos a replegarse sobre sí mismos y desarrollar un modelo relacional caracterizado por el miedo y la desconfianza. Además, se puede suponer la existencia constante de tensiones en las relaciones familiares con una alta probabilidad de violencia conyugal o de maltrato físico y psicológico de los hijos.

Este modo de apego es un indicador de dificultades e incompetencias en el ejercicio de la función parental. Los padres o cuidadores presentan en estos casos grados moderados y, a veces severos, de incompetencia parental y, a menudo, de evolución crónica.

Puede ser que algunos niños, confrontados con este modo de vinculación, no muestren trastornos importantes, pero la mayoría de ellos presentarán diferentes formas de sufrimiento infantil manifestado por comportamientos agresivos y provocadores, dificultades de aprendizaje, retrasos del desarrollo, dificultades de relación, entre otros.

4) Una mayoría de puntos para el grupo IV: si la mayoría de las observaciones coinciden con los postulados de la columna IV, estamos en presencia de un modo de relación adulto y niño o niña caótico y desorganizado que corresponde a lo que ha sido descrito como *apego desorganizado*.

La existencia de este tipo de patrón supone que el cuidador o cuidadora presenta problemas graves en la relación con su hijo o hija; seguramente los descuida o los maltrata física o psicológicamente, existiendo riesgo de abusos sexuales. Por lo tanto, este tipo de apego es un indicador de incompetencia parental severa y, lo más probable, crónica. Todos los niños víctimas de este tipo de apego presentan trastornos importantes en su desarrollo, así como diferentes manifestaciones actuales de sufrimiento y daño. Estos niños corresponden generalmente a hijos de padres que, a su vez, presentan múltiples problemas y carencias. Muchos de ellos son miembros de familias multiproblemáticas y multicarenciadas.

Estos niños y niñas son atendidos, con frecuencia, por los servicios de protección infantil y, cuando son detectados tardíamente o ayudados inadecuadamente, presentan manifestaciones psicotraumáticas severas, trastornos conductuales y de aprendizaje, también severos, que en muchas ocasiones, en la preadolescencia y en la adolescencia, pueden expresarse por trastornos psicopatológicos severos, depresión, psicosis, consumo de drogas, agresiones físicas y sexuales.

Evaluación de la sección 1.2.C
Valoración de la calidad de las relaciones de los niños de edades comprendidas entre dos años y medio y siete años con sus padres o cuidadores (fichas 9 a 13).

Metodología

El instrumento de examen en esta sección 1.2.C será la observación directa de la relación de los padres con sus hijos, dirigiendo nuestra atención a aquellos comportamientos infantiles que, por su contenido, nos pueden permitir evaluar la calidad de los aportes que los padres entregan a sus hijos, quienes, por sus edades, están adquiriendo niveles progresivos de autonomía.

Las diferentes etapas de este examen tienen también como eje *la observación participante,* en la que se dirige la atención a los comportamientos que presentan los niños en las interacciones naturales con uno o ambos padres. La observación deberá permitir evaluar el modo en que los padres también responden e interactúan con sus hijos, si aseguran una relación de calidad con sus hijos, en esta fase evolutiva.

Para organizar la observación se propone el examen de cinco áreas relacionales:

Área 1: **La regulación de la distancia**: es decir, la forma en que el niño o la niña definen la relación con sus padres para mantenerse junto a ellos, al mismo tiempo que se permiten explorar el mundo que los rodea.

Área 2: **La orientación del cuerpo**: se trata de observar cómo el niño o la niña utilizan sus cuerpos para asegurar una relación de proximidad con sus progenitores o, al contrario, para protegerse a través de la postura corporal de una probable amenaza de éstos.

Área 3: **El contenido y la forma de los diálogos de los niños con sus padres**: la forma y el contenido de los diálogos espontáneos de los niños con sus padres son indicadores útiles para evaluar la seguridad y confianza que los padres están aportando a sus hijos.

Área 4: **El clima o ambiente emocional**: éste es un indicador importante de la tendencia general de los padres a tratar bien a sus hijos o, al contrario, a hacerles daño. El ambiente emocional nos señala la tendencia al «afinamiento» o al «desafinamiento afectivo» existente entre los padres y sus hijos.

Área 5: **Las reacciones de los niños en el reencuentro con sus padres después de momentos de separación**: éstas indican el grado de seguridad de base que los padres han podido, o no, procurar a sus hijos a partir de sus competencias.

Instrucciones

Paso 1: En las siguientes fichas se proponen diferentes descripciones de comportamientos posibles que pueden caracterizar la interacción entre los padres y sus hijos. Estos comportamientos han sido clasificados en cuatro grupos (I, II, III, IV). El examinador o la examinadora deberán marcar con una cruz las descripciones que le parezcan las más coincidentes con sus observaciones.

Paso 2: Sumar el número de descripciones seleccionadas en cada columna. Realizar esta operación para cada área (fichas 9 a 13).

Paso 3: Completar el cuadro de los resultados para obtener el modelo predominante de relación del niño o la niña con su cuidador o cuidadora.

Paso 4: Concluir cuál es el modelo predominante de relación del niño o de la niña con el cuidador o cuidadora.

Pautas para la interpretación de los resultados de la sección 1.2.C

1) *Una mayoría de puntos para el grupo I*: si la mayoría de las observaciones corresponden a lo enunciado en la columna I, indica, con mucha probabilidad, que el tipo de vinculación del niño/a con su cuidador/a corresponde a un *apego seguro (tipo B)*. Esto supone una relación cuidador y niño/a positiva y, por lo tanto, un indicador de competencias parentales *suficientemente adecuadas*, de las que resultará un desarrollo suficientemente sano para el niño o la niña.

2) *Una mayoría de puntos para el grupo II*: si la mayoría de las observaciones corresponden a lo enunciado en la columna II, indica que el tipo de vinculación más probable sea un *apego inseguro, ansioso-ambivalente (tipo C)*. Esto supone que los cuidadores han estado con mucha frecuencia preocupados y ansiosos. Presentan dificultades para manejar la agresividad y/o presentan trastornos depresivos. Por éstas y otras razones es probable que hayan sometido a sus hijos a momentos de separación. Esto ha contaminado sus relaciones con sus hijos y, por lo tanto, ha afectado negativamente la constitución de los

vínculos de apego de éstos. En este caso la relación es menos sana, porque conlleva más riesgo de tensiones para el niño y, por ende, de trastornos de su desarrollo. Los padres involucrados en este tipo de apego pueden presentar problemas en el ejercicio de su función parental. Ellos pueden presentar grados moderados de incompetencia parental. No todos los niños víctimas de este tipo de apego ansioso-ambivalente presentarán problemas graves, pero un porcentaje importante podrá presentar una tendencia a comportamientos ansiosos o de oposición con sus padres o adultos de su entorno.

3) Una mayoría de puntos para el grupo III: si la mayoría de las observaciones coinciden con los postulados de la columna III, estamos en presencia de un: *apego inseguro evitativo (tipo A)*. Esto significa, probablemente, que los padres o los cuidadores han descuidado gravemente y crónicamente a sus hijos, lo que ha llevado a éstos a replegarse sobre sí mismos y desarrollar un modelo relacional caracterizado por el miedo y la desconfianza. Además, se puede suponer la existencia constante de tensiones en las relaciones familiares, con una alta probabilidad de violencia conyugal o de maltrato físico y psicológico de los hijos.

Este modo de apego es un indicador de dificultades e incompetencias en el ejercicio de la función parental. Los padres o cuidadores presentan en estos casos grados moderados y, a veces, severos de incompetencia parental, a menudo de evolución crónica.

Puede ser que algunos niños, confrontados con este modo de vinculación, no manifiesten trastornos importantes, pero la mayoría de ellos presentan diferentes formas de sufrimiento infantil, que se manifiesta con comportamientos agresivos y provocadores, dificultades de aprendizaje, retrasos del desarrollo y dificultades de relación, entre otros aspectos.

4) Una mayoría de puntos para el grupo IV: si la mayoría de las observaciones coinciden con los postulados de la columna cuatro, estamos en presencia de un modo de relación adulto y niño/a caótico y desorganizado que corresponde a lo que ha sido descrito como *apego desorganizado*.

La existencia de este tipo de patrón supone que el cuidador o los cuidadores presentan problemas graves en la relación con sus hijos; seguramente los descuidan o les maltratan física o sexual o psicológicamente. Por lo tanto, este tipo de apego es un indicador de incompetencia parental severa y crónica. Todos los niños víctimas de este tipo de apego presentan trastornos importantes en su desarrollo, así como diferentes manifestaciones actuales de sufrimiento y daño. Estos niños corresponden, por lo general, a hijos de padres quienes, a su vez, presentan múltiples problemas y carencias y son muchas veces miembros de familias multiproblemáticas y multicarenciales.

Estos niños son los atendidos con frecuencia por los servicios de protección infantil y, cuando son detectados tardíamente o ayudados inadecuadamente, presentan graves problemas de conducta y aprendizaje, trastornos psicotraumáticos, que en muchas ocasiones y, sobre todo en la preadolescencia y en la adolescencia, se expresarán por trastornos psicopatológicos severos, como depresión, psicosis, consumo de drogas, agresiones físicas y sexuales o conductas autolesivas.

Evaluación de la sección 1.2.D

Valoración de la calidad de las relaciones de los niños mayores de siete años con sus padres o cuidadores. Valoración de las relaciones familiares (ficha 14).

Introducción

A partir de los cuatro o cinco años, las características predominantes de las relaciones entre los niños y sus padres u otros cuidadores están, a menudo, influenciadas por un conjunto de actitudes y comportamientos resultado de las interacciones cotidianas que se han producido durante años entre los diferentes miembros de la familia. Las modalidades de adaptación del niño o de la niña a las diferentes situaciones de malos tratos es un ejemplo de los factores que pueden hacer pensar en un bienestar aparente de las relaciones familiares. Por ejemplo, un niño de cinco años o más puede querer estar o volver con su madre o su padre, a pesar de que lo hayan maltratado gravemente. Esto debe entenderse, más bien, como una manifestación de sus necesidades de apego y pertenencia, pero, en ningún caso, como un indicador de competencia parental.

En esta sección proponemos una lista de preguntas destinadas, en primer lugar, a facilitar un proceso de conversación con los niños y, en segundo lugar, a explorar las vivencias de éstos hacia sus cuidadores más significativos.

Es importante que el examinador o la examinadora recuerden siempre que la finalidad de esta Guía de Evaluación es ser un instrumento que facilite la realización de un examen clínico en forma estructurada y coherente. Por lo tanto, los resultados obtenidos con esta listas de preguntas son sólo una aproximación a la vivencia del niño o de la niña con relación a sus cuidadores en un momento y en un contexto determinados. La información obtenida, sumada a otras, nos permite acercarnos al mundo del infante protegiéndonos del riesgo de nuestras interpretaciones adultistas.

Como todos los instrumentos que forman parte de esta Guía, esta lista de preguntas es una herramienta clínica que nos ayuda a plantear hipótesis que deben ser contrastadas con otras informaciones que la Guía nos ha entregado, así como con toda otra información sobre el niño o la niña y su contexto de vida.

Por último, debemos recordar que en los niños que examinamos, al encontrarse en una posición de inestabilidad y de «ser observados», sus respuestas pueden cambiar de un encuentro a otro, puesto que sus sentimientos también pueden variar o, en otros casos, intentarán camuflar o cubrir sus verdaderos sentimientos en relación con sus cuidadores, influenciados por sus expectativas, ilusiones, mentiras de sus cuidadores, presiones y chantajes de todo tipo, etcétera.

El examinador o la examinadora deberán tener siempre en cuenta que los niños podrían haber vivido durante años bajo las amenazas de sus progenitores, que les obligaban a guardar silencio y mantener en secreto lo que pasaba en la familia, al mismo tiempo que, a través de los mensajes acusadores y culpabilizantes, los han hecho responsables y culpables de los malos tratos.

Metodología

La metodología del examen consiste en presentar al niño/a una serie de preguntas en la que éste/a deberá elegir a qué persona de su entorno familiar y social hacen referencia, ya sea positiva o negativamente. El niño/a puede responder nombrando a la persona o indicando una tarjeta con su nombre. El uso de las tarjetas, por un lado, permite al niño y al examinador seleccionar previamente a dos o más cuidadores principales en la vida del niño, así como otras personas significativas de su contexto de vida. Por otro lado, permite incluir una tarjeta con el nombre de señor/señora Nadie, en caso de que alguna pregunta no haga referencia a ninguno de los cuidadores. Esta metodología es una adaptación de la técnica realizada por James Anthony (1985) para explorar en los niños sus percepciones sobre las interacciones familiares. Aunque las respuestas a este cuestionario no nos permiten concluir con absoluta certeza la vivencia real del niño hacia esas personas, sí nos pueden dar pistas para nuestra hipótesis.

Nunca insistiremos demasiado sobre la necesidad de que el examinador comprenda y conozca las dificultades relacionales en que los niños se encuentran. Esto implica una formación y un trabajo personal para aceptar el horror invisible e impensable de los diferentes tipos de maltrato, así como de las diferentes manifestaciones del sufrimiento infantil provocado por esas experiencias. El niño/a sólo tendrá posibilidades de acercarse a la realidad de lo vivido si se le ofrece una relación de seguridad basada en la autenticidad, la empatía y el respeto. En esta parte del examen, como en todas las otras, el resultado dependerá de la calidad de la relación que el investigador/a sea capaz de ofrecer, así como de la posibilidad de contar con el tiempo necesario pare este examen. Las preguntas de este cuestionario pueden dividirse y ser incluidas en dos encuentros diferentes con el niño, eso permitirá aclarar ciertas respuestas de un primer encuentro.

Instrucciones

Esta parte del examen tiene como objetivo explorar la calidad del apego de niños mayores de cinco o siete años, según se estime conveniente, en especial, con sus cuidadores principales, sus progenitores, pero también con otras personas significativas para ellos, de su familia o de su entorno social. En la aplicación del cuestionario sólo están presentes el niño o la niña y el examinador o la examinadora.
El procedimiento es el que sigue.

Paso 1: Después de presentarse, dígale que usted ha preparado una actividad para conocerlo/a mejor. Para ello puede ir explicando de qué se trata, siguiendo los pasos de este procedimiento.

Paso 2: Nombre, con la ayuda del niño/a, a las personas que son parte de su familia (si el niño/a omite a alguien, recuérdeselo, pero registre posteriormente este hecho). Dé la oportunidad al niño/a de agregar a este grupo selecto otras personas que le parezcan significativas de su entorno familiar o social.

Paso 3: Invite al niño/a a que le ayude a escribir en pequeñas tarjetas (tamaño presentación) los nombres de ese grupo selecto o dibuje sus siluetas. Asigne una tarjeta por persona hasta un máximo de cinco. Luego explique al niño/a que agregará otra, con el nombre de «señor/señora Nadie», al set de tarjetas y, luego espárzalas, sobre la mesa. Así el niño/a podrá también optar por esta tarjeta como respuesta.

Paso 4: Explique al niño/a que usted le hará una serie de preguntas que deberá responder con una de las tarjetas. Poner, como ejemplo: «Si yo te pido que me digas quién dice las cosas más divertidas, ¿quién dirías tú que es: tu mamá, tu papá, tu hermano, el marido de tu mamá, el Sr. o la Sra Nadie?». Si el niño/a responde: «yo», registre su respuesta, señalando con un punto ese ítem, y vuelva a preguntar: «¿Quién más?». Si el niño/a nombra a más de una persona, se le pedirá a cuál de ellas pone en primer lugar. (Se registrarán todas las respuestas y el orden de prioridad.) Si el niño no quiere responder, pase a otra pregunta y déjelo para más tarde; también puede ofrecer un descanso e intentar continuar. Si el niño continúa negándose, no insista y registre su impresión de la observación. Por el contrario, si el niño/a agrega detalles o argumenta su respuesta, permítaselo, porque eso enriquecerá el intercambio y la exploración.

Paso 5: Haga al niño/a las diferentes preguntas propuestas en la ficha y anote sus respuestas. Las preguntas, precedidas por un número, están dirigidas a obtener información sobre la calidad de la relación. Las preguntas, precedidas por una letra, están destinadas a provocar una discontinuidad en el interrogatorio para prevenir que el niño responda mecánicamente.

Paso 6: Agrupe las respuestas obtenidas, considerando las dimensiones evaluadas de los ítems de la entrevista. Usted puede, por ejemplo, poner la letra M (madre), sobre el número del ítem y, así, distinguir cuáles y cuántas dimensiones positivas y negativas están asociadas con esta persona.

Paso 7: Anote los resultados e interprételos con las precauciones señaladas en la introducción.

Pautas para la interpretación de los resultados de la sección 1.2.D

El cuestionario pretende explorar la calidad de las relaciones familiares en los niños mayores de cinco o siete años, según se estime conveniente. Las preguntas intentan explorar las representaciones y percepciones que tiene el niño/a de sus cuidadores, ya sean positivas o negativas. Se espera que el resultado de este cuestionario sea concordante con la hipótesis que se haya formulado y apoye el resto de la información ya obtenida a través de los padres o cuidadores. Sin embargo, puede que esto no ocurra. En ese caso, si el resultado refleja percepciones positivas de uno o más cuidadores que no concuerdan con el resto de la información obtenida de la Guía, quizá se podría pensar en la dificultad que tiene el niño/a de ver su realidad tal cual es, o también en su necesidad de proteger y no traicionar a sus figuras parentales. Toda esta información puede ser relevante.

1. Percepciones positivas:
   A) Seguridad, protección: 5, 22, 27, 34
   B) Cuidados: 2, 4, 19, 20
   C) Accesibilidad/Disponibilidad: 12, 25, 35
   D) Afecto, comprensión, confianza: 17, 24, 26, 29, 31, 33
   E) Placer/ Experiencia lúdica: 1, 3, 8, 11, 21
2. Percepciones negativas:
   F) Rabia/: 6, 9, 13, 18
   G) Intromisión: 28, 32
   H) Distancia/Desconfianza: 7, 10, 14, 15
   I) Debilidad: 16, 23, 30

Unidad de evaluación 2
Evaluación de la empatía

2.1) ANÁLISIS DE LA VIVENCIA DEL EVALUADOR O EVALUADORA EN SU INTERACCIÓN CON LOS PADRES. FICHA 15.
2.2) EVALUACIÓN DE LAS CAPACIDADES EMPÁTICAS DEL ADULTO POR MEDIO DEL EXAMEN DE SUS NIVELES DE IMPULSIVIDAD Y AUTOCONTROL. FICHA 16.
2.3) EVALUACIÓN DE LAS CAPACIDADES EMPÁTICAS POR MEDIO DE LA OBSERVACIÓN PARTICIPANTE (ADAPTACIÓN DEL IRI). FICHA 17.
2.4) EVALUACIÓN DE LAS CAPACIDADES DE LOS PADRES PARA ACEPTAR LA RESPONSABILIDAD EN LO QUE ACONTECE A SUS HIJOS. FICHA 18.

Introducción

La capacidad de una persona para manejar su mundo emocional, poniéndolo al servicio de relaciones interpersonales constructivas, corresponde a lo que se conoce hoy como inteligencia emocional. El ejercicio de la parentalidad requiere este manejo emocional; por lo tanto, para ser una madre o un padre suficientemente adecuados hay que tener suficiente inteligencia emocional. Esto implica la capacidad de poder reconocer las emociones propias, es decir, poder discriminar en qué registro emocional se está funcionando, por ejemplo, el del miedo, la rabia, la tristeza, la alegría, etcétera. El otro componente de esta inteligencia es poder aceptar las emociones como naturales para, luego, canalizarlas constructivamente mediante comportamientos y discursos que las apacigüen. Esto forma parte, a su vez, del complejo proceso de conocerse a sí mismo y de tener una vivencia positiva consigo mismo, es decir, una autoestima elevada. El aprendizaje del manejo constructivo de las emociones, elemento fundamental de la inteligencia emocional, depende de la forma en que el niño/a es tratado/a por los adultos significativos que lo/la rodean. La forma en que los padres tratan a sus hijos desempeñará un papel fundamental en este aprendizaje en la medida en que éstos, en sus interacciones con sus hijos, estén continuamente enviando mensajes de aceptación o de rechazo sobre lo que el niño/a siente, piensa o hace. Si la práctica parental es de buenos tratos, el niño/a recibirá principalmente mensajes de aceptación, entre otros, de su experiencia emocional y, por lo tanto, más posibilidades tendrá de conocerse emocionalmente.

La empatía es otro de los componentes de la inteligencia emocional y un recurso indispensable para el ejercicio de una parentalidad sana. La empatía es la capacidad de comprender las emociones de los demás y de poder responder en consonancia con estos sentimientos. En otras palabras, la empatía es la capacidad de *ponerse en los zapatos del otro*, manejando sus propias emociones e impulsos para enviar un mensaje de comprensión y de reconocimiento de la legitimidad del otro.

Por lo tanto, la capacidad empática de una madre o de un padre está íntimamente relacionada con la capacidad de reconocer, aceptar y manejar sus emociones, lo que, al mismo tiempo, le abre el camino para comprender y manejar las vivencias emocionales de sus hijos. El ejercicio de una parentalidad sana está en estrecha relación con la adquisición de esta capacidad. Ello permite a una madre o un padre no sólo comprender o aceptar el mundo emocional de sus hijos, sino, además, manejar sus propias emociones e impulsos para responder adecuadamente a sus necesidades.

Como ya ha sido tratado en la primera parte de este libro, diferentes investigaciones han mostrado la relación estrecha entre el desarrollo de la empatía y la experiencia, en la infancia temprana, de una relación de apego sano y seguro.

Daniel Stern y otros investigadores se han interesado por los minúsculos y repetidos intercambios de comunicación que tienen lugar entre los padres y sus bebés, en los procesos de apego sano. Estas observaciones han demostrado que el aprendizaje fundamental de la empatía tiene lugar en esos momentos de íntima proximidad. Los momentos clave son aquellos en los que el niño/a constata que sus emociones son captadas, aceptadas y correspondidas por el adulto. A este proceso Stern lo denomina «sintonización» (Stern, 1988). A través de este proceso la madre transmite a su bebé la sensación de que ella sabe cómo él se siente. Un ejemplo de esto se observa cuando un bebé llora y la madre lo toma, casi de inmediato, y lo consuela hablándole con un tono de voz y con gestos, en sintonía con lo que le parece que es la emoción que produce el llanto, que puede ser la tristeza, el miedo u otra emoción. Se trata del mismo caso, cuando un bebé emite suaves chillidos de goce y la madre confirma su alegría haciéndole cariños, arrullándolo o imitando sus sonidos.

Este tipo de interacciones, en los que la respuesta de la madre se ajusta al nivel de excitación emocional del bebé, proporciona al niño la reconfortante sensación de hallarse emocionalmente conectado y comprendido por su madre. Por lo tanto, es la continua exposición a momentos de armonía o de desarmonía emocional entre los padres, fundamentalmente la madre, y el bebé lo que permitirá, o no, el desarrollo de la *empatía*. A través de la repetición de momentos de sintonía emocional, el niño desarrolla la sensación de que los demás pueden y quieren compartir sus emociones y sentimientos.

Esta sensación será la base para adquirir la habilidad recíproca, es decir, la de adaptar sus emociones y su comunicación para ofrecer al otro una sensación de aceptación y comprensión. Cuando un niño ha conocido una relación de apego sano y seguro, que le ha permitido vivir la experiencia de «sintonización», tendrá todas las posibilidades de sentirse emocionalmente comprendido y, en consecuencia, desarrollará la capacidad de ponerse en el lugar del otro, es decir, será empático. Y, además, será la base de su altruismo que le permitirá, a su vez, ya como joven y adulto, manejar sus emociones, impulsos y pulsiones para no dañar a nadie y, en el caso de sus relaciones significativas, cuidar de los otros para ser cuidado.

Diferentes autores se han ocupado del progreso de la empatía en el desarrollo infantil, cuando el contacto relacional es de un apego sano y seguro y la interacción emocional predominante es la de la sintonización. Ya los bebés se muestran afectados cuando oyen el llanto de otro niño. Esta reacción ha sido considerada como el primer signo de empatía (Goleman, 1996).

Otros ejemplos se encuentran en la más temprana infancia, cuando los niños o las niñas han conocido una historia de buenos tratos. Por ejemplo, una niña de sólo nueve meses que ha sido bientratada, al ver caer a otro niño, le pueden aflorar lágrimas de sus ojos y buscar refugio en el regazo de su cuidadora buscando consuelo como si fuera ella misma quien se hubiera caído. Un niño, entre quince y dieciocho meses, puede ofrecer su peluche a su amigo que llora de tristeza u ofrecerle su chupete.

Después del primer año, cuando los niños bientratados han afianzado la noción de sí mismos y se viven como una entidad separada de los demás, tratan de calmar de un modo más activo el desconsuelo de otro niño, ofreciéndole un juguete u otro objeto importante para ellos. A la edad de dos años, los niños comenzarán a comprender que los sentimientos ajenos son diferentes a los propios y, así, se vuelven más sensibles a las indicaciones que les permiten conocer cuáles son realmente los sentimientos de los demás. En ese momento, pueden comenzar a controlar sus impulsos para ayudar a un niño que llora, por algo que ha sucedido entre ellos, y acercarse a él para consolarlo.

En fases más tardías de su desarrollo, si las condiciones familiares, sociales y culturales lo han fomentado, los niños pueden alcanzar un nivel más avanzado de empatía. En este caso, son capaces de percibir el malestar del otro, más allá de la situación inmediata y comprender que determinadas situaciones personales o vitales pueden hacer sufrir a un semejante, lo que constituye la base del respeto por los que son más débiles y más vulnerables que él.

Esta experiencia es, a la vez, la base del compromiso social con los más pobres, los oprimidos, los minusválidos, etcétera, pero también de la capacidad de sentirse responsable de sus comportamientos para controlarlos, si éstos pueden ocasionar daño a alguien subordinado o dependiente de él. La empatía, así desarrollada, es lo que protege a la mayoría de los adultos humanos de hacer daño a sus crías, facilitando dominios emocionales que les predispone a cuidarlas y protegerlas.

Por desgracia, las historias de vida y las historias familiares de la mayoría de los padres que maltratan a sus hijos no los predispusieron para que desarrollaran esta empatía. Cuando los padres son incapaces de sintonizar emocionalmente con sus hijos, es decir, presentan trastornos de la empatía, no controlan ni sus impulsos ni sus comportamientos, creando situaciones muy abrumadoras para los niños. Además, si esto se repite continuamente, el niño/a tendrá, a su vez, serias dificultades para aprender a manejar sus emociones y desarrollar empatía. Cuando los padres fracasan reiteradamente en mostrar empatía hacia una determinada gama de emociones de su hijo, sea la risa, el llanto, la necesidad de ser abrazado, etcétera, éste dejará de expresar e, incluso, dejará de sentir este tipo de emociones. Es muy posible que, de este modo, muchas emociones comiencen a desvanecerse de su repertorio organísmico y, por ende, no sea capaz de reconocerlas en los ámbitos relacionales; una vez adulto, como padre o madre, no pueda tampoco reconocer y respetar las emociones de sus hijos.

Por lo tanto, el precio de la falta de empatía de los padres hacia sus hijos puede ser muy alto para el desarrollo de competencias parentales. La mayoría de los padres, que descuidan y maltratan a sus hijos, son a su vez hijos de padres que presentaban trastornos de la empatía. Carentes de esa capacidad, no pueden colocarse en el lugar de sus hijos como sujetos y, por lo tanto, carecen de ese freno fundamental de sus pulsiones e impulsos. Sentir con otro es cuidar de él y, en este sentido, lo contrario de la empatía es la negligencia, los malos tratos, en general, los abusos sexuales. Con esta perspectiva, también podemos afirmar que la empatía es el componente emocional de la ética y, también, de la moral.

El hecho de poder ponerse en la piel de una posible víctima, el hecho de poder compartir la angustia de quienes sufren, de quienes están en peligro, es lo que no sólo protege al sujeto de su propia violencia, sino que, además, lo impulsa a ayudarlo, cuidarlo, protegerlo. Por lo tanto, la parentalidad sana y competente depende de esta capacidad empática, porque es la base del altruismo familiar y social.

Evaluación de la sección 2.1
Análisis de la vivencia del evaluador o evaluadora en su interacción con los padres (ficha 15).

Metodología

Esta parte del examen proporciona un marco de referencia para analizar las capacidades empáticas de los padres, así como los recursos que tienen para manejar su impulsividad en función de la presencia de los niños y sus tareas como padres. Si estas capacidades son eficaces, ellas permitirán al adulto colocarse en el lugar de sus hijos y encontrar una solución interna o negociada con ellos a los problemas que la parentalidad les plantea. Cuando esto no es posible, los padres presentan una tendencia a reaccionar con frecuencia a las tensiones y al estrés, inherentes a la función parental, con reacciones impulsivas para controlar la situación o manifestaciones emocionales exageradas e imprevistas, expresiones de un mal manejo de sus sentimientos.

Instrucciones

Para realizar esta parte del examen, el examinador/a dirigirá de tanto en tanto su atención a sus vivencias provocadas por el diálogo con la madre o el padre. Si bien es cierto que esto no mide exactamente la empatía de los cuidadores, es un indicador indirecto de ésta, ya que toda relación es un proceso circular que da informaciones sobre las habilidades empáticas de los participantes en ella.

Se deberá elegir cuál de las descripciones propuestas corresponde con mayor fidelidad a sus vivencias en la interacción con el padre y/o la madre.

Pautas para la interpretación de los resultados de la sección 2.1

- Si su vivencia se ha parecido a lo anunciado en la posibilidad A, puede ser un indicador de que su interlocutor/a presente un trastorno grave de empatía. Es probable que no pueda colocarse en el lugar del otro. Si usted, como adulto, lo ha vivido así, imagínese cómo puede ser para los niños. Después de considerar los factores ligados con la entrevista, que pueden explicar en parte lo ocurrido, confronte estos resultados con las informaciones recogidas en otras secciones del examen.
- Si su vivencia corresponde a lo anunciado en la posibilidad B, es probable que su interlocutor/a tenga una gran dificultad de ser empático/a, porque su historia personal lo/la condiciona a interpretar lo que usted dice o muestra sólo en función de sus propias experiencias emocionales, tanto del presente como del pasado. Confronte sus experiencias con los resultados de otras secciones de la Guía y, si existen otros elementos que confirman su vivencia, intente imaginar cómo puede ser la de los hijos de esa persona.
- Si su vivencia corresponde a la posibilidad C, es probable que su interlocutor/a tenga capacidades empáticas suficientemente adecuadas, pero que su historia de socialización no le permitiera desarrollar habilidades para comunicar con el otro, ni para actuar para calmar las emociones del otro, sobre todo cuando éstas son de preocupación, temor, sufrimiento o de rabia. Al comparar sus vivencias con los resultados de otras exploraciones, ponga atención si esto le ocurre también con sus hijos.
- Si su vivencia corresponde a la posibilidad D, y los interlocutores no han descuidado ni hecho daño intencionalmente a sus hijos, lo más probable es que sus interlocutores no tengan ningún problema con la empatía. Es casi seguro que su principal problema es de ser pobres y/o excluidos sociales y/o de ser víctimas de una catástrofe humanitaria/natural. Todo esto les impide, por una falta de recursos materiales, responder a las necesidades de sus hijos.

Evaluación de la sección 2.2
Evaluación de las capacidades empáticas del adulto por medio del examen de sus niveles de impulsividad y autocontrol (ficha 16).

Metodología

Esta área pretende evaluar la capacidad de control de un padre o de una madre en lo que se refiere a sus emociones, pulsiones e impulsos, en presencia de sus hijos. La lista de preguntas, presentadas a continuación, están destinadas a explorar su capacidad de controlarse en el contexto de una relación con un niño, así como sus habilidades para manejar la tensión y el estrés inherentes al desempeño de las funciones parentales.

Los padres, con poca capacidad de controlarse, tienen tendencia a «explotar» o a pasar al acto en una situación de tensión o estrés. Su falta de empatía y su escasa habilidad para manejar las emociones, que la situación les provoca, los conducen a encontrar una salida inmediata a lo que les molesta.

Por esta razón, por ejemplo, cuando un hijo pequeño llora y el padre o la madre no soporta su llanto, en vez de intentar comprender por qué el niño llora y proponer una solución al problema que lo hace llorar, lo pega o lo amenaza para hacerlo callar. Sus dificultades le impiden también pensar en pedir ayuda a alguien para encontrar otra opción a la de actuar hostilmente. Esta falta de control está muy a menudo asociada con malos tratos físicos y psicológicos.

Instrucciones

Paso 1: Anote frente a cada enunciado la puntuación directa, es decir, el número (del 1 al 5) que describa mejor lo observado. En el lado izquierdo de las celdillas dobles, escriba esta puntuación directa. Si no dispone de información, agregue NS (no lo sé).
Paso 2: Invierta la puntuación directa de los enunciados señalados (*c, d, e, f* y *j*) con doble celdilla, por ejemplo, 1 se invierte en 5 (*1-5;*

2-4; 3=), anotándola en el lado derecho de la celdilla y, luego, sume todas éstas con las demás puntuaciones directas, es decir, *a*, *b*, *j*, *h*, *i*, para obtener el resultado final.

Paso 3: Analice las puntuaciones (ya invertidas), siguiendo la pauta de interpretación de los resultados.

Pautas para la interpretación de los resultados de la sección 2.2

Puntuación máxima obtenida: 50 (*a mayor puntuación, mayor capacidad empática*)
Puntuación mínima obtenida: 10 (*a menor puntuación, menor capacidad empática*)

Nota: *Las siguientes observaciones están basadas en las puntuaciones ya corregidas, es decir, con la inversión de la puntuación de los enunciados ya realizada.*

- Las preguntas *a), b), c)* y *d)* están destinadas a hacerse una idea del tiempo que pasa entre el estímulo que molesta al adulto y el momento en que responde impulsivamente.
  - Una puntuación alta es un indicador de su capacidad para controlarse, es decir, del tiempo que se da para mentalizar la situación, reconocer sus emociones y elaborar la respuesta más adecuada para enfrentar el «problema» que provoca su molestia.
  - Si la puntuación es baja podemos estar en presencia de un adulto con muy poca capacidad de control, con poca empatía y con riesgo de hacer daño a sus hijos.
- Las preguntas *e), f), g)* y *h)* exploran la presencia o ausencia de recursos alternativos y/o apoyo social, a través de personas que pueden ayudar o empeorar el control de los impulsos.
  - Una puntuación alta en *f)* indica la capacidad de pedir ayuda y encontrarla para evitar dañar a alguien y, por ende, de capacidades parentales. Una puntuación baja indica dificultad para pedir ayuda, como un recurso para no perder el control.

- Una puntuación baja en *g)* y *h)* probablemente indica escasa capacidad para enfrentar el estrés relacional, con riesgos de dejarse contaminar por las reacciones de los otros y perder el control, dañando, así, a sus hijos. Esta situación está presente a menudo, por ejemplo, cuando existe un conflicto de pareja y, en los casos más graves, violencia machista en la pareja.
- Las preguntas *i)* y *j)*.
  - Una puntuación baja en *i)* corresponde, probablemente, a un adulto con recursos empáticos, pero carente de modelos de actuación, es decir, se paraliza porque no sabe cómo hacer frente a los problemas y/o tiene miedo de dañar a sus hijos, como consecuencia de su propia historia de maltrato. A diferencia de los padres impulsivos, donde el origen de sus problemas es la falta de empatía, estos padres presentan más posibilidades de cambio, si se les proporciona la ayuda necesaria.
  - El postulado *j)* permite verificar si el adulto posee la plasticidad necesaria para aprender a controlarse. Este punto es incluido en el examen con el objetivo de evaluar la utilidad de una intervención.

Evaluación de la sección 2.3
Evaluación de las capacidades empáticas por medio de la observación participante (adaptación del IRI: Interpersonal Reactivity Index. Davis, 1980) (ficha 17).

Metodología

En esta parte del examen se pretende evaluar las capacidades empáticas de las madres y los padres, mediante la observación participante del evaluador.

Se analiza cómo las madres y los padres se desenvuelven en el contacto con otras personas: cuáles son sus vivencias o emociones en situaciones de desacuerdo con los demás, cuando son testigos de desgracias que suceden a otras personas, en situaciones de emergencia, etcétera. Y también busca conocer cuál es la vivencia de estas personas en contacto con la fantasía, como las novelas o las películas.

Si en estas situaciones las personas son capaces de comprender las perspectivas de los demás, ver las situaciones desde distintos puntos de vista, preocuparse por personas que viven desgracias... es probable que tengan suficiente capacidad empática como para colocarse en el lugar de sus hijos/as y encontrar opciones de actuación adecuadas para los desafíos que la parentalidad plantea. Si esto no es así, es probable que las madres o los padres tengan dificultad para comprender los mensajes que sus hijos/as les transmiten, y, lo que es peor, le pueden dar un significado inadecuado, connotando negativamente la intención de aquéllos, como: «Eso lo hace para molestarme», «sólo quiere que me ponga nervioso/a» y otros.

Instrucciones

Esta área explora cuatro niveles, donde se puede reflejar la capacidad empática de las personas en distintas situaciones y en contacto con otros.

El examinador/a se basará en observaciones que haya realizado anteriormente en entrevistas con la madre o cuidador/a, en observaciones donde los padres están en contacto con otras personas o preguntando a otros profesionales, que hayan estado en contacto con ellos/as. Para la valoración de la sección «Fantasía», es probable que el examinador/a tenga que hacer preguntas directas al evaluado/a.

Paso 1: Anote frente a cada enunciado la puntuación directa, es decir, el número (del 1 al 5) que describe mejor lo observado. En el lado izquierdo de las celdillas dobles, escriba esta puntuación directa. Si no dispone de información, agregue NS (no lo sé).

Paso2: Invierta las puntuaciones directas de los enunciados señalados con doble celdilla, por ejemplo, 1 se invierte en 5 (*1-5; 2-4; 3=*), y anótelas en el lado derecho de la celdilla y, luego, sume todas éstas con las demás puntuaciones directas, para obtener el resultado final.

Paso 3: Analice las puntuaciones (ya corregidas), siguiendo las pautas de interpretación de los resultados.

Pautas para la interpretación de los resultados de la sección 2.3

Puntuación máxima obtenida: 140 (*a mayor puntuación, menor capacidad empática*)
Puntuación mínima obtenida: 28 (*a menor puntuación, mayor capacidad empática*)

Nota: *Las siguientes observaciones están basadas en las puntuaciones ya corregidas, es decir, con la inversión de la puntuación de los enunciados ya realizada. Por ejemplo, si la puntuación directa al ítem «Tiende a perder el control en las emergencias» es 1; con la puntuación invertida o corregida, quedará en 5, por lo tanto, este ítem se analizará como puntuación alta.*

- El objetivo de los ítems del apartado «Aceptar la perspectiva del otro» es conocer la tendencia o habilidad de los sujetos para adoptar la perspectiva o punto de vista de otras personas.
    - Baja puntuación en los ítems *b), c), e), f)* y *g)* indican una buena capacidad para entender las perspectivas de los demás. Alta puntuación en estos ítems demostrará gran dificultad de aceptar el punto de vista del otro.
    - Alta puntuación en los ítems *a)* y *d)* corresponden a personas con dificultad de adoptar los puntos de vista de los demás y, en consecuencia, con poca capacidad empática. Una baja puntuación indica capacidad reflexiva y empática.
- En el apartado «Fantasía» se evalúa la tendencia de los sujetos a identificarse con personajes ficticios, como personajes de libros o películas.
    - Bajas puntuaciones en los ítems *a), b), e), f)* y *g)* demuestran la capacidad de la persona de identificarse con personajes ficti-

cios y, por lo tanto, con capacidad empática. Las puntuaciones bajas demuestran ausencia de esta capacidad.
- Las personas con poca capacidad empática presentarán una puntuación elevada en los ítems c) y d).
• El apartado «Preocupación empática» es la tendencia de los sujetos a experimentar sentimientos de compasión y preocupación hacia otros.
- En personas con capacidad empática, los ítems a), c), g) y h) tendrán una puntuación baja, en cambio, los ítems b), d), e) y f) resultarán con una puntuación más bien alta.
• El apartado «Incomodidad personal» se refiere a los sentimientos de incomodidad y ansiedad en situaciones donde las personas son testigos de experiencias negativas de los otros.
- A excepción del ítem d) todos los demás puntuarán altos, si se trata de personas con poco control emocional, que se sienten fácilmente incómodos con la intimidad o tensión en las relaciones interpersonales.
- Las puntuaciones bajas corresponden más bien a adultos con suficiente capacidad empática, que tiene gran posibilidad de ponerse en el lugar de sus hijos/as.

Evaluación de la sección 2.4

Evaluación de las capacidades de los padres para aceptar la responsabilidad en lo que acontece a sus hijos (ficha 18).

Introducción

Determinar la capacidad de un padre o una madre para aceptar su responsabilidad en lo que acontece a sus hijos es un desafío, pero muy útil para la finalidad de esta Guía. A menudo, el examinador/a se enfrentará con incoherencias entre las manifestaciones de sufrimiento de los niños, las explicaciones de los padres y lo que éstos están dispuestos a hacer para superar sus problemas y mejorar el trato a sus hijos.

Por otra parte, el sentido de responsabilidad de un adulto es una característica individual, resultado de procesos complejos donde la calidad del vínculo con sus propios padres, la empatía, la educación recibida, la confianza en sí mismo y la autoestima desempeñan papeles fundamentales. Por lo tanto, la evaluación del sentido de responsabilidad de un padre o de una madre nos permite examinar otro aspecto importante de las habilidades parentales, dándonos también información sobre otros aspectos de la personalidad del adulto. Una dimensión importante de las habilidades sociales y, por ende, las parentales, es la capacidad de una persona de reflexionar sobre sí misma y sobre las consecuencias de sus actos sin adoptar una actitud defensiva. En este caso, se trata de la capacidad de aceptar la responsabilidad de las consecuencias que los comportamientos, como adultos, puedan tener en los hijos y, sobre todo, de querer reparar, cuando sus comportamientos dañan o han dañado a los niños.

La evaluación de esas capacidades puede dificultarse por el contexto mismo del examen, puesto que los padres son «examinados» por alguien que representa una autoridad y que debe determinar si son, o no, buenos padres. Este contexto de por sí puede incitarlos a una negación de sus responsabilidades; además, a menudo esta posición está reforzada por el papel que desempeñan los abogados de los padres u otros profesionales identificados con ellos.

Cuando las circunstancias del examen son vividas como menos amenazadoras, es más probable una mayor aceptación de la responsabilidad. Aun en estas condiciones, hay que mantener una cierta prudencia, ya que ellos pueden aceptar la responsabilidad verbalmente, mientras que sus comportamientos y sus actitudes niegan esta aceptación. También puede darse el caso contrario, es decir, padres que no pueden admitirlo delante de un tercero, pero en sus actos muestran que tienen y aceptan la responsabilidad en sus dificultades y malos tratos.

Metodología

El examen del sentido de la responsabilidad nos permite entre otros aspectos:

1) Estimar en qué medida el padre, la madre o ambos son capaces de asumir la responsabilidad de sus actos, sin echarle la culpa a los demás, por ejemplo, a sus vecinos, profesionales o a sus propios hijos.
2) Explorar si los padres pueden tener en cuenta los sentimientos y puntos de vista de los demás o, sencillamente, los rechazan o los niegan. En este sentido, esta parte es una continuación del examen anterior sobre la empatía.
3) Establecer el nivel de «victimismo» de esta persona, es decir, su obstinación a verse como víctima, mostrando sólo preocupación por las molestias y la «humillación» que la intervención le significa, sin entender el significado de ayuda que puede tener para sus hijos.
4) Examinar si la madre o el padre están motivados, aunque sea escasamente, a reflexionar sobre sus actos y a aceptar una intervención para ayudarlos. Es poco probable que si los padres o cuidadores son incapaces de reconocer la existencia de los problemas en el nivel de su función parental, acepten la ayuda que se les quiere ofrecer. Lo más probable es que, si ellos no pueden reconocer sus dificultades, tampoco puedan reconocer que necesitan ayuda. El hacerlo confirmaría que tienen problemas.

Instrucciones

Paso 1: El examinador/a deberá elegir, entre los enunciados enumerados del 1 al 8, cuál refleja más fielmente la capacidad del cuidador de aceptar la responsabilidad de sus actos. Estos enunciados están presentados de una mayor a menor capacidad parental. Usted puede seleccionar más de un enunciado, pero no olvide señalar su orden de prioridad.

Paso 2: Reflexionar sobre los resultados de este examen y anotar sus conclusiones respecto de los recursos de estos padres en lo que se refiere al sentido de responsabilidad.

Pautas para la interpretación de los resultados de la sección 2.4

Los postulados *a)* y *h)* corresponden a los dos polos extremos en lo que se refiere al sentido de responsabilidad de los padres. El *a)* refleja una capacidad para aceptar la responsabilidad, recurso fundamental para el ejercicio de la parentalidad.

Al contrario, el postulado *h)* señala una incapacidad de aceptar la responsabilidad y es un indicador que, por lo general, acompaña la incompetencia parental crónica, severa y, muy a menudo, irreversible.

Entre estos dos polos se sitúan niveles intermedios tanto por lo que se refiere a la negación de la responsabilidad, como a la utilización de mecanismos proyectivos para echarle la culpa a los demás. Estos postulados reflejan diferentes grados de incompetencia parental y, a partir de ellos, es admisible hacer una hipótesis para el pronóstico de posibilidades de recuperabilidad e irrecuperabilidad de las competencias parentales.

Nivel II

Habilidades parentales

Unidad de evaluación 3
Modelos actuales de crianza

3.1) EVALUACIÓN DE LAS HABILIDADES PARENTALES ACTUALES CON BEBÉS Y NIÑOS MENORES DE DOS AÑOS

    3.1.A. Valoración de la empatía y de las habilidades para calmar al bebé de cero a tres meses. Ficha 19.

    3.1.B. Valoración de las habilidades parentales para responder a las necesidades de apego del bebé de entre dos y siete meses. Ficha 20.

    3.1.C. Valoración de las habilidades parentales para ayudar al bebé de entre los tres y los diez meses a diferenciar las sensaciones corporales y las emociones. Ficha 21.

    3.1.D. Valoración de las habilidades parentales para responder a las necesidades afectivas del bebé de cero a un año. Ficha 22.

    3.1.E. Valoración de las habilidades parentales para estructurar el comportamiento de los niños de entre nueve meses y dos años. Estimular sus iniciativas y facilitar la interiorización del autocontrol conductual. Ficha 23.

3.2) EVALUACIÓN DE LAS HABILIDADES PARENTALES CON NIÑOS MAYORES DE DOS AÑOS

    3.2.A. Valoración de la capacidad de responder a las necesidades básicas de los niños. Ficha 24.

    3.2.B. Valoración de la vinculación y respuesta afectiva de los padres. Adecuación de roles. Ficha 25.

    3.2.C. Valoración de la actitud con relación al niño/a. Ficha 26.

3.2.D. Valoración de la capacidad de los padres a ver al niño/a como una persona diferente a ellos. Ficha 27.

3.2.E. Educación del niño/a. Capacidades de socialización. Ficha 28.

3.2.F. Resumen y resultados de las competencias parentales actuales: recursos parentales que pueden sustentar una posibilidad de cambio. Ficha 29.

3.3) EVALUACIÓN DE LAS HABILIDADES PARENTALES ACTUALES PARA SATISFACER LAS NECESIDADES INTELECTUALES Y EDUCATIVAS DE NIÑOS MAYORES DE DOS AÑOS. FICHA 30.

Introducción

La unidad de evaluación 3 ofrece un modelo para observar e interpretar de una forma metódica el contenido de las respuestas de los padres a las necesidades actuales de sus hijos. Las diferentes partes del examen permiten evaluar entre otros la calidad de la relación observada a través de:

a) La disponibilidad afectiva y la adecuación de las expectativas del cuidador/a.
b) La capacidad de poner límites a sus hijos de una forma constructiva y eficaz.
c) La reacción del niño/a a estos límites.
d) La observación de las formas en que el cuidador/a e hijo/a se influencian emocionalmente.
e) La capacidad del cuidador/a para responder a las necesidades intelectuales y educativas de los niños.

En otras palabras, esta evaluación pretende ayudar al evaluador/a a hacerse una idea de los recursos y debilidades de las habilidades parentales actuales, al mismo tiempo de estimar cómo éstas están afectando al niño/a.

Esta sección se divide en tres partes, según la edad del niño/a. Las diferentes preguntas están dirigidas a evaluar la pertinencia de la competencia parental actual.

3.1): Examen de habilidades parentales actuales con bebés y niños menores de dos años.
3.2): Examen de habilidades parentales con niños de dos años y más.
3.3): Examen de las habilidades parentales de satisfacer las necesidades intelectuales y educativas de sus hijos mayores de dos años.

Evaluación de la sección 3.1
Evaluación de las habilidades parentales actuales con bebés y niños menores de dos años.

Metodología

Esta parte examina las habilidades parentales con niños de cero a dos años. El evaluador observa la aptitud del cuidador para satisfacer aspectos esenciales de las necesidades emocionales del bebé, agrupadas en cinco categorías:

3.1.A. Valoración de la empatía y de las habilidades para calmar al bebé de cero a tres meses.
3.1.B. Valoración de las habilidades parentales para responder a las necesidades de apego del bebé de entre dos y siete meses.
3.1.C. Valoración de las habilidades parentales para ayudar al bebé de entre los tres y los diez meses a diferenciar las sensaciones corporales y las emociones.
3.1.D. Valoración de las habilidades parentales para responder a las necesidades afectivas del bebé de cero a un año.
3.1.E. Valoración de las habilidades parentales para estructurar el comportamiento de los niños, estimular sus iniciativas y facilitar la modulación de sus comportamientos para el bebé y niño/a de entre nueve meses y dos años.

Cada categoría corresponde a un rango preciso de edad, pero puede que exista una superposición entre las edades. Cada categoría da cinco escenarios posibles de comportamiento de los cuidadores, por lo que el examinador/a deberá marcar el número del escenario que mejor describe lo observado. Si el examinador/a considera que lo observado está entre dos escenarios, elegirá el número que está entre ambos.

Evaluación de la sección 3.1.A
Valoración de la empatía y de las habilidades para calmar al bebé de cero a tres meses (ficha 19).

Metodología

Este examen evalúa la capacidad de empatía y las destrezas del cuidador/a para calmar a su bebé, facilitando así su desarrollo de las capacidades de autocontrol. Por lo tanto, se observará o se reunirán las informaciones a través de fuentes indirectas sobre la capacidad del cuidador (madre, padre, etcétera) de darse cuenta de las vivencias desagradables de su bebé, para intervenir e impedir que éste sea inundado por sensaciones corporales intensamente desagradables, como el hambre, la sed, el frío, la ausencia de contacto físico u otras.

Instrucciones

Para guiar su observación:

Paso 1: Elija el escenario que mejor corresponda con la manera que el cuidador/a se ocupa de su niño/a observado por usted mismo o por informantes fidedignos.

Paso 2: Escriba el número correspondiente al escenario que mejor corresponda con lo observado. Sin embargo, si cree que los comportamientos parentales se sitúan entre dos escenarios, por ejemplo, 5 y 7, anote 6. Si el cuidador/a presenta un comportamiento cambiante, por ejemplo, a veces su comportamiento corresponde a los enunciados en el escenario 1, pero otras veces como en el 6, anote: «Principalmente 1, pero a veces 6».

Paso 3: Escriba las conclusiones de este examen.

Evaluación de la sección 3.1.B
Valoración de las habilidades parentales para responder a las necesidades de apego del bebé de entre dos y siete meses (ficha 20).

Metodología

En la sección anterior se insistió en la importancia de un apego sano y continuo para asegurar los buenos tratos que el bebé necesita para desarrollarse sanamente. En esta parte volvemos a interesarnos en este aspecto fundamental. Las informaciones obtenidas aquí deben cotejarse con las obtenidas en la unidad de valoración 1, sección 1.2.A. Si existe demasiada discordancia, habrá que proceder a un nuevo examen y, si el caso lo requiere, solicitar la ayuda de otro/a examinador/a más experimentado.

Para tener una idea lo más objetiva posible de la capacidad del cuidador/a de vincularse emocionalmente con sus hijos pequeños, se ha elegido observar y describir la capacidad del cuidador/a de responder afectivamente al bebé en los momentos en que está llorando o parece triste, así como su capacidad de ofrecer a su cría afligida apoyo donde pueda obtener consuelo.

Instrucciones

Para guiar su observación proceda de la misma manera que en el área anterior:

Paso 1: Elija el escenario que mejor corresponda con la manera en que el cuidador/a se ocupa de su bebé, observado por usted mismo o por informantes fidedignos.

Paso 2: Escriba el número correspondiente al escenario que mejor corresponda con lo observado. Sin embargo, si cree que los comportamientos parentales se sitúan entre dos escenarios, por ejemplo, 5 y 7, anote 6. Si el cuidador/a presenta un comportamiento cambiante, por ejemplo, a veces su comportamiento corresponde a los enunciados en el escenario 1, pero otras veces como en el 9, anote: «Principalmente 1, pero a veces 9».

Paso 3: Escriba las conclusiones de este examen.

Evaluación de la sección 3.1.C
Valoración de las habilidades parentales para ayudar al bebé de entre los tres y los diez meses a diferenciar las sensaciones corporales y las emociones (ficha 21).

Metodología

Esta área evalúa la capacidad del cuidador/a de comunicarse con su bebé, de tal manera que lo ayuda a diferenciar sus necesidades corporales como el hambre y la sed, así como a discriminar sus deseos y necesidades emocionales: necesidad de proximidad, necesidad de ayuda, necesidad de contacto físico.

Instrucciones

Para guiar su observación proceda de la misma manera que en el área anterior:

Paso 1: Elija el escenario que mejor corresponda con la manera que el cuidador/a se ocupa de su bebé, observado por usted mismo o por informantes fidedignos.

Paso 2: Escriba el número correspondiente al escenario que mejor corresponda con lo observado. Sin embargo, si cree que los comportamientos parentales se sitúan entre dos escenarios, por ejemplo, 5 y 7, anote 6. Si el cuidador/a presenta un comportamiento cambiante, por ejemplo, a veces su comportamiento corresponde a los enunciados en el escenario 1, pero otras veces como en el 9, anote: «Principalmente 1, pero a veces 9».

Paso 3: Escriba las conclusiones de este examen.

Evaluación de la sección 3.1.D

Valoración de las habilidades parentales para responder a las necesidades afectivas del bebé de cero a un año.

Metodología

Esta área evalúa las habilidades parentales para responder a las necesidades afectivas del bebé de cero a un año, constatando el modo y la frecuencia con la madre, padre o cuidador comunica afecto a su bebé de las epxresiones faciales, verbalizaciones, gestos corporales y contacto visual.

Instrucciones

Usted deberá seleccionar uno de los 6 enunciados: de a) a f) que mejor describe lo observado.

Evaluación de la sección 3.1.E

Valoración de las habilidades parentales para estructurar el comportamiento del niño/a de entre nueve meses y dos años. Estimular sus iniciativas y facilitar la interiorización del autocontrol (ficha 23).

Metodología

Esta parte del examen está destinada a evaluar la habilidad del cuidador/a para estimular la iniciativa del niño/a, al mismo tiempo que su capacidad para lograr que éste/a integre las reglas necesarias para los comportamientos sociales. Una de las funciones relevantes de la parentalidad es lograr que los niños, a medida que se van desarrollando, estructuren su comportamiento a fin de poder explorar y adaptarse a su entorno actuando de una forma constructiva. En otras palabras, el niño/a debe aprender a comportarse adecuadamente, respetándose a sí mismo/a y a su entorno natural, así como a su entorno humano. Permitir a los hijos la integración de las reglas indispensables para su buen funcionamiento social requiere competencias singulares por parte de los padres o cuidadores. Por lo tanto, cuando estas habilidades están presentes, son indicadores importantes de competencia parental y de buen trato.

Instrucciones

Para guiar su observación proceda de la misma manera que en el área anterior:

Paso 1: Elija el escenario que mejor corresponda con la manera que el cuidador/a se ocupa de su bebé, observado por usted mismo o por informantes fidedignos.

Paso 2: Escriba el número correspondiente al escenario que mejor corresponda con lo observado. Sin embargo, si cree que los comportamientos parentales se sitúan entre dos escenarios, por ejemplo, 5 y 7, anote 6.

Paso 3: Si el cuidador/a presenta un comportamiento cambiante, por ejemplo, a veces su comportamiento corresponde a los enunciados en el escenario 1, pero otras veces como en el 9, anote: «Principalmente 1, pero a veces 9».

Evaluación de la sección 3.2
Evaluación de las habilidades parentales con niños mayores de dos años.

Metodología

Este examen está destinado a observar y evaluar el desempeño parental con niños mayores de dos años. Algunos aspectos de este examen también son válidos para completar el estudio de las habilidades de padres de niños de entre cero y dos años.

Este examen está organizado en cinco categorías que corresponden a los requisitos básicos que los padres deberían poseer para asegurar el desarrollo y la salud de sus hijos pequeños. A continuación, se presenta la ficha 29 con las síntesis de los resultados obtenidos.

Las áreas a evaluar son las siguientes:

3.2.A. Valoración de la capacidad de responder a las necesidades básicas de los niños.
3.2.B. Valoración de la vinculación y respuesta afectiva de los padres. Adecuación de roles.
3.2.C. Valoración de la actitud con relación al niño/a.
3.2.D. Valoración de la capacidad de los padres para ver al niño/a como una persona diferente de ellos.
3.2.E. Educación del niño/a. Capacidades de socialización.
3.2.F. Resumen de las habilidades parentales de los padres con niños de dos años o más.

Instrucciones

Paso 1: Evalúe la categoría 3.2.A (ficha 24), respondiendo con SÍ, NO o D (discutible o dudoso).
Paso 2: Evalúe el resto de las categorías de las fichas 25 a la 28. Cada una presenta una lista de las diferentes habilidades que componen una parentalidad suficientemente sana. Elija, en orden de prioridad, de uno a tres enunciados que mejor describan lo observado.
Paso 3: Recoja los resultados de cada ficha y complete el resumen de las habilidades parentales actuales (ficha 29), respondiendo con SÍ, NO o D (discutible, o dudoso).
Paso 4: Resuma, a modo de conclusión, qué grado de gravedad presentan las incompetencias que muestra el adulto (si las hay) y establezca una primera hipótesis diagnóstica, así como la posibilidad de reversibilidad, según los resultados obtenidos. Se recomienda anotar todas aquellas observaciones que apoyen o contradigan la impresión que estos padres pueden haber dejado a otros profesionales y que hayan determinado ciertas medidas. Esto es fundamental para el caso de los litigios que tienen que dirimirse en los tribunales.

Evaluación de la sección 3.3

Evaluación de las habilidades parentales actuales para satisfacer las necesidades intelectuales y educativas de niños mayores de dos años (ficha 30).

Metodología

Distinguir las necesidades intelectuales de sus hijos es una tarea difícil porque implica, entre otras cosas, que los padres en su infancia han podido realizar satisfactoriamente sus propios derechos de acceso a la educación y a la cultura. Por lo tanto, esta parte es menos importante para el examen de las competencias parentales. Pero puede ser un instrumento útil a la hora de aceptar que las competencias intelectuales y culturales denuncian, más claramente que otros factores, el rol de las desigualdades sociales en la génesis de una parte de las incompetencias de la función parental.

Instrucciones

En la siguiente ficha se presenta una lista de las diferentes habilidades parentales necesarias para satisfacer las necesidades que componen una parentalidad suficientemente sana.

Paso 1: Responda, en la casilla de la derecha de cada enunciado, con SÍ, NO o D (discutible o dudoso).

Paso 2: Establezca la primera hipótesis sobre si existen incompetencias parentales para satisfacer las necesidades intelectuales y educativas de los niños mayores de dos años. Se recomienda anotar todas aquellas observaciones que apoyen o contradigan la impresión que este cuidador/a puede haber dejado a otros profesionales y que hayan determinado ciertas medidas.

Unidad de evaluación 4
Recursos y apoyos de las redes familiares y sociales

4.1) EVALUACIÓN DE LAS CARACTERÍSTICAS DE LAS RELACIONES SOCIALES DE LOS PADRES CON SU COMUNIDAD: HABILIDADES PARA FUNCIONAR EN REDES SOCIALES.

    4.1.A. Valoración de la participación del cuidador/a en su red natural, incluyendo su familia extensa. Ficha 31.

    4.1.B. Valoración de los niveles de cooperación de los padres con la red institucional. Ficha 32.

    4.1.C. Valoración de la presencia de comportamientos antisociales de los padres. Ficha 33.

4.2) EVALUACIÓN DE LA HABILIDAD DE LOS PADRES PARA SOLICITAR Y BENEFICIARSE DE LOS SERVICIOS Y DE LA AYUDA PROFESIONAL.

    4.2.A. Valoración de las habilidades de los padres para solicitar y beneficiarse de los servicios y de la ayuda profesional. Ficha 34.

    4.2.B. Valoración del impacto de las intervenciones institucionales y profesionales sobre la parentalidad. Ficha 35.

Introducción

El ejercicio de una parentalidad suficientemente adecuada está también condicionado por las posibilidades que tengan los padres de participar en redes sociales, donde puedan recibir y aportar a sus miembros tanto ayuda material como apoyo psicosocial y emocional.

Así, por ejemplo, cuando los apoyos sociales, materiales o psicosociales y afectivos son suficientes, éstos pueden servir para manejar el estrés y la tensión tanto social como intrafamiliar, que enfrentan los padres. Si una familia no dispone de apoyos sociales, sea por su dinámica interna o sea por la pobreza material o humana del entorno en que vive, entonces no está en condiciones de utilizar los apoyos disponibles, no podrá hacer frente a los problemas y aliviar tensiones más crónicas.

En general, los padres que maltratan a sus hijos están insertos en redes familiares y sociales empobrecidas y disfuncionales. Sus relaciones con su entorno pueden ser caóticas o, al contrario, rígidas y estereotipadas.

Los fenómenos migratorios pueden desempeñar un papel en la emergencia de esta disfuncionalidad, porque la red social y familiar desaparece o se restringe. Cuanto más inhóspita sea la sociedad de acogida, mayor es la posibilidad de que las familias se encierren en sí mismas, lo que puede producir una amplificación del estrés y las tensiones intrafamiliares y un cierre total a las posibilidades de recibir apoyo e información del medio social. También puede ocurrir lo contrario: la familia, como sistema, puede reaccionar con una abertura total de sus fronteras familiares y asimilarse en un medio que se impone como social y culturalmente superior. Este fenómeno facilita la confusión en el funcionamiento familiar, a menudo con un conflicto importante de costumbres y valores entre las generaciones. Esto puede traducirse por un funcionamiento familiar inadaptado, en el cual los miembros de la familia, en especial, los hijos y las hijas, sufren por el aumento del estrés y la tensión familiar; al mismo tiempo, no disponen de suficiente apoyo social y afectivo de su entorno social.

No es extraño encontrar en familias, en que los adultos decidieron emigrar, aun en generaciones anteriores, la existencia de madres y padres con grandes dificultades en el ejercicio de la parentalidad. Lo anterior es válido no sólo para las familias que cambian de continente o de país, sino también para las que conocen un proceso de migración interna, es decir, de una región a otra en el mismo país.

La realidad de vivir en redes sociales pobres y disfuncionales es también parte de la vida de muchas familias, que conocen un proceso de transculturación, como lo son aquellas que pertenecen a minorías étnicas, por ejemplo, familias de raza gitana en España o familias de origen indígena en América Latina.

Evaluación de la sección 4.1.
Evaluación de las características de las relaciones sociales de los padres con su comunidad: habilidades para funcionar en redes sociales (fichas 31 a la 33).

Metodología

Esta sección está destinada a estudiar el cuerpo social y familiar de los padres. En otras palabras, los componentes del sí mismo social o yo-social. Se trata de evaluar la presencia o ausencia de fuentes de apoyo social para el ejercicio de la parentalidad: la red familiar nuclear (cónyuge, hijos, hermanos), la familia extensa (abuelos, tíos, primos hermanos, etcétera) y la red social cercana (amigos, vecinos, compañeros de trabajo).

Esta sección, por lo tanto, evalúa la disponibilidad de apoyo social y comunitario, y la capacidad de los padres de recurrir a ese apoyo; al mismo tiempo, de la habilidad de participar en las redes sociales para dar apoyo a otras familias. En parte se evalúa también la capacidad de los adultos de participar en dinámicas de autoayuda.

Como decíamos antes, el aislamiento social, el ostracismo y la alienación con respecto a la comunidad son factores que influyen negativamente en la parentalidad, pues no permiten ni el apoyo social ni la posibilidad de cambiar creencias ni modelos educativos nocivos para los hijos. Un funcionamiento familiar caótico produce las mismas consecuencias.

Ciertas familias muestran una marcada tendencia a la desconfianza y a la hostilidad frente a sus vecinos y a los profesionales de las instituciones sociales. Otras, al contrario, con un funcionamiento más desorganizado los fagocitan, aprovechándose de todo lo que se les pueda aportar, sin que necesariamente esto beneficie a los hijos e hijas, sin ser capaces de retribuir con reconocimiento o aportes concretos para los demás.

Es importante a la hora del examen que el examinador/a tenga presente que estas reacciones pueden ser crónicas, es decir, una forma de funcionamiento familiar resultado de una transmisión transgeneracional o actual, consecuencia de una situación de crisis por acumulación de factores de estrés o de migración.

Esta sección pretende examinar los tres componentes fundamentales de la participación de una persona en su red social, en este caso la de los padres.

- La participación de los padres en su red social natural, incluyendo su familia extensa.
- La participación en la red institucional y la relación de los padres con ésta.
- Los comportamientos antisociales de los padres: violencia extrafamiliar y criminalidad.

Instrucciones

Paso 1: Para los Cuadros 1, 2 y 3, responda en la casilla derecha de cada enunciado con SÍ, NO o D (discutible o dudoso), según la información obtenida.
Paso 2: Complete el Cuadro 4, describiendo las influencias positivas y negativas de cada fuente de apoyo social, según la información obtenida.
Paso 3: A modo de resumen, concluya qué grado de participación tiene el cuidador/a en su red social natural.

Evaluación de la sección 4.2

Evaluación de la habilidad de los padres para solicitar y beneficiarse de los servicios y de la ayuda profesional (fichas 34 y 35).

Introducción

Esta sección está destinada a explorar la historia de las relaciones de los padres con los servicios institucionales y/o profesionales.

A diferencia de la sección anterior, que servía para determinar la presencia o ausencia de fuentes de apoyo social, a través del examen de la calidad de las alianzas sociales, esta sección entrega instrumentos para comprender la forma en que los padres utilizan los recursos profesionales existentes en su comunidad.

Muy a menudo, los padres que requieren una valoración de las competencias parentales para determinar si sus hijos necesitan protección han recibido o reciben atención de muchos y diversos organismos y profesionales.

Muchas veces, éstos han entregado a los padres sus puntos de vista sobre el origen de los problemas familiares y han indicado diferentes formas de tratamiento. Poder comprender la forma en que los padres han percibido tales lecturas y cómo han seguido los tratamientos indicados nos permite obtener indicadores importantes para evaluar las habilidades parentales, tanto en lo que se refiere a sus capacidades para utilizar estos servicios, como de sus posibilidades de introducir cambios a partir de la ayuda ofrecida.

Esta sección entrega también información sobre las posibilidades de los padres de participar en una alianza terapéutica y de la existencia, o no, en el ámbito profesional de recursos y competencias (técnicas, estrategias, actitudes) para facilitar estas alianzas. Por lo tanto, la información recogida permite también evaluar la adecuación de las intervenciones profesionales.

Esta sección está compuesta de dos secciones:

4.2.A. Evaluación de la capacidad de los padres de beneficiarse de la ayuda profesional.

4.2.B. Evaluación del impacto de las intervenciones sociales, educativas o terapéuticas sobre la parentalidad.

NIVEL III

Impacto de las incompetencias parentales en los hijos y las hijas

Unidad de evaluación 5
El impacto de las incompetencias parentales en los hijos y las hijas

5.1) LOS TRASTORNOS DEL APEGO, CONSECUENCIA DE LAS INCOMPETENCIAS PARENTALES. FICHA 36.
5.2) EL IMPACTO EN LOS HIJOS Y EN LAS HIJAS DE LOS PROCESOS TRAUMÁTICOS, CONSECUENCIA DE LOS MALOS TRATOS. FICHA 37.
5.3) LOS TRASTORNOS DEL DESARROLLO, CONSECUENCIA DE LAS INCOMPETENCIAS PARENTALES. FICHAS 38 Y 39.
5.4) SÍNTESIS DE LA EVALUACIÓN DEL IMPACTO DE LAS COMPETENCIAS PARENTALES EN LOS HIJOS Y EN LAS HIJAS. FICHA 40.

Introducción

La evaluación de los indicadores de sufrimiento infantil, atribuibles a las incompetencias parentales, desde la edad preescolar hasta la adolescencia, se focalizará en la presencia de síntomas y problemas pertenecientes a tres parámetros: apego, trauma y desarrollo. Como ya hemos argumentado, basándonos en los avances de la neurociencia en relación con la organización cerebral, los malos tratos infantiles son experiencias con un contenido altamente traumático. Sobre todo cuando ocurren en edades tempranas, tanto el apego como el desarrollo evolutivo dinámicamente entretejidos se ven afectados. Cada uno de estos parámetros presenta ciertas características que nos permiten evaluar si el niño o la niña presentan indicadores de sufrimiento y de daño relacionados con las incompetencias parentales de sus cuidadores. A través de esta pauta, el examinador/a podrá detectar en los niños, más fácilmente, indicadores de daño en la capacidad de vinculación, indicadores de daño, resultado de los procesos traumáticos producidos por los malos tratos. Y, por último, indicadores de sufrimiento y daño infantil en su nivel de desarrollo.

Los indicadores que siguen, presentados en esta Guía, deben ser considerados como una ayuda complementaria a la observación natural y sentido común cuando nos encontramos frente a un niño, una niña o un adolescente. Es importante considerar que uno o más indicadores, en cada uno de estos parámetros, no siempre son concluyentes de un trastorno del apego, de un traumatismo o de un retraso o, en los casos más severos, de un trastorno en el desarrollo, como consecuencia de experiencias de violencia o negligencia. Algunos de estos indicadores pueden ser manifestación de un problema orgánico o, incluso, de una enfermedad o situación pasajera. Por esta razón, todos estos indicadores deben ser comprendidos en su contexto, considerando los resultados obtenidos de los otros elementos de esta Guía de Evaluación.

La utilización de estas fichas deberá ser paralela o posterior a la evaluación de los cuidadores, así usted podrá obtener mayor información para completarlas. Una vez utilizadas las fichas, usted podrá obtener una visión más amplia de la presencia de indicadores de sufrimiento infantil debido a los malos tratos en el niño/a, para luego concluir respecto a la necesidad de una intervención terapéutica o interdisciplinaria.

Evaluación de la sección 5.1

Los trastornos del apego, consecuencia de las incompetencias parentales (ficha 36).

Metodología

Los indicadores de trastorno de apego contemplan una serie de síntomas que hacen referencia a los siguientes dominios: conductual, cognitivo, social, corporal y moral. Usted deberá señalar su presencia, según la información obtenida a través de su observación o de otras fuentes de información (padres, colegio, etc.)

Sin desconocer que la evaluación del apego y su tipología en los niños es una tarea compleja que requiere ciertas condiciones, así como una formación clínica rigurosa, presentamos, para fines de esta Guía, un conjunto de indicadores que nos hacen pensar en la presencia de un trastorno del apego o de un apego traumático. Aquí utilizaremos la ficha 36, indicadores de trastorno del apego, basada en los trabajos de Levi y Orlans, 1998; Thomas, 1997 y Rygaard, 2005.

Evaluación de la sección 5.2

El impacto en los hijos y las hijas de los procesos traumáticos, consecuencia de los malos tratos (ficha 37).

Para aproximarnos a hacer una evaluación comprensiva sobre los posibles efectos traumáticos de las incompetencias parentales en los niños y las niñas, debemos incluir el máximo de conocimiento del niño, a partir no sólo de la entrevista y la observación directa, sino de múltiples fuentes de información y de múltiples contextos. Esto nos permitirá recoger una información más precisa respecto de síntomas y reacciones, propios de una respuesta a los procesos traumáticos.

Muchos niños traumatizados pueden presentar de una manera obvia ciertos síntomas característicos de un TEPT (Trastorno de Estrés Post Traumático), sin embargo, muchos no revelan el impacto de su historia traumática de una manera tan clara y obvia. Recientemente, se intenta incluir en la Clasificación Diagnóstica (DSM-V) una nueva categoría diagnóstica TEPT-C (Trastorno de Estrés Post Traumático Complejo), que describe mucho mejor, y en profundidad, los efectos del trauma en la ausencia de un cuidado consistente en niños y adolescentes. Esta categoría incluye aspectos relacionados con autoconcepto, modulación emocional, control de impulsos, disociación, efectos físicos/fisiológicos y control conductual (Cook y otros, 2005). Esta categoría corresponde mejor a la conceptualización que hemos usado en nuestro modelo, es decir, considerar las consecuencias de los diferentes malos tratos como procesos traumáticos (Barudy y Dantagnan, 2005).

A partir de los resultados clínicos y estadísticos recientes, incluimos en la ficha 37 una serie de indicadores de daño traumático en niños y niñas, basados en esta nueva mirada sobre la evaluación del trauma.

Metodología

Existen muchas escalas y entrevistas para la evaluación del trauma infantil. La medición de los síntomas traumáticos puede diferir en contenido, forma, rango de edad, duración y enfoque, por ejemplo. Para los profesionales o equipos de atención a la infancia, que tienen la posibilidad de hacer una evaluación clínica más completa en este parámetro, recomendamos la aplicación del TSCT-C (*Trauma Symtoms Checklist for Children,* de J. Briere, 1996).

Evaluación de la sección 5.3
Los trastornos del desarrollo, consecuencia de las incompetencias parentales (fichas 38 y 39).

Uno de los supuestos que sustenta la evaluación del impacto de las experiencias de violencia o negligencia en el niño o la niña es que debe basarse en el desarrollo evolutivo. El conocimiento del desarrollo sano de un niño o una niña debe ser punto de partida para los profesionales que tienen la tarea de evaluar el sufrimiento infantil. Este conocimiento es lo que nos ayudará a responder a la pregunta: «¿Esta conducta que observamos en el niño es un problema que nos debe preocupar o es lo esperado a su edad?».

Aunque los niños que han padecido malos tratos en las fases tempranas de su desarrollo presentan indicadores de sufrimiento paralelamente en los tres parámetros utilizados en esta Guía, es en el parámetro del desarrollo donde podemos observar la manifestación más clara y evidente de sufrimiento de los niños y las niñas, víctimas de incompetencias parentales, específicamente cuando corresponden a situaciones preocupantes, o muy preocupantes, respecto de los criterios de la incompetencia de la parentalidad. En este sentido, las experiencias de apegos traumáticos y trauma temprano pueden manifestarse en un cúmulo de déficits funcionales que no le permiten al niño o a la niña lograr las tareas propias de las diferentes fases del desarrollo evolutivo.

Metodología

Para la evaluación de este parámetro utilizaremos dos secciones:

5.3.A. Indicadores de un desarrollo inadecuado o en riesgo en bebés de cero a tres años.
5.3.B. Indicadores de déficit en la integración cognitiva, afectiva y conductual a partir del Modelo Integral del Desarrollo (Kusche y Greenberg, 1989).

El Modelo Integral del Desarrollo nos permite explorar aspectos de la conducta, emoción y cognición, esperados en las diferentes fases del desarrollo evolutivo, a saber, 0-18 meses, 18-36 meses, 3-6 años, 6-12 años y 12 años en adelante, a través de algunos indicadores. La integración de estos elementos, conformada, en particular, en los primeros cinco años de vida conlleva importantes implicaciones en el funcionamiento emocional y psicológico a lo largo de la vida. Este modelo (*ABCD model*, Kusche y Greenberg, 1993) apoya la premisa de que cuando un niño o una niña son bientratados, el logro de esta integración se manifestará en su conducta y en su regulación interna, ambas producto de una autoconsciencia y modulación emocional, de un adecuado control de los impulsos y una comprensión social y afectiva. Los niños y las niñas, víctimas de incompetencias parentales, presentan a menudo un déficit importante en estos aspectos propios de un desarrollo sano.

Instrucciones

Paso 1: Para la evaluación de la ficha 38, sólo debe marcar si existen indicadores deficientes correspondientes a la edad del bebé o del niño/a, según su observación.

Paso 2: Para la evaluación de la ficha 39, elija la columna correspondiente a la edad del niño/a y encierre en un círculo los ítems ya señalados que están presentes. Si estos ítems están ausentes, diríjase a la franja de edad anterior y lea los ítems correspondientes, así hasta llegar a los ítems que mejor caracterizan al niño/a. Así, usted podrá observar en qué nivel de desarrollo (franja de edad) él o ella se encuentran. En estos casos, la ausencia de las características propias de la franja de edad correspondiente al niño/a debe ser sinónimo de preocupación, debido al desfase o retraso de su nivel de desarrollo.

Síntesis de la evaluación del impacto de las competencias parentales en los hijos y en las hijas. Sección 5.4

Metodología

Para completar la ficha 40 recoja los resultados obtenidos de las fichas anteriores de esta unidad, así podrá obtener una síntesis global del impacto de las incompetencias parentales en el niño o niña.

Nivel IV

Factores contextuales que influencian las competencias parentales

Unidad de evaluación 6
Evaluación del impacto de la inmigración en el ejercicio de la parentalidad social

Introducción

Es ineludible constatar que una parte de la población de nuestro planeta sigue, hoy como en el pasado, confrontada con las enormes desigualdades sociales. Éstas se sitúan dentro de los países y entre países ricos y países pobres. Esto junto con las guerras, el terrorismo de Estado, la represión política, los genocidios y las violaciones sistemáticas de los derechos humanos crean contextos de estrés y de inseguridad social que explican las opciones de familias enteras de inmigrar con la esperanza de una vida mejor. En la época presente, el contexto geopolítico internacional y el modelo de globalización económica no hacen más que acrecentar el enorme foso que separa a las familias que viven en contextos de inseguridad social y económica de aquellas que, perteneciendo a los sectores más favorecidos, tienen por lo menos una estabilidad en esta área. En diferentes partes de este libro y en una publicación anterior (Barudy y Marquebreucq, 2006), hemos sostenido que la inmigración puede crear una crisis en lo que se refiere al ejercicio de la parentalidad y, en los casos en que los padres y las madres ya presentaban diferentes niveles de incompetencia parental, la cual se ve agravada con la inmigración. Si bien es cierto que ésta abre nuevas posibilidades para reconstruir un proyecto social, no es menos cierto que dejar el entorno natural propio y trasplantarse a otro desconocido es fuente de estrés y sufrimiento. En todo proceso migratorio es inevitable que los implicados, en particular las madres y los padres, así como los hijos y las hijas, vivan experiencias de duelo, soledad, desarraigo y una crisis de identidad. Todo ello puede afectar en especial las habilidades parentales y, en los casos donde ya existían problemas de relación con los hijos o hijas, agravar las incapacidades parentales. Esta parte de la Guía propone un cuestionario para explorar el impacto más significativo de la inmigración en la familia y en la parentalidad.

Metodología

Este cuestionario (ficha 41) se aplica sólo a los padres y madres inmigrantes para explorar sobre las causas y el impacto de la inmigración en la parentalidad.

Unidad de evaluación 7
Evaluación del impacto de los factores de estrés provenientes del entorno social en la parentalidad

La falta o la deficiencia de buenos tratos que sufren niños y niñas en una sociedad determinada son el resultado de los diferentes grados de incompetencia de sus padres, pero también la de todo el mundo adulto que ha sido incapaz de asegurar la satisfacción de las necesidades y la protección de los derechos infantiles.

Aunque la genética y la biología determinen los límites de la estructura del ser humano, por consiguiente, de los padres y de las madres, a lo largo de toda la primera parte de este libro hemos entregado argumentos científicos para mostrar la importancia del entorno social y la cultura en la configuración de lo que hemos llamado la parentalidad social. Este entorno deja huellas en las vivencias infantiles, algunas dolorosas y traumáticas, pero otras, reparadoras y resilientes.

Cualquier tentativa de explicar la singularidad de la forma de ser madre o padre, sobre todo cuando éstos maltratan a sus hijos o hijas, como mera expresión de factores innatos y/o de su estructura individual, es una manera reductora de comprender la complejidad y la dificultad de ejercer esta función. Todavía lo es más recrear una situación de injusticia porque, como hemos argumentado, los padres incompetentes han sido en su gran mayoría, hijos e hijas de padres y madres también incompetentes, que no fueron protegidos por la sociedad.

Investigaciones no faltan para mostrar el papel crítico de un ambiente social adverso para la salud y el desarrollo humano, en general, y el desarrollo de la parentalidad, en particular. Nuestra lectura explicativa de la existencia de los malos tratos infantiles toma, como uno de los ejes principales, las incompetencias parentales, pero señala y reconoce el papel nocivo de los entornos sociales. Muchas familias tienen que sobrevivir en contextos de carencia extrema y con múltiples factores de estrés, resultado de la pobreza, muchas veces, la miseria y la exclusión social. Por otra parte, en lo que se refiere al ejercicio de la parentalidad social, hemos insistido también en que los entornos caracterizados por la acumulación de las riquezas materiales presentan el riesgo de transformar las relaciones familiares y sociales en meros formalismos, que privan a los niños de la afectividad, la educación y el apoyo social que necesitan para crecer sanamente (Barudy, 1998, 1999).

A pesar de lo enunciado, la integración gradual en la cultura del concepto de que los niños y las niñas son sujetos con derechos, por lo menos los contenidos en la convención internacional de derechos del niño y de la niña, mantiene la esperanza en que los adultos seamos capaces de crear otro mundo para todos y, en particular, para la infancia.

La existencia de un contexto de buen trato para todos los niños y las niñas depende también de las políticas públicas que aseguren la equidad a todas las familias a través de la redistribución de la riqueza. Junto con esto, la existencia de una educación para la no violencia y la equidad, así como de políticas sociales basadas en el bienestar de la población, en particular, la de los niños y la de las niñas, el respeto de los derechos humanos, y el desarrollo de programas destinados a la promoción de formas no violentas de resolución de conflictos intrafamiliares y sociales, así como la promoción de los buenos tratos.

Esta unidad de evaluación tiene como objetivo obtener el máximo de información necesaria para detectar los factores sociales adversos para el ejercicio de la parentalidad social.

Metodología

Se proponen cinco aspectos a evaluar a través de una serie de factores sociales, cuya presencia es indicador de estrés social (ficha 42). El examinador/a debe señalar qué factores están presentes.

1. Condiciones de vivienda.
2. Características del barrio.
3. Situación económica.
4. Situación profesional y laboral.
5. Problemas jurídicos.

Unidad de evaluación 8
Evaluación del impacto de los factores de estrés intrafamiliar en la parentalidad

Introducción

Como todo sistema humano, para que la familia cumpla su finalidad, debe interactuar con el entorno, influenciarlo y dejarse influenciar por él, esto explica su vulnerabilidad frente al estrés social. Pero también el funcionamiento de la familia genera diferentes tipos de estrés que, en ocasiones, por su intensidad y duración, agota los recursos naturales de la familia para hacerles frente, provocando una disfunción en el funcionamiento de los subsistemas y, por tanto, en su finalidad. Por consiguiente, el estrés intrafamiliar puede perturbar las competencias parentales y, si éste es de alta intensidad y crónico, puede provocar daño a los miembros de la familia, en particular a los niños y a las niñas.

Metodología

Para explorar el impacto del estrés intrafamiliar se propone una lista de factores que tienen que ver con el funcionamiento familiar, cuya presencia puede indicar una situación de estrés familiar (ficha 43).

Se proponen tres aspectos a evaluar a través de una serie de factores sociales, cuya presencia es indicador de estrés social. El examinador/a debe señalar qué factores están presentes.

1. Problemas de salud de los adultos.
2. Problemas de salud de los niños.
3. Problemas de relación entre los adultos.

Presentación de los resultados de la evaluación de las competencias parentales

El resultado de la evaluación debe ser una síntesis del conjunto de información obtenida a través de los exámenes propuestos en las diferentes secciones y áreas de esta Guía, sin olvidar nunca que esta información constituye un todo con otros elementos obtenidos de las evaluaciones clínicas, tanto de los diferentes sujetos participantes del problema, como de los sistemas (familia, red social, instituciones) implicados.

La recolección adecuada de la información permite una base de datos suficientes para apoyar un juicio razonable sobre las competencias parentales.

Es importante recordar que el resultado de esta evaluación está destinado a:

1) Proponer las medidas más adecuadas para asegurar la satisfacción de las necesidades de los hijos de estos padres.
2) Organizar con los padres el programa más idóneo para apoyarlos, cuando es posible desarrollar las competencias y habilidades parentales que les faltan para el ejercicio de una parentalidad suficientemente competente.

Los datos obtenidos deberían permitir sacar un número importante de conclusiones destinadas a cumplir dichas finalidades.

Presentación de los resultados

El instrumento de evaluación fundamental empleado en este examen es la observación del examinador/a. Esta observación es participante en la medida que nadie puede considerarse ajeno a los procesos que observa; por lo tanto, la fuente principal de información es la experiencia del examinador/a en relación con lo observado. Dado que sus observaciones son cotejadas con otras fuentes de información y con la observación de otras personas, éstas son válidas y operacionales para los objetivos de esta Guía de Evaluación. Como, además, la finalidad de la evaluación es contribuir al bienestar infantil a través de la promoción de buenos tratos, hemos elegido la fórmula siguiente para presentar los resultados.

A. *Situación muy preocupante para el niño o la niña.*
B. *Situación preocupante.*
C. *Situación parcialmente preocupante.*
D. *Situación no preocupante: padres con recursos suficientes.*
E. *Informaciones contradictorias y poco concluyentes.*

Esta nomenclatura deberá ser utilizada para comunicar los resultados de todas las partes del examen que constituyen las secciones y las áreas. El resultado final será una apreciación del conjunto de conclusiones de cada sección evaluada.

A. Situación muy preocupante para el niño o la niña

Esta situación corresponde a aquella que resulta de datos que indican que los padres evaluados presentan una *incompetencia parental severa y crónica*. Es decir, las diferentes valoraciones indican que existe para los hijos, uno o más de los siguientes factores agresivos:

1. Un riesgo real para la seguridad de los hijos en la actualidad que se expresa por malos tratos físicos, negligencia y/o violencia psicológica y sexual.
2. Deficiencias severas en el ejercicio de la parentalidad, caracterizadas por incapacidad y obstáculos mayores por parte de los padres para relacionarse con sus hijos y asegurarles la satisfacción de sus necesidades y un desarrollo sano.

3. Factores relevantes que afectan negativamente la salud mental de los niños en su vida actual.
4. En lo que se refiere a los padres, los resultados muestran que éstos presentan un cúmulo de características individuales, actitudes y comportamientos, que influencian negativamente sus competencias parentales; además muestra que estos padres se relacionan muy mal con su red social y son totalmente dependientes de los profesionales para asegurar cuidados a sus hijos. Existen pocas posibilidades de una mejoría significativa a medio plazo.

Ejes para la intervención

En el nivel de la intervención, es importante distinguir el grado de permeabilidad a la ayuda profesional y su capacidad de establecer una relación terapéutica:

a) Padres que son permeables a la ayuda profesional y capaces de establecer una alianza terapéutica, de los cuales se puede esperar una recuperabilidad parcial de sus competencias parentales.
b) Padres que son impermeables a la ayuda profesional e incapaces de establecer una alianza terapéutica. Con ellos se debería considerar la hipótesis de una incompetencia parental irreversible.

Contenidos de la intervención

a) Padres permeables a la ayuda profesional
En estos casos se trata de estructurar un programa a largo plazo, que debería estar constituido por lo menos con los proyectos siguientes:

1. Un proyecto socioeducativo para el «aprendizaje» de una parentalidad suficientemente adecuada.
2. Un proyecto de tutelaje y apoyo permanente de la familia, por parte de los trabajadores familiares, con el objetivo de completar a los padres en el ejercicio de la parentalidad (Lezana, 1999).

3. Un proyecto de acogimiento institucional y/o familiar de los niños, mientras se desarrolle el proyecto educativo y terapéutico de los padres. Éste debe ser mantenido en el tiempo como recurso complementario a la vida familiar en momentos de crisis o como lugar de vida permanente, asociado con visitas de los padres biológicos. Esto siguiendo el modelo de «co-parentalidad» o «parentalidad comunitaria» o de «tribalización» (Barudy, 1998, 1999).
4. Un proyecto de reparación al daño producido por los malos tratos y de apoyo terapéutico para los niños. Las experiencias infantiles, resultado de las incompetencias parentales que se expresan por los diferentes tipos de malos tratos, deben ser consideradas como traumatismos para los niños; por lo tanto, es necesario ofrecerles una ayuda psicoterapéutica como complemento al trabajo educativo y de estimulación necesarios para recuperar un desarrollo infantil normal. Como hemos mencionado anteriormente, nuestra experiencia nos ha demostrado que, para muchos niños, a sus traumatismos familiares se agregan otros provocados por las intervenciones profesionales inadecuadas. Nos referimos aquí, por ejemplo, a la detección tardía del sufrimiento, a la demora en la toma de medidas para proteger a los niños, a las rupturas de vínculos, resultado de un internamiento intempestivo, sin preparación ni acompañamiento posterior. Esto último es parte de lo que hemos llamado el «síndrome del peloteo», que corresponde a los cambios abruptos del lugar de vida del niño/a, provocados, por ejemplo, por razones administrativas o por una exagerada identificación con los discursos adultistas de los padres o por falta de integración en los servicios de protección de instrumentos que, como los propuestos en esta Guía, permitan fijar criterios técnicos para tomar las medidas de protección, evitando el subjetivismo de la ignorancia.
5. Programas terapéuticos para los padres. Como ya hemos señalado al estudiar las características individuales de los padres, las incompetencias parentales son una de las expresiones más dramáticas de historias de vida de adultos que acumulan en su infancia y adolescencia experiencias de negligencia, malos tratos

físicos, separaciones y rupturas, así como abusos psicológicos y sexuales. A estas experiencias traumáticas en el área familiar, se agrega que la mayoría de ellos fueron víctimas de la indiferencia social que no permitió que fueran detectados como niños maltratados y protegidos, como ahora se intenta hacer con sus hijos. Ofrecer recursos terapéuticos a estos padres no es sólo una necesidad en función de los derechos de los niños a gozar de una parentalidad sana, sino también un derecho que tienen estos padres, debido a la deuda social que se tiene con ellos por no haberles ayudado cuando eran niños.

b) Padres impermeables a la ayuda profesional
Para este segundo grupo la intervención debe centrarse en los proyectos que a continuación se detallan:

1. Proyectos de acompañamiento de los padres biológicos para mantener la vinculación con sus hijos a través de visitas y prevenir el traumatismo del abandono en los hijos. Cuando las visitas no sean indicadas o no se produzcan por dificultades de los padres, es importante construir junto con los niños un relato sobre su historia familiar y una explicación sobre el porqué de su situación, que los libere del peso de la confusión y de la culpabilidad. Este proyecto debe mantenerse en el tiempo y en él deben implicarse todos aquellos que cumplirán un rol sustitutivo de la función parental (educadores de centros, padres de acogida, etcétera).
2. Un proyecto de acogimiento familiar permanente, adopción solidaria o acogimiento institucional familiarizante para los niños. Una vez constatada la irrecuperabilidad de las competencias parentales, el desafío es ofrecer a los niños una «parentalidad social» permanente capaz de reconocer la importancia de los vínculos determinados por la consanguinidad y la herencia, no sólo la biológica, sino también la narrativa. Las personas que pueden desempeñar este papel son miembros de la familia extensa o padres de acogida o profesionales de centros de acogida.
Se trata de ofrecer a los niños los cuidados parentales de personas que puedan darles lo necesario para asegurarles un desarro-

llo sano a través de una pragmática parental que satisfaga sus necesidades y que, al mismo tiempo, respete su pertenencia biológica a otra historia. Estos padres sociales son complementarios de los padres biológicos y, para poder cumplir su función, deben ofrecerse como figuras de apego «familiarizantes». Esto quiere decir que deben ser capaces de vincularse realmente con los niños en un compromiso compatible con lo que hemos llamado «altruismo social» o «solidaridad vinculante». Esto implica ser capaces de ofrecer una relación de apego de calidad y, a largo plazo, que signifique un compromiso con el futuro de estos niños hasta que puedan adquirir la autonomía necesaria para integrarse como jóvenes adultos en su comunidad.

Diferentes experiencias positivas existen en este sentido, tanto en lo que se refiere a programas de acogimiento familiar permanente, como en microcentros con estructuras familiarizantes. Algunos de ellos trabajan en colaboración con familias de apoyo, que «apadrinan» a los niños acogidos y, a veces, a sus padres para ofrecerles apoyo psicosocial y afectivo complementarios a lo que se les aporta en el centro y en sus familias de origen.

Este modelo de la parentalidad social o «tribalización» se ejerce de una forma comunitaria a través de diferentes personas que son capaces de ofrecer vínculos familiarizantes a los niños. Siempre en un clima de respeto y de solidaridad con las dificultades y sufrimientos de los padres biológicos, a quienes no se les permite, lamentablemente, ejercer la función parental de sus hijos.

3. Programas de apoyo terapéuticos para los niños con una doble finalidad:

   a) La reparación del daño provocado por sus experiencias de maltrato familiar e institucional.

   b) Un acompañamiento que les permita equilibrarse en esta complicada situación de doble o múltiples pertenencias (a su familia biológica, centro de acogida, padres de acogida, familias, amigos, etc.). Así como elaborar las separaciones y facilitar los procesos de duelo tanto de las pérdidas reales como de los proyectos imaginarios que los niños elaboran.

B. Situación preocupante

Esta situación corresponde a aquella en la que las informaciones recolectadas nos llevan a postular que los padres examinados presentan grados moderados de incompetencias parentales y que se presentan en formas periódicas.

En general, y sobre todo en los períodos de descompensación, la situación familiar está caracterizada por:

1. Riesgos moderados para la seguridad de los niños en el presente. En los momentos de descompensación de uno o de los dos padres, éstos pueden maltratar físicamente a sus hijos, descuidarlos o someterlos a diferentes grados de violencia psicológica.
2. Deficiencias moderadas en el ejercicio de la parentalidad, que pueden agravarse en los períodos de descompensación (crisis conyugal, alcoholismo, descompensación psiquiátrica, etc.), al punto en que las necesidades básicas de los niños no están aseguradas, con el riesgo de trastornos en su desarrollo.
3. Riesgos moderados para la salud mental de los niños.
4. En relación con los padres, éstos presentan una cantidad significativa de características individuales, actitudes y comportamientos que les impiden ejercer plenamente sus funciones parentales. Puede agravarse en los períodos de descompensación. Pero, a diferencia de los padres del primer grupo, éstos presentan mejores relaciones con sus redes naturales, tanto familia extensa como su red social, además, presentan actitudes más abiertas hacia la ayuda profesional y tienen recursos para establecer una alianza terapéutica. Por tanto, son padres abiertos y colaboradores con las intervenciones de ayuda, pero muestran una tendencia a vinculaciones de dependencia crónica con servicios y profesionales para poder ejercer la función parental. Con intervenciones apropiadas pueden adquirir niveles adecuados de autonomía, pero siempre necesitan apoyo exterior, sobre todo en los períodos de descompensación.

Contenidos de la intervención

Las familias que tienen padres con las características enumeradas requieren un programa con proyectos similares al del grupo que presenta incompetencias severas y crónicas, pero permeables a la ayuda profesional. La duración de estos programas debe considerarse de uno a cuatro años para esperar resultados favorables.
Programa de intervención:

1. Proyecto socioeducativo destinado a la rehabilitación y la promoción, si es posible, de una parentalidad competente.
2. Un proyecto de acompañamiento familiar de apoyo a la parentalidad a través de trabajadores familiares, en especial, en los períodos de descompensación.
3. Acompañamiento y protección para los hijos, sobre todo en períodos de descompensación de los padres.
4. Apoyo terapéutico a los niños para reparar el daño sufrido, con la misma óptica de lo enunciado antes, pero agregando un nuevo eje de trabajo que facilite a los hijos comprender los problemas y enfermedades de sus padres; para que comprendan por qué sus padres pueden ser competentes sólo cuando están compensados.
5. Atención médico-psiquiátrica para los padres. Las finalidades de apoyo terapéutico para estos padres son las mismas que las enunciadas para los grupos anteriores, pero sumándole un tratamiento psiquiátrico específico para los trastornos mentales de estos padres.

C. Situación parcialmente preocupante

Aquí la información aportada permite formular, como hipótesis, que existen factores preocupantes en uno o en varios de los exámenes realizados, que pueden dificultar la parentalidad y/o desencadenar una situación de crisis familiar que comprometa las capacidades parentales de los padres.

En los dos casos, podríamos hablar de familias con padres transitoriamente incompetentes, que conservan niveles importantes de autonomía para el ejercicio de la parentalidad, y que sólo son dependientes en momentos de crisis. Estos padres están insertos en redes sociales y familiares suficientemente sanas y, cuando lo necesitan, están abiertos a colaborar con los profesionales y los organismos de ayuda.

En relación con los niños, en primer lugar, no conocen grandes riesgos para su seguridad. Segundo, los padres tienen una capacidad para relacionarse con sus hijos y llegan a satisfacer sus necesidades. Tercero, no existen riesgos para la salud mental de estos niños.

Cuanto más numerosos sean los factores preocupantes y/o más intensa sea la crisis familiar, mayor deberá ser la prudencia de los examinadores. Pueden ser necesarias nuevas evaluaciones para asegurarse de si la parentalidad ejercida responde a las condiciones mínimas, capaces de satisfacer las necesidades de los niños y evitar el daño de su desarrollo.

Contenidos de la intervención para familias con padres transitoriamente incompetentes

Estos padres necesitan y tienen derecho a un programa en el que se consideren, por lo menos, los proyectos siguientes:

1. Un proyecto de apoyo a la parentalidad: se trata de apoyar a los padres a superar las dificultades y problemas que les dificultan una parentalidad suficientemente competente. O, en el caso de una situación de crisis (catástrofes naturales, guerras, inmigración clandestina, acumulación de factores estresantes intrafamiliares), aportar apoyo socioafectivo y materiales para que puedan mantener o recuperar sus competencias parentales. Un ejemplo de apoyo puede ser la ayuda de trabajadores familiares y/o de grupos de autoayuda.
2. Proyectos de apoyo a la familia: dirigidos a apoyar el equilibrio familiar o a recuperarlo, si éste se ha perdido. Esto a través de

aportes como, por ejemplo, el de la colaboración de un trabajador familiar y de los recursos del entorno, aportando él o ella misma apoyo social y, en tanto observador/a participante, garantizar el buen trato a los niños.

3. Un proyecto de acogimiento temporal de los niños: este acogimiento tiene como objetivo garantizar a los niños los cuidados que necesitan y la protección mientras dura la crisis. Al mismo tiempo, descargar temporalmente a los padres de las tareas parentales para que puedan destinar toda su energía y sus recursos a superar la crisis y/o a encontrar una solución a sus problemas.

4. Un proyecto de acogimiento terapéutico para los niños: a diferencia de las situaciones ya descritas, aquí se trata de proporcionar apoyo psicológico mientras dura la crisis familiar. Todo ello con el fin de que se pueda ayudar a los niños a comprender lo que está pasando en su contexto familiar y puedan elaborar las dificultades, sin sentimientos de culpa o de desamparo.

En general, estas intervenciones pueden durar de tres a doce meses.

D. Situación no preocupante: padres con recursos suficientes

En este caso las diferentes secciones de la Guía nos han permitido constatar que tanto la madre como el padre poseen competencias parentales suficientemente adecuadas para ejercer la parentalidad de una forma autónoma, pero en interdependencia con los miembros que conforman su red social.

Este resultado se obtiene cuando se evalúan las competencias de padres que no son examinados con el propósito de tomar una medida de protección respecto de sus hijos, sino porque desean asumir una función de padres de acogida y/o se proponen adoptar un niño/a. También se puede obtener, con mayor frecuencia, cuando se examinan padres que están en litigio por la custodia de sus hijos.

Los resultados no tienen por qué ser totalmente perfectos, pero ellos señalarán cuáles son los recursos manifiestos de estos padres para ocuparse de sus hijos y cuáles son los puntos más débiles que pueden, sobre todo en momentos de estrés, obstaculizar la función parental.

E. Informaciones contradictorias y poco concluyentes

Si los resultados son contradictorios y confusos, es factible que no se haya podido obtener información suficiente para la evaluación. Esto puede ocurrir con algunas secciones pero, cuando ocurre en todas, lo más probable es que al evaluador/a le falte idoneidad y no haya podido crear las condiciones relacionales para obtener la información. En estos casos, es mejor repetir la aplicación de esta Guía, esta vez con un profesional que tenga más experiencia y que pueda enseñar al que tiene menos.

Bibliografía

Acarín, N. (2001). *El cerebro del rey*. Barcelona, RBA Libros.
Ainsworth, M. (1962). *Necesidad del cuidado materno. Una reasignación de sus efectos*. Organización Mundial de la Salud (OMS).
— (1999). «Patterns of Atachment», en J. Solomon y C. George (comps.): *Attachment Disorganization*. Nueva York, Guilford Press.
Ainsworth, M. D. S., Blehar, M. C., Walters, E. y Wall, S. (1978). *Patterns of Attachment: A psychological Study of the Strange Situation*. Hillsdale (N. J.), Erlbaum.
Ainswoth, M. D. S. y Eichberg, C. G. (1991). «Effects on infant-mother attachment of mother's unresolved loss of an attachment figure, or other traumatic experience», en C. M. Parkes, J. Stevenson-Hinde y P. Marris (comps.): *Attachment Across the Life Cycle*. Londres, Routledge.
Aitken, K. J. y Trevarthen, C. (1997). «Self-other organization in human psychological development», en *Development and Psychopathology*, n.º 9, págs. 653-678, Cambridge.
Almqvist, K. y Broberg, A. G. (2003). «Young children traumatized by organized violence together with their mothers – The critical effects of damaged internal representations», en *Attachment & Human Development*, vol. 5, n.º 4, págs. 367-380.
Aron, A. M. y cols. (2002). *Violencia en la familia*. Santiago de Chile, Galdoc.
Barudy, J. (2007). Ponencia en el *III Congreso Mundial sobre Derechos de la Infancia y la Adolescencia*. Barcelona, 14, 15 y 16 de noviembre.
— (2009). Conferencia presentación en las *Jornadas Europeas sobre Resiliencia*. Instituto Francés de Barcelona, 19 y 20 de marzo.
Barudy, J. y Dantagnan, M. (2006). *Los buenos tratos a la infancia: Parentalidad, apego y resiliencia*. Barcelona, Gedisa.
Barudy, J. y Marquebreuq, A.P. (2007). *Hijos e hijas de madres resilientes*. Barcelona, Gedisa.
Beebe, B. y Lachman, E. M. (1988). «Mother-infant mutual influence and precursors of psychic structure», en A. Goldberg (comp.): *Progress in Self Psychology*. Hillsdale (N. J.), Analytic Press, vol. 3, págs. 3-25.
Berger, P.L., Luckman, T. (1986). *La construcción social de la realidad*. México, Amorrortu.

393

Bowlby, J. (1951). *Maternal Care and Mental Health*. Organización Mundial de la Salud (OMS).
— (1969). *Attachment and Loss*, vol. 1: *Attachment*. Nueva York, Basic Books.
— (1973). *Attachment and Loss*, vol. 2: *Separation and Anger*. Nueva York, Basic Books.
— (1998). *El apego*. Barcelona, Paidós Ibérica.
Cantón Duarte, J. y Cortés Arboleda, M. Rosario (2000). *El apego del niño a sus cuidadores*. Madrid, Alianza.
Carlson, V., Cicchetti, D., Barnett, D. y Braunwald, K. (1989). «Dis-organized/disoriented attachment relationships in maltreated infants», en *Developmental Psychology*, n.º 25, págs. 525-531.
Christianson, S.A. (comp.) (1992). *Handbook of Emotion and Memory*. Hillsdale (N. J.), Erlbaum.
Cicchetti, D. y Toth, S. (1995). «A developmental psychology perspective on child abuse and neglect», en *Journal of the American Academy of Child and Adolescent Psychiatry*, n.º 34, págs. 541-565.
Cicchetti, D. y Rogosch, E. A. (1997a). «The role of self-organization in the promotion of resilience in maltreated children», en *Development and Psychopathology*, n.º 9, págs. 797-816.
Coon, D. (2004). *Fundamentos de psicología*. México, Thomson.
Coopersmith, S. (1967). *The Antecedents of Self-Esteem*. W. H. Freeman and Co.
Cyrulnik, B. (1988). *Le visage: sens et contresens*. París, Éd. Eshel.
— (1993). *Le nourritures affectives*. París, Odile Jacob.
— (1997). *L'ensorcellement du monde*. París, Odile Jacob.
— (1998). *La naissance du sens*. París, Hachette Pluriel Référence.
— (2001). *Los patitos feos. La resiliencia: una infancia infeliz no determina la vida*. Barcelona, Gedisa.
— (2005). *Bajo el signo del vínculo*. Barcelona, Gedisa.
— (2005). *El amor que nos cura*. Barcelona, Gedisa.
— (2007). *De cuerpo y alma*. Barcelona, Gedisa.
Dallos, Rudi (1996). *Sistemas de creencias familiares. Terapia y cambio*. Barcelona, Paidós Ibérica.
Damasio, A. R. (1994). *Descartes' Error: Emotion, Reason, and the Human Brain*. Nueva York, Grosset/Putnam.
Dehass, M., Bakermans-Kranenburg, M. y Van Ijzendoorn, M.H. (1994). «The Adult Attachment Interview and questionnaires for attachment style, temperament and memories of parental behavior», en *Journal of Genetic Psychology*, diciembre 1, págs. 471-486.
Evrard, P. (2008). *Perinatal Brain Damage from Pathogenesis to Neuroprotection*. Londres, John Libbey Eurotext.
Fearon, R. y Mansell, W. (2001). Citados en A. Kjerstin y A. G. Braberg: «Young children traumatized by organized violence together with their mothers. The critical effects of damaged internal representations», en *Attachment & Human Development*, vol. 5 (2003), págs. 367-380.
Feeney, J. y Noller, P. (2001). *Apego adulto*. Bilbao, Desclée de Brouwer.

Ferenczi, S. (1933). «Confusion of tongues between adults and the child», en M. Balint (comp.): *Final Contributions to the Problems and Methods of Psycho-Analysis*, (traducción de E. Mosbacher). Londres, Karnac Books, 1980, págs. 156-167.

Field, T. (1985). «Attachments as psychobiological attunement: Being on the same wavelength», en M. Reite y T. Field (comps.): *The Psychobiology of Attachment and Separation*, Orlando (Forida), Academic Press, págs. 415-454.

Fonagy, P., Steele, H. y Steele, M. (1991). «Maternal representations of attachment during pregnancy predict the organization of infant-mother attachment at one year of age», en *Child Development*, n.° 62, págs. 891-905.

Fonagy, P. y col. (1995). «Attachment, the reflexive self, and bordeline states: The predictive specificity of the Adult Attachment Interview and pathological emotional development». Citado en S. Goldberg, R. Muir, y J. Kerr, (comps.): *Attachment Theory: Social Developmental and Clinical Perspectives*. Nueva York, Analytic Press.

Fonagy, P. y Target, M. (1997). «Attachment and reflective function: Their role in self- organization», en *Development and Psychopathology*, n.° 9, págs. 679-700.

Gardiner J. M. (2001). «Episodic memory and autonoetic consciousnesss: A first-person approach», en A. Baddeley, M. Conway y J. Aggleton (comps.): *Episodic Memory*. Oxford, Oxford University Press, págs. 11-30.

Garbarino, J. y col. (1996). *The Psychological Battered Child*. San Francisco, Jossey Basss Publishers.

George, C., Kaplan, N. y Main, M. (1996). *The Attachment Interview for Adults*. (manuscrito inédito). Berkeley, Department of Psychology, University of California.

Goleman, D. (1996). *Inteligencia emocional*. Barcelona, Kairós.

— (2006). *Inteligencia social*. Barcelona, Kairós.

Gómez de Terreros, Serrano Urbano, I. y Martínez Martín, M. C. (2006). «Diagnóstico por la imagen de los malos tratos infantiles», en *Cuadernos de Medicina Forense*, vol. 12, n.° 43-44, págs. 21-37.

Grice, H. P. (1975). «Logic and conversation», en P. Cole y J. L. Moran (comps.): *Syntax and Semantics III: Speech Acts*. Nueva York, Academic Press, págs. 41-58.

Heath, R. G. (1975). «Maternal-social deprivation and abnormal brain development: Disorders of emotional and social behaviour», en J. Pres-cott, M. Read y D. Coursin (comps.): *Brain Function and Malnutrition*. Nueva York, John Wiley.

Hesse, E. (1996). «Discourse, memory and the Adult Attachment Interview. A note with emphasis on the emerging cannot classify category», en *Infant Mental Health Journal*, n.° 17, págs. 4-11.

— (1999). «The Adult Attachment Interview: Historical and current perspectives», en J. Cassidy y P. R. Shaver (comps.): *Handbook of Attachment: Theory, Research, and Clinical Applications*. Nueva York, Guilford Press, págs. 395-433.

Hesse, E. y Main, M. (1999). «Unresolved/disorganized responses to trauma in nonmaltreating parent: Previously unexamined risk factor for offspring», en *Psychoanalytic Inquiry*, vol. 10, n.º 4.
— (en prensa). «Disorganization in infant and adult attachment: Descriptions, correlates and implications for developmental psychopathology». *Journal of the Absorption in Offspring. Developmental Science*, n.º 1, págs. 299-305.
Hofer, M. A. (1984). «Relationships as regulators: A psychobiologic perspective on bereavement», en *Psychosomatic Medicine*, n.º 46, págs. 183-197.
James, A. (1985). *Parental Influences*. Londres, Little Brown & Co.
Kandel, E. R. (1998). «A new intellectual framework for psychiatry», en *American Journal of Psychiatry*, n.º 155, págs. 457-469.
Keck, G. y Kupecky, R. (1995). *Adopting the Hurt Child*. Colorado Spring (Colorado), Pinon Press.
Lagercrantz, H., Hanson, M. y Evrard, P. (2002). *The Newborn Brain*. Cambridge, Cambridge University Press.
Lamus, D. (2002). *Representaciones Sociales de Maternidad y Paternidad*. 27 de mayo. http://www.unab.edu.co/editorialunab/revistas/reflexion/pdfs/ana_12_11_r.htm
Landa Petralanda, V., Trigueros Manzano, M. C., García García, J. A. y Gaminde Inda, I. (2005). «Inventario Texas Revisado de Duelo (ITRD): Atención primaria», en *Publicación Oficial de la Sociedad Española de Familia y Comunitaria*, vol. 35, n.º 7, págs. 353-358.
Levy, T. y Orlans, M. (1998). *Attachment, Trauma and Healing: Understanding Treating Attachment Disorder in Children and Families*. Washington, CWLA Press.
Lichtenstein Phelps, J., Belsky, J. y Crnic, K. (1998). «Earned security, daily stress, and parenting: A comparison of five alternative models», en *Development and Psychopathology*, n.º 10, págs. 21-38.
Liotti, G. (1992). «Disorganized/disoriented attachment in etiology of dissociative disorders», en *Dissociation*, n.º 5, págs. 196-204.
Lyon, G. y Evrard, P. (1999). *Neuropediatría*. Barcelona, Masson.
Lyons-Ruth, K. y Jacobwitz, D. (1999). «Attachment disorganization: Un resolved loss, relational violence, and lapses in behavioural and attentional strategies», en J. Cassidy y P. R. Shaver (comps.): *Handbook of Aattachment: Theory, Research, and Clinical Applications*. Nueva York, Guilford Press, págs. 520-554.
Lyons-Ruth, K., Repacholi, B., McLeod, S. y Silva, E. (1991). «Disorganized attachment behaviour in infancy: Short-term stability, maternal and infant correlates, and risk-related subtypes», en *Development and Psychopathology*, n.º 3, págs. 397-412.
Main, M. (1995). «Attachment: Overview, with implications for clinical work», en S. Goldberg, R. Muir y J. Kerr (comps.): *Attachment Theory: Social, Developmental, and Clinical Perspectives*. Hillsdale (N. J), Analytic Press, págs. 407-474.

— (1996). «Introduction to the special section on attachment and psychopathology: 2. Overview of the field of attachment», en *Journal of Consulting and Clinical Psychology*, n.º 64, págs. 237-243.

Main, M. y Goldwyn, R. (1984). «Adult attachment scoring and classification system» (manuscrito inédito). Berkeley, University of California.

Main, M. y Hesse, E. (1990). «Parents' unresolved traumatic experiences are related to infant disorganized status: Is frightened and/or frightening parental behaviour the linking mechanism?», en M. T. Greenberg, D. Cicchetti y E. M. Cummings (comps.): *Attachment in the Preschool Years: Theory, Research, and Intervention*. Chicago, University of Chicago Press, págs. 161-182.

Main, M. y Solomon, J. (1990). «Procedures for identifying infants as disorganized/disoriented during the Ainsworth Strange Situation», en M. T. Greenberg, D. Cicchetti y E. M. Cummings (comps.): *Attachment in the Preschool Years: Theory, Research, and Intervention*. Chicago, University of Chicago Press, págs. 121-160.

Manciaux, M., Vanistendael, S., Lecomte J. y Cyrulnik, B. (2003). «La resiliencia: estado de la cuestión», en M. Manciaux (comp.): *La resiliencia: resistir y rehacerse*. Barcelona, Gedisa.

Moffet, S. (2007). *El enigma del cerebro*. Barcelona, Robinbook.

Moscovici, S. (1988). Citado en C. Avendaño, M. Krause y M. I. Winkler (1993).

Mugny, G. (1981). *El poder de las minorías*. Barcelona, Rol.

Nelson, K. (1993b). «The psychological and social origins of autobiographical memory», en *Psychological Science*, n.º 2, págs. 1-8.

Ochs, E. y Capps, L. (1996). «Narrating the self», en *Annual Review of Anthropology*, n.º 25, págs. 19-43.

Ogawa, J. R., Sroufe, L. A., Weinfeld, N. S., Carlson, E. A. y Egeland, B. (1997). «Development and the fragmented self: Longitudinal study of dissociative symptomatology in a nonclinical sample», en *Development and Psychopathology*, n.º 9, págs. 855-880.

Olds, D., Henderson (h.), C. R., Cole, R., Eckenrode, J., Kitzman, H., Luckey, D., Pettit, L., Sidora, K., Morris, P. y Powers, J. (1998). «Long-term effects of nurse home visitation on children's criminal and antisocial behaviour: 15-year follow-up of a randomized controlled trial», en *Journal of the American Medical Association*, n.º 280, págs. 1238-1244.

Panksepp, J. (1998). *Affective Neuroscience. The Foundations of Human and Animal Emotions*. Nueva York, Oxford University Press.

Poilpot, S. (2002). «Accouchement à domicile : opinion des femmes françaises et risque périnatal» en *Gynécologie Obstétrique & Fertilité*, vol. 30, n.º 9, págs. 677-683.

Pourtois, J.-P. y Desmet H. (1997). *L'éducation postmoderne*. París, Ed. Presses Universitaires de France.

Rygaard, N. (2008). *El niño abandonado*. Barcelona, Gedisa.

Schuengel, C., Van Ljzendoorn, M. H., Bakermans-Kranenburg, M. J. y Blom, M. (1997). «Frightening, frightened, and dissociated behaviour, unresolved

loss and infant disorganization». Trabajo presentado en el encuentro bienal de la Society for Research in Child Development, Washington, DC.
Siegel, D. J. (1995a). «Memory, trauma, and psychotherapy: A cognitive science view», en *Journal of Psychotherapy Practice and Research*, n.° 4, págs. 93-122.
— (1996a). «Cognition, memory, and dissociation», en *Child and Adolescent Psychiatric Clinics of North America*, n.° 5, págs. 509-536.
— (2007). *La mente en desarrollo*. Bilbao, Desclée de Brouwer.
Spangler, G. y Grossmann, K. E. (1993). «Biobehavioral organization in securely and insecurely attached infants», en *Child Development*, n.° 64, págs. 1439-1450.
Stern, D. N. (1985). *El mundo interpersonal del infante: una perspectiva desde el psicoanálisis y la psicología evolutiva*. Buenos Aires, Paidós.
Stierlin, H. (1973). «The Adolescent as Delegate of his Parents» en *Australian and New Zealand Journal of Psychiatry*, vol. 7, n.° 3, págs. 249-256.
Thomas, N. (1997). *When love is not enough: a guide to parenting children with RAD*. Colorado, Library of Congress.
Triana, B. (1991). «Las concepciones de los padres sobre el desarrollo» en *Infancia y Aprendizaje*, n.° 31-32, págs. 157-171.
Van Der Kolk, B. A., McFarlane, A. C. y Weisaeth, L. (comps.) (1996). *Traumatic stress: The effects of overwhelming experience on mind, body and society*. Nueva York, Guilford Press.
Van Ijzendoorn, M. H. (1995). «Adult attachment representations, parental respon- siveness, and infant attachment: A meta-analysis on the predictive validity of the Adult Attachment Interview», en *Psychological Bulletin*, n.° 117, págs. 387-403.
Van Ijzendoorn, M. H. y Bakermans-Kranenburg, M. J. (1996). «Attachment representations in mothers, fathers, adolescent and clinical groups: A meta-analytic search for normative data», en *Journal of Consulting and Clinical Psychology*, n.° 64, págs. 8-21.
— (1997). «Intergenerational transmission of attachment: A move to the contextual level», en L. Atkinson y K. J. Zucker (comps.): *Attachment and psychopathology*. Nueva York, Guilford Press, págs. 135-170.
Watzlawick, P. y cols. (1987). *Teoría de la comunicación humana. Interacciones, patologías y paradojas*. Barcelona, Herder.
Wheeler, M .A., Stuss, D. T. y Tuiving, E. (1997). «Toward a theory of episodic memory: The frontal lobes and autonetic consciousness», en *Psychological Bulletin*, n.° 121, págs. 331-354.
Zeitlin, S. B. y McNally, R. J. (1991). «Implicit and explicit memory bias for threat in post-traumatic stress disorder», en *Behaviour Research and Therapy*, n.° 29, págs. 451-457.